CHENG CHUNG
BOOK CO., LTD.

sōng yǒu zhān

péi qíng

jīn mín yìng

中川
zhōng chuān

楊肇樂
zhào

CHENG CHUNG

BOOK CO., LTD.

實用
視聽華語
②下

PRACTICAL AUDIO-VISUAL
CHINESE

主 編 者◎國立臺灣師範大學國語教學中心
編輯委員◎范慧貞・蕭美美・劉咪咪

正中書局

目　　錄

第十五課

中國新年晚會

· 中國傳統戲劇：京劇（新聞局提供）

（在禮堂）

李平：林建國，你把這張海報貼在門口，好不好？

建國：等一下，我把這些桌子排好就去貼。

台麗：李平，你買的紙杯、紙盤放在哪裡了？我找不到。

李平：就在舞臺上那個裝錄音帶的大紙袋裡。高偉立呢？

建國：他在舞臺後面弄音響。（說著偉立走出來）

偉立：**總算**修理好了，剛剛那個錄音機忽然沒聲音了，**把**我急**得**滿頭大汗。誰管燈光啊？

美真：那邊那個戴眼鏡，穿白襯衫的就是。你不認識吧？他是教育系的陸康。

李平：喂！老陸！你過來一下。（陸康過來）這是高偉立，他負責音效。這是陸康。有什麼需要互相配合的，你們談談吧！

美真：李平，你叫人去搬飲料跟點心了沒有？

李平：我已經派人去了，現在應該在回來的路上了。對了，等東西到了以後，麻煩你把點心拿出來，**一樣一樣地**排好。就擺在那兩個大桌子上好了。

美真：是，會長[1]。

李平：別叫我會長，還不是你們害的[2]，下次可**別再**選我了！

台麗：大家輪流服務嘛！

李平：那明年就輪到你了！參加表演的人都準備好了嗎？

台麗：我的節目大概沒問題，只要上臺不緊張就行了。我看到參加服裝表演的同學已經開始化妝了。

建國（過來）：海報貼好了，還要我做什麼？

李平：好像都差不多了，你休息一下吧！

建國：今天有沒有人錄影啊？

李平：活動中心的辦公室會派一個人來錄影，另外還有幾個同

・臺灣山地舞（《中國時報》唐榮麗攝）

・春聯（新聞局提供）

　　學會帶照像機來。

美真（過來）：今天有哪些老師會來？誰當招待啊？

李平：校長、中文系、歷史系的主任都會來，到時候由我跟副

　　　會長來招待他們。

偉立、陸康（過來）：行了，就等晚會開始了。

李平：各位辛苦了，要不是大家幫忙，我一定忙不過來。

建國：那就給個紅包[3]吧！大家發財[4]。

李平：可惜經費不夠，很抱歉！我只能代表中國同學會[5]謝謝

　　　大家。希望你們今天晚上都玩得很愉快。

※　　　　　※　　　　　※　　　　　※　　　　　※　　　　　※

（在活動中心）

李平（走過來）：嗨！你們在這裡正好，照片洗出來了。

偉立：什麼照片？

李平：新年晚會照的啊！

建國：噢！快拿來看看。（三人看照片）

偉立：台麗這張不錯。沒想到她的民族舞蹈跳得這麼好。

建國（看另外一張）：中間這個人是美真嗎？嘴張得這麼大，

　　　唱得好高興啊！

偉立：她們唱歌的樣子很可愛，可是有一首我聽不懂。

李平：一定是那首臺灣民謠[6]。你請美真給你翻譯吧！

偉立：好。（看下一張）這個人唱的平劇[7]，我也是一句都不

　　　懂。我倒是對他的化妝很有興趣，他的動作也很美。

李平：平劇的每一個動作都代表不同的意思，想了解的話，可以去請教張教授，聽說他**對**平劇相當**有研究**。

建國：哇！我這張真難看。我不記得我吃春捲的時候有人照像啊！

偉立：那是因為你**一會兒**餃子，**一會兒**餛飩，**一會兒**紅茶，**一會兒**咖啡，吃**個不停**，**哪裡**有時間注意別人？！

建國：不能怪我啊！誰叫他們準備了那麼多好吃的東西呢？

偉立：這倒是真的。李平，你們這次的晚會不但點心多、節目精彩，時間控制得也正好，真是成功極了！

李平：那是大家合作得好。你們兩位也幫了不少忙啊！

生詞及例句

1. 晚會 (wǎnhuì)
   N: a party of performance held in the evening（**M**：個／場）
   我們準備開個迎新晚會，歡迎一年級的新生。

2. 禮堂 (lǐtáng)　　　*N*: auditorium, assembly hall
   畢業舞會在禮堂舉行。

3. 海報 (hǎibào)　　　*N*: poster（**M**：張）
   你有沒有空幫我們畫一張海報？

4. 貼 (tiē)　　　*V*: to paste, stick, glue
   這封信得貼多少錢的郵票？

5. 舞臺 (wǔtái)　　　*N*: stage (for performance)
   這個位子不好，離舞臺太近，太前面了。
   上臺 (shàng//tái)　　　*VO*: to appear on stage

下臺 (xià//tái)　　*VO*: **to step down from the stage**

他太緊張了，上臺沒說幾句就下臺了。

6. 錄音帶 (lùyīndài)

　　N: **cassette tape, audio tape**（**M**：卷 **juǎn**）

錄音 (lù//yīn)　　*VO*: **to make an audio recording**

錄 (lù)　　*V*: **to record, to copy**

錄進去 (lù//jìn·qù)

RC: **to be included in a recording**

在這裡錄音不好，連車子的聲音都錄進去了。

錄下來 (lù//xià·lái)　　*RC*: **to record**

我把張教授的演講都錄下來了。

錄音機 (lùyīnjī)　　*N*: **tape recorder**

收音機 (shōuyīnjī)　　*N*: **radio**

7. 音響 (yīnxiǎng)　　*N*: **sound, acoustics**

響 (xiǎng)　　*V*: **to make a sound, to reverberate**

鬧鐘響了，可是他還是不願意起來。

8. 總算 (zǒngsuàn)　　*A*: **finally, at last**

我說了半天，他總算明白了。

9. 修理 (xiūlǐ)　　*V*: **to repair, to mend**

冰箱壞了，快打電話找人來修理吧。

10. 忽然 (hūrán)　　*A*: **suddenly, all of a sudden, unexpectedly**

我們唱得正高興，他忽然不唱了。

11. 滿頭大汗 (mǎn tóu dà hàn)

　　E: **for one's head to be covered with big drops of perspiration, bathed in sweat**

他剛運動回來，熱得滿頭大汗。

汗 (hàn)　　*N*: **sweat, perspiration**

出汗 (chū//hàn)　　*VO*: **to sweat, to perspire**

他出了好多汗，衣服都濕了。

流汗 (liú//hàn)　　*VO*: **to sweat, to perspire**

他熱得汗一直往下流。

12. 燈光 (dēngguāng)　　　*N*: lamp light, lights; illumination

她的臉在燈光下看起來特別漂亮。

陽光 (yángguāng)　　　*N*: sunlight

月光 (yuèguāng)　　　*N*: moon light

星光 (xīngguāng)　　　*N*: star light

13. 眼鏡 (yǎnjìng)　　　*N*: glasses, spectacles（**M**：副）

他戴起太陽眼鏡來特別帥。

鏡子 (jìng·zi)　　　*N*: mirror（**M**：面）

14. 襯衫 (chènshān)

N: a dress shirt or a collared blouse with buttons（**M**：件）

圓領衫 (yuánlǐngshān)

N: T shirt, collarless shirt（**M**：件）

運動衫 (yùndòngshān)　　　*N*: sports shirt, sweatshirt

15. 負責 (fù//zé)

SV/VO: to be responsible / to be in charge of, be responsible for

　(1)他是個很負責的人，交給他辦的事，他一定會辦好。

　(2)我們明天去野餐，他負責準備飲料。

責任 (zérèn)　　　*N*: responsibility, duty

教育孩子是父母的責任。

16. 音效（音響效果）(yīnxiào) (yīnxiǎng xiàoguǒ)

N: sound effects

效果 (xiàoguǒ)　　　*N*: effect, result

這個藥我吃過幾次，不過效果不太好。

17. 互相 (hùxiāng)　　　*A*: mutual, mutually

我們都是同學，當然應該互相照顧。

18. 配合 (pèihé)　　　*V*: to coordinate, be in harmony with

要是時間不能配合，我就不打工了。

配 (pèi)　　　*SV/V*: to be matching / to match, to fit

　(1)這個椅子跟你們家客廳的桌子很配，你為什麼不買？

⑵你看，這條褲子配這件襯衫怎麼樣？

配ㄟ上ㄕ (pèi//·shàng)

RC: **to match, to go with, to be a match for**

⑴只有紅花不夠，還得配上綠葉才好看。

⑵我們都覺得你的女朋友配不上你，因為她沒念什麼書。

19. 派ㄞ (pài)　　　*V*: **to send, to dispatch, to assign**

老闆派我去洛杉磯談生意。

20. 會ㄟ長ㄤ (huìzhǎng)　　　*N*: **president (of an organization)**

21. 節ㄝ目ㄨ (jiémù)

N: **program, events (of entertainment, a program, etc.)**

⑴我對電視上的節目，都沒有什麼興趣。

⑵這個周末你安排了什麼節目？

節ㄝ目ㄨ單ㄢ (jiémùdān)　　　*N*: **program (list)**

節ㄝ目ㄨ表ㄠ (jiémùbiǎo)　　　*N*: **program (list)**

22. 服ㄨ裝ㄤ (fúzhuāng)　　　*N*: **costume, garment**

她在那部電影裡的服裝都很有特色。

23. 化ㄚ妝ㄤ (huà//zhuāng)　　　*VO/N*: **to put on make-up / make-up**

她化了妝以後，變得非常漂亮。

化ㄚ裝ㄤ (huàzhuāng)　　　*V*: **to disguise oneself**

新年晚會的時候，小王化裝成聖誕老人。

24. 錄ㄨ影ㄥ (lù//yǐng)　　　*VO*: **to make a video recording**

那個節目下午才錄影，晚上就播出了。

錄ㄨ影ㄥ帶ㄞ (lùyǐngdài)　　　*N*: **videotape**（**M**：卷, **juǎn**）

錄ㄨ放ㄤ影ㄥ機ㄐ (lùfàngyǐngjī)　　　*N*: **video recorder**

25. 招ㄠ待ㄞ (zhāodài)

V/N: **to serve (customers), to entertain, to care for / reception, receptionist**

⑴張先生來了，你拿點兒水果去招待他吧！

⑵我的生日舞會，請你當招待，好不好？

26. 主ㄨ任ㄖ (zhǔrèn)　　　*N*: **director, head**

系主任 (xìzhǔrèn)

N: department (in a college) head

27. 副會長 (fù huìzhǎng)

N: vice president (of an organization)

副 (fù)　　*AT*: vice

副總統 (fù zǒngtǒng)

N: vice president (of a republic)

副校長 (fù xiàozhǎng)

N: vice president or provost (of a university)

28. 忙不過來 (máng·búguòlái)

RC: to have more work than one can manage, to be extremely busy

他負責照像，還要招待客人，怎麼忙得過來？

29. 紅包 (hóngbāo)

N: red envelope containing a money gift

今年過年我收到很多紅包。

30. 發財 (fā//cái)　　*VO*: to make a fortune, to become rich

他寫了一本很受歡迎的書，發了大財。

31. 愉快 (yúkuài)　　*SV*: to be joyful, happy, cheerful

我們興趣一樣，所以談得很愉快。

32. 洗照片 (xǐ//zhàopiàn)

VO: to have film and prints developed

這家店洗一張照片差不多三毛錢。

照片／像片／相片 (zhàopiàn/xiàngpiàn)

N: photograph （M：張）

加洗 (jiāxǐ)　　*V*: to get reprints of a photograph

這張照得很好，我要加洗兩張寄給我媽媽。

33. 民族舞蹈 (mínzú wǔdào)　　*N*: ethnic dance

從民族舞蹈可以看出那個民族的生活習慣。

民族 (mínzú)　　*N*: a race of people

哪些國家的人是拉丁 (Latin) 民族？

舞蹈 (wǔdào)　　*N*: dance

舞（蹈）團 (wǔ(dào)tuán)

N: dance troupe, dance company

34. 中間 (zhōngjiān)　　*N*: between, among, in the middle of

那家書店就在銀行跟郵局中間。

35. 張 (zhāng)　　*V*: to open, to stretch

我去看牙的時候，醫生叫我把嘴張得越大越好。

張開 (zhāng//kāi)　　*RC*: to stretch open, to open

燈光太亮，我的眼睛都張不開了。

36. 首 (shǒu)　　*M*: (used for poems and songs)

這首歌我聽膩了，你能不能換首別的？

37. 民謠 (mínyáo)　　*N*: folk song

他很會唱中國民謠，你請他表演幾首吧！

38. 相當 (xiāngdāng)　　*A*: quite, rather, considerably

他那麼小，毛筆字就寫得這麼好，相當不容易！

39. 春捲 (chūnjuǎn)　　*N*: spring roll

40. 餛飩 (hún·tún)　　*N*: wonton, dumpling soup

41. 紅茶 (hóngchá)　　*N*: black tea

清茶 (qīngchá)　　*N*: green tea

42. 怪 (guài)　　*V*: to blame

你自己不小心打破杯子，怎麼可以怪別人碰你呢？

專有名詞 Proper Names

1. 陸康 (Lù Kāng)　　Lu, Kang

2. 中國同學會 (Zhōngguó Tóngxuéhuì)

Chinese Students Association

3. 平劇 (Píng Jù)　　Peking Opera

注釋

1. "是！會長！" means "Yes, Chairman!" and gives the tone of "yes, sir!" as if one has just received an order. Depending on the person being addressed, the second half of this phrase can be changed, such as in "是！老爸！", "是！大哥！", "是！老闆！". As in this instance, it is usually said as a joke.

2. "還不是你們害的。" means "It's all your fault, you caused me this trouble." From this statement we know that 李平 had not personally volunteered to be the chairman of the Chinese Students Association（中國同學會）; he was elected by his friends.

3. 紅包 is a special red envelope containing cash. On the eve of the lunar new year these envelopes are distributed to children by their elders. After a big New Year's Eve feast, members of the younger generation pay respects to the elders and wish them a Happy New Year. The elders respond by giving them 紅包 containing a cash gift called 壓歲錢. This practice, intended to bring good luck, is repeated by other relatives and friends over the next few days. The envelopes are red because Chinese people consider red to be a lucky color and use it for happy occasions. Gifts are often wrapped in red and a Chinese bride would wear a red gown during a traditional wedding ceremony.

4. 發財 means "to make a fortune and become rich." During the Chinese New Year season, people often greet one another by saying, "恭喜！恭喜！恭喜發財！", wishing them good fortune for the coming year. Some people simply say "恭喜！恭喜！新年好！".

5. 中國同學會 is the Chinese Students Association. It is an organization of Chinese students studying abroad.

6. 臺灣民謠 are Taiwanese folk songs. They are sung in the Taiwanese dialect, another dialect of Chinese. This is why 高偉立 was unable to understand it.

7. 平劇 is the classical Chinese opera developed in 北平/北京. For people in Taiwan, 北京, literally meaning "northern capital", is the old name for the capital of the Ching Dynasty. Since the government in Taiwan does not acknowledge Beijing as the present capital of China it is now called 北平, Běipíng. This is the reason why people on the mainland say 京劇, "Beijing (Peking) Opera", while those in Taiwan call it 平劇, "Peiping Opera." Because it is an important and highly developed cultural phenomenon, it is regarded as a national art and is also called 國劇, "the national opera," in Taiwan. A 平劇 performance is full of symbolism and allusions, and the lines are recited in the old style and the music sung in a unique way, thus making it very difficult to understand.

文法練習

☞ 一 總算 finally, at last

⊙總算修理好了。

Finally, it's fixed.

用法說明：表示「終於」、「好不容易」一直在期待的事情實現了。

Explanation: This pattern indicates that a task has been expected or anticipated for a long time has "finally" or "with great difficulty" been completed.

練習：請用「總算」完成下面句子。

Exercise: Please use 總算 to complete the sentences below.

1. 我辛苦了十幾年，孩子<u>總算長大了</u>。

   After my putting in over 10 years of hard work, the children have finally grown up.

2. 那個實驗我一直做不好，這次<u>總算   </u>。

3. 那兩個國家打了八年，現在<u>總算   </u>。

4. 為了看這場電影，我排了半天的隊，<u>總算   </u>。

5. 我的嘴都快說乾了，他<u>總算   </u>。

☞ **二** 把 N(PN) V/SV 得 Comp.

　　made N so V/SV that it reached the point of Comp.

⊙把我急得滿頭大汗。

　　It made me so anxious that my whole head was covered with sweat.

用法說明：這個句型跟第二課第二個句型意思一樣。用「把」字句是因為要強調「致使」、「處置」的意味。

Explanation: This sentence pattern has the same meaning as that of Ch.2, No. 2. The 把 is used to emphasize the idea that somebody or something is the recipient of an action. The rest of the pattern indicates the result of the action.

練習：請把下面各句改成「……把 N(PN)／SV 得 Comp.」的句子。

Exercise: Please rewrite each of the following sentences using the pattern "……把 N(PN) V／SV 得 Comp." .

1. 我走了一天的路，累得我一坐下就睡著了。

　　I walked for a whole day. It made me so tired that I fell asleep as soon as I sat down.

　　→走了一天的路，把我累得一坐下就睡著了。

　　　Walking for an entire day made me so tired that I fell asleep as soon as I sat down.

2. 昨天晚上太冷，冷得我媽媽一夜沒睡好。

　　...

3. 他說了那麼多不客氣的話，氣得我吃不下飯。

　　...

4. 天天吃學校的大鍋菜，吃得我膩死了。

　　...

5. 書上的字太小，看得她眼睛都疼了。

　　...

☞ 　三　 一 M 一 M 地　　one by one, one at a time

⊙麻煩你把點心拿出來，一樣一樣地排好。

　　Please take out the snacks and line them up one by one.

　　用法說明：表示做某件事不是一次完成，而是多次，每次一 M。以「一 M 一
　　　　　　　M 地」方式完成。

　　Explanation: This pattern shows that an action cannot be completed in one motion,
　　　　　　　　but, instead, has to be repeated many times in succession, with each
　　　　　　　　repetition involving one unit of measure.

　　練習：請用「一 M 一 M 地」改寫下面各句。

　　Exercise: Please rewrite the following sentences using "一 M一 M 地".

　　　　1. 請你把書放在書架上，一次放一本。

　　　　　Please put the books in the bookshelf, one book at a time.

　　　　　→請你把書一本一本地放在書架上。

　　　　　　Please put the books in the bookshelf one by one.

　　　　2. 那瓶酒他一次喝一口，一次喝一口，就喝光了。

　　　　　...

　　　　3. 你們大家不要搶，車上位子很多，一次上一個，好不好？

　　　　　...

　　　　4. 快要期末考了，我們從今天開始複習，一次複習一課。

　　　　　...

　　　　5. 這卷錄音帶的歌都很好聽，我可以一次教你一首。

　　　　　...

☞ 　四　 別再……了　　do not...... again (imperative)

⊙下次可別再選我了。

　　Don't you elect me again next time .

　　用法說明：說話者覺得對方做的事不好或不對，就告訴他以後不要再做了。如
　　　　　　　果不是要求對方，可以用「不再……了」。句尾的「了」表示情況
　　　　　　　改變。

Explanation: This pattern is used when the speaker feels that something another person has done is incorrect or undesireable. The speaker uses it to tell him/her not to do it again. If the speaker is describing a situation rather than making a request, "不再……了" can be used. In either case, the 了 indicates a change in situation.

練習：請用「別再……了」或「不再……了」完成下面各句。

Exercise: Please use the "別再……了" or "不再……了" patterns to complete the sentences below.

　　1. 我離開那家公司了，可以不再看老闆的臉色了。

　　　　I've left that company; I never have to watch out for my boss's temper again.

　　2. 酒喝多了對身體不好，我希望你以後 ＿＿＿＿＿＿＿＿＿＿＿ 。

　　3. 既然上下班時間會塞車，以後上班就 ＿＿＿＿＿＿＿＿＿＿＿ 。

　　4. 王先生當了幾年市長，什麼事也沒做，我們都 ＿＿＿＿＿＿＿ 。

　　5. 他的家人都不喜歡他當國會議員，叫他 ＿＿＿＿＿＿＿＿＿＿ 。

☞ **五** 對……有研究

has done research in the area of......,very knowledgeable about......, very well-read in......

⊙聽說他對平劇相當有研究。

I've heard that he's very knowledgable about Peking Opera.

用法說明：表示在某方面有豐富的知識。「對」有「對於」、「關於」的意思。

Explanation: This indicates that someone has great knowledge in some area. 對 means "concerning" or "in relation to".

練習：請用「對……有研究」改寫下面各句。

Exercise: Please rewrite the sentences below using the pattern "對……有研究".

　　1. 穿衣服，那個女孩子真有研究，衣服、鞋子的顏色都配得很好。

　　　　As far as dressing goes, that girl really knows her stuff. The color of her clothing and her shoes always matches very nicely.

→那個女孩子對穿衣服真有研究，衣服、鞋子的顏色都配得很好。

That girl is really knowledgeable about clothing. The color of her clothing and her shoes always matches very nicely.

2. 化妝，李太太一點都不懂。

....

3. 美國的政治制度，張教授懂得非常多。

....

4. 有關清朝的歷史，我知道得不多。

....

5. 女孩子的心理，我哥哥最了解。

....

☞ 六 一會兒……，一會兒……

one moment……, another moment……

⊙那是因為你一會兒餃子，一會兒餛飩，一會兒紅茶，一會兒咖啡，吃個不停。

That's because one moment you were eating dumplings, another moment you were eating wontons, one moment you were drinking black tea, another moment you were drinking coffee : You ate non-stop.

用法說明：這是一種誇張的描寫，形容行為或狀況在很短的時間內變來變去。
「一會兒」的後面可以是名詞、動詞、VO 或 SV。如果是名詞，後面的句中應有一相關的動詞。

Explanation: This pattern is used as an exaggeration to describe behavior or a situation which undergoes frequent changes within a relatively short span of time. Either a noun, a verb, a VO , or an SV can be placed after 一會兒. If it is a noun, there ought to be a related verb in the final simple sentence. (e.g., the 吃 in the sample sentence above.)

練習：請用「一會兒……，一會兒……」改寫下面各句。

Exercise: Please rewrite the sentences below using the "一會兒……，一會 ……" pattern.

1. 張太太看電視的時候，剛哭完馬上就又笑了，真像神經病。

   When Mrs. Chang watches television, she starts laughing as soon as she's finished crying; it really seems like she's gone nuts.

   →張太太看電視的時候，一會兒哭一會兒笑，真像神經病。

   When Mrs. Chang watches television, she cries one minute and then laughs another; it really seems like she's gone nuts.

2. 他本來要學法文，後來又要學德文，他到底想學什麼？

   ....

3. 最近氣溫變化很大，早上冷，中午熱，一不小心就感冒了。

   ....

4. 那個地方不是颱風就是地震，誰願意住在那兒啊?!

   ....

5. 我爺爺身體很不好，今天頭疼，明天腳疼，所以得常看醫生。

   ....

☞ **七** V 個不停　continually, without stopping

⊙……一會兒紅茶，一會兒咖啡，吃個不停。

......one moment you were drinking black tea, another moment you were drinking coffee: You ate non-stop.

用法說明：表示某個動作不斷地在重覆。

Explanation: This pattern indicates that some action is performed continuously, without pause.

練習：請用「V 個不停」完成下面各句。

Exercise: Please use "V 個不停" to complete the below.

1. 你應該吃咳嗽藥，你這樣咳個不停，怎麼行呢？

   You should take some cough medicine. You can't keep continually coughing like that.

2. 真討厭！雨一直 ＿＿＿＿＿＿＿＿＿＿，不知道什麼時候才會晴?!

3. 我們老闆喜歡罵人，你只要做錯了一點事，他就 ＿＿＿＿＿＿＿＿＿＿。

4. 他一點疼都受不了，手上才破了一小塊皮，就 ＿＿＿＿＿＿＿＿＿＿。

5.奇怪，電話一直 ＿＿＿＿＿＿＿ ，都沒人接。大概沒人在家。

☞ 八 哪裡……?!　　　Since when......? Where......? (rhetorical)

⊙哪裡有時間注意別人?!

Since when do you have time to pay attention to other people?

用法説明：這是一個反問句。「哪裡」是「怎麼」的意思，後面雖然是肯定的短句，但因為是反問，卻變成否定的意思。

Explanation: This is a pattern for a rhetorical question. 哪裡 means the same as 怎麼 (how come?). Although the phrase following 哪裡 is positive, the implication is that it is simply not true.

練習：請用「哪裡……?!」完成下面對話。

Exercise: Please complete the dialogues below using the "哪裡……?!" pattern.

1.太太：你看！王太太今天又穿了一件新衣服！

Wife: Look! Mrs. Wang is wearing another new outfit today!

先生：你就會羨慕別人，哪裡知道我賺錢多辛苦?!

Husband: You're so obsessed with being jealous of other people. You have no idea how hard I work to earn money!

2.張：你怎麼不買房子?!

李：我才工作半年，哪裡 ＿＿＿＿＿＿＿ ?!

3.張：我們現在去看七點的電影，來得及來不及？

李：已經六點五十了，現在去哪裡 ＿＿＿＿＿＿＿ ?!

4.張：你這麼熱心，應該去競選市議員。

李：我沒有錢，認識我的人也不多，哪裡 ＿＿＿＿＿＿＿ ?!

5.張：你沒想到這麼多人來搶這個工作機會吧？

李：是啊！我以為沒人願意做，哪裡 ＿＿＿＿＿＿＿ ？

課室活動

一. 大家來說繞口令（ràokǒulìng, tongue twister），看誰說得又快又好。

1. 門外有四輛四輪大馬車，你愛拉哪兩輛，就拉哪兩輛。

2. 吃葡萄不吐葡萄皮，不吃葡萄倒吐葡萄皮。

    吐：tǔ; to spit

3. 和尚端湯上塔，塔滑湯灑，湯燙塔。

    和尚：héshàng; monk

    塔：tǎ; tower

    灑：sǎ; to sprinkle, to splash

    燙：tàng; to scald

4. 山前有個崔腿粗，山後有個崔粗腿。兩人山前來比腿，不知道是崔粗腿的腿粗，還是崔腿粗的腿粗？

    崔：Cuī; a family name

    粗：cū; thick

5. 山前有個顏圓眼，山後有個袁眼圓。兩人上山來比眼，不知道是顏圓眼的眼圓，還是袁眼圓的眼圓？

    顏：yán; a family name, here.

    袁：Yuán; a family name

6. 長蟲圍著磚堆轉，轉完了磚堆，長蟲鑽磚堆。

    蟲：chóng; insect, bug, worm

圍：wéi; to encircle, to surround

磚堆：zhuānduī; a pile of bricks

轉：zhuàn; to rotate

鑽：zuān; to worm into, to dig through

7. 長藤上掛銅鈴，風吹藤動銅鈴動，風停藤停銅鈴停。

藤：téng; vine, rattan, cane

銅鈴：tónglíng; copper bell

吹：chuī; to blow

8. 四個四，四個十，四個十四，四個四十，四個四十四。十個四，十個十，十個十四，十個四十，十個四十四。

9. 你會燉我的燉凍豆腐，來燉我的燉凍豆腐；你不會燉我的燉凍豆腐，別混充會燉，燉壞了我的燉凍豆腐。

燉：dùn; to stew

凍豆腐：dòngdòu·fǔ; frozen bean curd

混充：hùnchōng; to fake, to pretend

二. Role Playing:

Two students act out the following skit: One is a host/hostess who is organizing a 晚會 which he/she is calling 中國之夜. The host/hostess is in the process of inviting the guests and thus telephones the second participant, inviting him/her to the 中國之夜. The time and place of the party, as well as the planned activities, should be mentioned on the phone. （繞口令 could be included in the program.）

短文 1

1. 新年晚會節目單

中 國 之 夜

時間：一九九×年二月二日晚上七點三十分
地點₂：××大學體育館
主辦人₃：××大學中國同學會
演出人₄：××大學中國同學、中文系同學

演出節目：　　　　　　　　　　　　*羅大友主持₅*

　1. 民族舞蹈：青春舞曲₆　　　　　陳台麗等五人

　2. 獨唱₇：　1)新年快樂　　　　　趙建平
　　　　　　　2)她的眼睛像月亮

　3. 鋼琴₈獨奏₉：月光曲₁₀　　　　　錢秀英

　4. 短劇₁₁：糊塗老闆　　　　中文系二年級高偉立等
　　　　　　　　　　　　　　　四人

　5. 合唱₁₂：　1)明天會更好
　　　　　　　2)請跟我來　　　　　謝美真等十人
　　　　　　　3)天黑黑

　6. 平劇：拾玉鐲₁₃　　　　　　　孫國為等三人

　7. 相聲₁₄：繞口令₁₅　　　　　　陸康、李平

　8. 服裝表演：中國各代服裝　　　中文系一年級全班同
　　　　　　　　　　　₁₆

謝謝觀賞₁₇ 並祝

新年快樂、萬事如意！

Vocabulary:

1. 中國之夜 (Zhōngguó zhī yè): Chinese Night

2. 地點 (dìdiǎn): location

3. 主辦人 (zhǔbànrén): organizer

4. 演出人 (yǎnchūrén): performer

5. 主持 (zhǔchí): host of a program

6. 青春舞曲 (Qīngchūn Wǔqǔ): "Dance of Youth," name of a folksong

7. 獨唱 (dúchàng): to sing a solo

8. 鋼琴 (gāngqín): piano

9. 獨奏 (dúzòu): to play an instrumental solo

10. 月光曲 (Yuèguāngqǔ): "Moonlight Sonata" by Beethoven

11. 短劇 (duǎnjù): a short play, skit

12. 合唱 (héchàng): to sing in group or chorus

13. 拾玉鐲 (Shí Yùzhuó): "Picking Up a Jade Bracelet," name of a Peking opera

14. 相聲 (xiàng shēng): a type of comic routine involving two people in dialogue

15. 繞口令 (ràokǒulìng): tongue-twister

16. 各代 (gè dài): each dynasty

17. 觀賞 (guānshǎng): to watch and enjoy

短文 2

新年快樂

做詞：許常德　　　　作曲：黃品源

繽紛的₁街頭　　在人群₂裡頭　　一種不能解 釋₃的寂寞₄

有一股₅衝動₆　　想要去問候₇　　此時此刻₈你在做什麼

除夕的廣場₉　　倒數₁₀的時刻　　跨過₁₁今年希 望會 更多

分開₁₂那麼久　　思念₁₃卻₁₄更濃₁₅　　很 想對你說 新年快 樂

你曾₁₆是我最最最難忘 最最最惆悵₁₇　　人在歲月₁₈中流失₁₉多少夢₂₀　oh

曾經₁₆我也是你最知己₂₁ 也最 依賴₂₂　青春₂₃事情不 易再重來₂₄　　oh

新 年快樂　我最好的朋 友　祝福₂₅的心時時₂₆都會有

除夕的廣場₈ 新年快樂　我最好的朋 友　祝福的心時時都會有

世界那麼大　如何不牽掛₂₇　記憶₂₈是樹它 已經 長大　　Fine

Vocabulary:

1. 繽紛的 (bēnfēn·de): in riotous profusion

2. 人群 (rénqún): crowd

3. 解釋 (jiěshì): to explain

4. 寂寞 (jímò): lonely; loneliness

5. 股 (gǔ): a stream of (M. for feelings, smells)

6. 衝動 (chōngdòng): an impulse

7. 問候 (wènhòu): to send one's regards to

8. 此時此刻 (cǐ shí cǐ kè): this moment

9. 廣場 (guǎngchǎng): square; plaza

10. 倒數 (dàoshǔ): to count from the end

11. 跨過 (kuàguò): to straddle; to go across

12. 分開 (fēnkāi): to be separated

13. 思念 (sī niàn): to miss

14. 卻 (què): but, yet

15. 濃 (nóng): to be thick

16. 曾（經）(céngjīng): ever; once

17. 惆悵 (chóuchàng): wistful; rueful

18. 歲月 (suìyuè): time, years

19. 流失 (liúshī): to flow away

20. 夢 (mèng): dream

21. 知己 (zhījǐ): an intimate friend

22. 依賴 (yīlài): to rely on

23. 青春 (qīngchūn): youth

24. 重來 (chónglái): to do it again

25. 祝福 (zhùfú): blessing; best wishes

26. 時時 (shíshí): often; always

27. 牽掛 (qiān'guà): to be concerned about

28. 記憶 (jìyì): memory

第十六課

我們的休閒活動

・清晨打太極拳（新聞局提供）

（陳台麗、謝美真家）

美真（拿起酒杯）：建國，我們敬你[1]，謝謝你替我們帶東西。

建國：沒什麼，小事一件。反正我的箱子也裝不滿。

偉立：我也敬你，要不然我還沒有機會吃火鍋[2]呢！

美真：建國，你這次回去，一定也吃了火鍋吧？

建國：那還用說?!臺北人吃的東西，我差不多都嘗過了。我最
　　　喜歡的是蒙古烤肉[3]，我現在想起來，還直流口水[4]。

偉立：你到哪裡都忘不了吃！說說你在 KTV、MTV[5]的經驗
　　　吧！

台麗（沒想到的樣子）：你也去 KTV 唱歌啦？

建國：當然去了。KTV 是臺灣現在最流行的休閒活動。我第
　　　一次去是我爺爺生日那天，吃完飯，大家就到隔壁的
　　　KTV 去，每個人都搶著表演自己的拿手歌，真好玩。

台麗：你呢？你唱了什麼？

建國：一首美國民謠。因為我唱得太——好了，所以他們就不
　　　許我再唱了[6]。

美真：真的啊？我們的大歌星**居然**沒有人欣賞[6]！

建國：就是嘛！真沒眼光！說真的[7]，我還是比較喜歡 MTV。

偉立：**怎麼說呢**[8]？

建國：KTV 太吵，而且有的人唱得不好，又愛唱，你**卻不得
　　　不**聽。去 MTV，可以兩三個好朋友一起靜靜地欣賞自
　　　己喜歡的電影，或是各種節目錄影帶。

偉立：MTV 不貴嗎？為什麼不租錄影帶回家看呢？

美真：不算貴，錄影機在臺灣很普遍，可是年輕人都覺得
　　　MTV 的氣氛跟家裡不同，把門一關，愛看什麼就看什
　　　麼，自由自在，不會有人來打擾。

台麗：嗯，以前臺灣的電影院很少演歐洲電影，所以我常去

・在 KTV 唱歌（吳俊銘攝）

・臺北夜市（新聞局提供）

MTV，有時候一個晚上連看兩部，過癮了才回家。

建國：有一次我們在 MTV 看了兩部電影以後，已經很晚了，堂哥就帶我去附近的夜市吃東西。哇！好熱鬧！沒想到這麼晚了，還有那麼多人出來逛。街兩邊排滿了各種各樣的地攤、小吃攤。吃的、玩的、穿的、用的，什麼都有。

偉立：他說他在臺灣最得意的事，**除了**打麻將[9]贏了錢以外，**就是**在夜市買了一件皮夾克，才花了幾十塊錢。

美真：你會打麻將啊？

建國：這次回去才學的。除夕晚上陪我爺爺奶奶打**著玩**。

台麗：打麻將不好玩，一直坐著沒意思。**不如**去跳舞，全身都可以運動。

建國：堂哥帶我跟姐姐去過一個狄斯可舞廳，擠滿了人，沒辦法跳。而且聲音很大，吵得人耳朵受不了。

台麗：**這下子**你可見識到臺北人的夜生活了。

建國：哪裡，我覺得還不夠，聽說臺北還有什麼歌廳[10]、鋼琴酒吧[11]，我都沒去過。

偉立：你怎麼沒去呢？

建國：一方面比較貴，一方面也因為去這些地方的人比較複雜，所以我爺爺不許我們去。

台麗：除了這些晚上的活動，你們還做了些什麼？

建國：我爺爺奶奶總是很早起來，去公園散步、打太極拳；爸爸跟堂哥去慢跑。我起不來，只好週末的時候，跟他們去陽明山¹²健行、烤肉、洗溫泉，或是去海邊釣魚。有一次我們打算去露營，可是天氣不好，就算了。

美真：你們沒趁這個機會去中南部走走嗎？

建國：只去了墾丁國家公園和中部橫貫公路。

偉立：噢！這兩個地方我都聽李平提過。風景到底怎麼樣？

建國：還是你自己去看吧！要是我都說了，你去的時候就一點新鮮感都沒有了。

美真：對！百聞**不如**一見。別只顧著說話，多吃點吧！

生詞及例句

1. 休ㄒㄧㄡ閒ㄒㄧㄢ活ㄏㄨㄛ動ㄉㄨㄥ (xiūxián huódòng)　　*N*: leisure activities

　　他每個週末都安排不同的休閒活動，有時候跳舞，有時候打球。

休ㄒㄧㄡ閒ㄒㄧㄢ生ㄕㄥ活ㄏㄨㄛ (xiūxián shēnghuá)

N: recreation life, activities away from work

　　現代人比以前注意休閒生活。

休ㄒㄧㄡ閒ㄒㄧㄢ服ㄈㄨ (xiūxiánfú)　　*N*: casual wear, sports wear

休ㄒㄧㄡ閒ㄒㄧㄢ鞋ㄒㄧㄝ (xiūxiánxié)　　*N*: casual shoes, walking shoes

2. 敬ㄐㄧㄥ (jìng)

V: to respect, revere, honor, esteem; to present with respect, offer politely

　　王老師，這杯我敬您，祝您生日快樂！

敬ㄐㄧㄥ酒ㄐㄧㄡ (jìng//jiǔ)　　*VO*: to propose a toast

　　你請客，你應該一桌一桌地去敬酒。

3. 火鍋 (huǒguō)

   N: "hot pot," a Chinese dish cooked "fondue - style" in a pot at the table
   他請我們吃的海鮮火鍋，味道好極了。

4. 流口水 (liú//kǒushuǐ)　　*VO*: to drool
   我每次一想到臺灣小吃，就要流口水。

   口水 (kǒushuǐ)　　*N*: saliva, spit

5. 流行 (liúxíng)

   SV/V: fashionable, in vogue, popular / to be fashionable, to be popular
   (1) 這種顏色是今年最流行的。
   (2) 現在流行短頭髮。

6. 隔壁 (gébì)　　*N*: next door, next door neighbor
   我住五〇三號房，他住我隔壁，五〇四號。

7. 歌星 (gēxīng)　　*N*: music star, popular singer
   不是歌唱得好，就能當歌星的，有時候還得看運氣。

8. 居然 (jūrán)　　*A*: unexpectedly, to one's surprise
   今天要考試，你居然沒帶筆來！

9. 眼光 (yǎn'guāng)

   N: foresight, farsightedness; taste, insight, discerning ability
   他真沒眼光，那麼難看的東西，居然說好看！

10. 吵 (chǎo)

    V/SV: to make a noise, to disturb, to quarrel / to be noisy
    (1) 別吵，爸爸在睡覺。
    (2) 隔壁在開舞會，吵得我不能念書。
    (3) 別生氣，有話好好說嘛！跟他吵有什麼用呢?!

11. 卻 (què)　　*A*: but, yet, however
    他什麼都說了，最重要的部分卻忘了說。

12. 不得不 (bùdébù)

    A: to have no choice or option but to, must, cannot but
    我討厭做飯，可是為了省錢，不得不自己做。

13. 靜靜地 (jìngjìng·de)　　*A*: **quietly, calmly**

我們出去吧！讓他一個人靜靜地休息一下。

安靜 (ānjìng)　　*SV*: **to be quiet, calm, peaceful**

孩子們都出去玩了，家裡好安靜。

14. 自由自在 (zìyóu zìzài)

A: **comfortable and at ease, carefree**

一個人去旅行自由自在，愛到哪兒去，就到哪兒去。

自由 (zìyóu)

N/SV/A: **freedom, liberty / to be free / free, freely**

⑴穿什麼衣服是我的自由，你管不著。

⑵我做什麼我媽都要管，一點都不自由。

⑶旅行團安排他們最後一天下午自由活動。

自在 (zìzài)　　*SV*: **to be comfortable, at ease**

跟好朋友在一起，總是覺得很自在。

15. 打擾 (dǎrǎo)　　*V*: **to trouble, bother, disturb**

⑴他明天要考試，我們別去打擾他念書。

⑵我在你們家住了這麼多天，真是打擾了。

16. 電影院 (diànyǐngyuàn)

N: **cinema, movie theater, movie house**（**M**：家）

17. 演 (yǎn)　　*V*: **to put on, to show; to perform**

這部電影已經演了快一個月了。

上演 (shàngyǎn)

V: **to open on the stage or screen, to premier (for movies and plays)**

你剛剛說的那部電影是什麼時候上演的？

開演 (kāiyǎn)　　*V*: **to start a performance or show**

電影七點開演，我們六點三刻在電影院門口見！

18. 堂哥 (tánggē)

N: **cousin, son of father's brother (older than speaker or person of reference)**

堂姐 (tángjiě)

N: cousin, daughter of father's brother (older than speaker or person of reference)

堂弟 (tángdì)

N: cousin, son of father's brother (younger than speaker or person of reference)

堂妹 (tángmèi)

N: cousin, daughter of father's brother (younger than speaker or person of reference)

19. 夜市 (yèshì)　　*N*: night market

他就住在夜市旁邊，半夜十二點正是最熱鬧的時候，吵得他睡不著。

20. 逛 (guàng)　　*V*: to stroll, to walk around

你第一次來這裡，為什麼不出去逛逛，老在旅館睡覺？

逛街 (guàng//jiē)

VO: to go window-shopping, to stroll down the street

我太太沒事就喜歡逛街，常常買回一些用不著的東西。

21. 各種各樣 (gèzhǒng gèyàng)

AT: all kinds, various and sundry, a great variety

在旅行社工作，可以碰到各種各樣的人。

22. 得意 (déyì)

SV: to be self-satisfied, to be content

別人都沒有他考得好，所以他得意得不得了。

23. 打麻將 (dǎ//májiàng)　　*VO*: to play mahjong

我們只有三個人，還差一個，不能打麻將，玩別的吧！

24. 皮夾克 (pí jiákè)　　*N*: leather jacket

夾克 (jiákè)　　*N*: jacket

我妹妹穿的這件外衣，中國人不叫夾克。

25. 花錢 (huā//qián)

VO/SV: to spend money / to be uneconomical

⑴他是個小氣鬼，連該花的錢也不願意花。

⑵去歐洲旅行很花錢。

花ㄏㄨㄚ時ㄕˊ間ㄐㄧㄢ (huā//shíjiān)

VO/SV: **to spend time, to take up time/to be time consuming**

26.除ㄔㄨˊ夕ㄒㄧˋ (chúxì)　　*N*: **lunar New Year's Eve**

27.陪ㄆㄟˊ (péi)　　*V*: **to accompany, to keep somebody company**

我想去買件衣服，你有空陪我去嗎？

28.狄ㄉㄧˊ斯ㄙ可ㄎㄜˇ舞ㄨˇ廳ㄊㄧㄥ (dísīkě wǔtīng)

N: **discotheque**（**M:**家）

舞ㄨˇ廳ㄊㄧㄥ (wǔtīng)

N: **ballroom, dance hall, discotheque**（**M:**家）

歌ㄍㄜ廳ㄊㄧㄥ (gētīng)

N: **a cabaret where popular songs are sung by a live singer**（**M:**家）

29.耳ㄦˇ朵ㄉㄜ (ěr·duo)　　*N*: **ear**（**M:**隻）

⑴他媽媽耳朵不好，你說話要大聲一點。

⑵老師跟他說的話，他總是左邊耳朵進去，右邊耳朵出來，一點都記不住。

30.這ㄓㄜˋ下ㄒㄧㄚ子ㄗ (zhèxià·zi)　　*A*: **now, in this case**

聽說老闆叫他走路了，這下子他的生活就有問題了。

31.夜ㄧㄝˋ生ㄕㄥ活ㄏㄨㄛˊ (yè shēnghuó)　　*N*: **night life**

在鄉下，我們吃了晚飯，看看電視就睡覺了，沒有什麼夜生活。

32.鋼ㄍㄤ琴ㄑㄧㄣˊ酒ㄐㄧㄡˇ吧ㄅㄚ (gāngqín jiǔbā)　　*N*: **piano bar**（**M:**家）

鋼ㄍㄤ琴ㄑㄧㄣˊ (gāngqín)　　*N*: **piano**（**M:**架 **jià**）

酒ㄐㄧㄡˇ吧ㄅㄚ (jiǔbā)　　*N*: **bar, tavern, pub**

33.複ㄈㄨˋ雜ㄗㄚˊ (fùzá)　　*SV*: **to be complicated, complex**

這個問題很複雜，我弄不清楚，得好好地研究研究。

34.散ㄙㄢˋ步ㄅㄨˋ (sàn//bù)　　*VO*: **to take a walk, go for a stroll**

他平常沒時間運動，只有吃飽了飯出去散散步。

35.打ㄉㄚˇ太ㄊㄞˋ極ㄐㄧˊ拳ㄑㄩㄢˊ (dǎ//tàijíquán)

VO: **to practice "tai chi" (Chinese shadow boxing)**

打太極拳看起來像慢動作的舞蹈。

拳 (quán)　　*M*: **(for a hit with a fist)**

他氣得打了我一拳。

拳頭 (quán·tou)　　*N*: **fist**

你以為誰的拳頭大，我就得聽誰的嗎？

36. 健行 (jiànxíng)　　*V/N*: **to hike / hiking**

我們學校每個學期都辦一次健行活動，讓大家出去走走，運動運動。

37. 溫泉 (wēnquán)　　*N*: **natural hot spring**

38. 釣魚 (diào//yú)　　*VO*: **to go fishing, go angling**

他坐在湖邊釣魚，等了半天，一條魚也沒釣到。

39. 露營 (lù//yíng)　　*VO/N*: **to camp out, encamp / camping**

他對露營沒興趣，他說吃的、睡的都沒有家裡舒服。

40. 提 (tí)

V: **to mention, refer to, bring up; to carry; to withdraw, to extract**

⑴我給你介紹一下，這位就是以前我跟你提過的張教授。

⑵他提著一個箱子上車了。

⑶我的錢用完了，得去銀行提錢了。

提到 (tí//dào)　　*RC*: **to have mentioned**

我們上地理課的時候，老師提到過那個地方。

提起來 (tí//qǐ·lái)

RC: **to bring up, to mention, to speak of; to lift up, to raise**

⑴你別跟他提那件事，每次一提起來，他就要生氣。

⑵這籃水果太重，兩歲的孩子怎麼提得起來？

提出來 (tí//chū·lái)

RC: **to raise (a question,etc.), to put forth, put forward; to withdraw**

⑴有問題可以提出來，大家一塊兒討論。

⑵我姑姑為了買房子，把銀行裡的錢全提出來了。

41. 新鮮感 (xīnxiān'gǎn)　　*N*: **fresh sensation, newness**

那個節目我們看了好幾次，現在一點新鮮感都沒有了。

42. 百聞不如一見 (bǎi wén bùrú yí jiàn)

IE: literally: **Hearing one hundred times is not as effective as seeing once. Similar to : Seeing is believing**

很多人都說拉斯維加斯的表演很好看，我去看了以後，覺得真是百聞不如一見。

不如 (bùrú)　　*V*: **not as good as, inferior to**

孩子考壞了，罵他沒有用，不如多鼓勵。

43. 顧著 (gù·zhe)

V: **to care about, to concentrate upon, to look after**

他就顧著打麻將，不管孩子回家有沒有飯吃。

專有名詞 Proper Names

1. 蒙古烤肉 (Ménggǔ kǎoròu)　　　Mongolian Barbecue
2. 陽明山 (Yángmíng Shān)

Yangming Mountain, a mountain resort north of Taipei

注釋

1. 我們敬你 means "With this glass of wine we'd like to offer you a toast of respect." On a more formal occasion, younger people toast the elders first, to show respect. For heavy drinkers a common toast is 乾杯 (gān//bēi), "bottoms up." If someone makes such a toast one may politely decline drinking a full glass by saying, "對不起，我不會喝酒，不能乾杯。我隨意，好不好？". 隨意 (suíyì) means "according to one's wishes." In addition to these options, one may also offer a specific toast such as "我乾杯。祝你健康，快樂！" "I'd like to offer you a toast. May your health flourish and your life be happy."

2.火鍋 refers to a dish cooked and eaten communally at the table. A heated pot with boiling broth is placed in the center of the table. An assortment of pre-cut ingredients such as vegetables, meat, tou fu, bean vermicelli, and Chinese cabbage（白菜）is placed around the pot. The diners each place whatever they want to eat into the pot. As each item becomes cooked, it is dipped in a sauce made of soy sauce and other ingredients in the each diner's own bowl and eaten. This process of slowly cooking, eating, and talking creates a very pleasant social occasion which can sometimes last for several hours.

3.蒙古烤肉 is Mongolian barbecue. There are many restaurants in Taipei which offer this type of cuisine. Customers select uncooked meats and vegetables, placing them into a large bowl along with various seasonings. This bowl is given to a chef in an open kitchen, who pours the contents onto a large, flat griddle and stir fries them, usually with a certain degree of showmanship. Usually these restaurants are run on an "all-you-can-eat" basis and customers are allowed to repeat the process as many times as he/she likes. While very enjoyable and entertaining, this is not actually representative of authentic Mongolian style cooking.

4.流口水 means "to salivate or drool." As one thinks of eating something appetizing, one's mouth begins to water.

5. MTV / KTV: MTV, Movie TV, was popularized in Taiwan in the early 1980's. Some coffee shops began by setting aside one or two rooms with screens and video tapes for customers to watch while having their drinks. The tapes often included music, American/Japanese television programs, and movies. Now MTV's are specialized businesses with many individual rooms. The customer selects a tape at the front desk and takes it to a small room, where he/she watches it either alone or with friends. KTV, Karaoke TV became popular shortly after MTV. Karaoke is a form of entertainment begun in Japanese. "Kara" in Japanese means "empty," while "oke" is short for "orchestra." Therefore "Karaoke" means " an orchestra without people."

It is a special tape player plays a music cassette with only instrumentals while the participant sings into a microphone. Both the music and the singing is emitted from the same speaker system and acoustic enhancements make the voice sound better, so the effect is very professional. As this type of entertainment developed, Karaoke and television were joined together and accompanying visual images were shown on a television screen along with lyrics to the songs. This is what is now called KTV in Taiwan. KTV businesses have many rooms provided with KTV equipment which customers rent for private "sing-alongs". KTV's also have attendants which serve refreshments and sometimes provide young women to accompany customers as they sing.

6. "我唱得太好了，所以他們就不許我再唱了。" literally means "I sang so well that they didn't allow me to sing anymore." 建國 is joking about his poor singing. 美真 continues the joke by saying: "我們的大歌星居然沒有人欣賞！" "I'm surprised that no one appreciates our big singing star."

7. "說真的" in this context means "all jokes aside, seriously speaking." It is used to introduce a new, more serious tone to the conversation after a period of more casual dialogue.

8. "怎麼說呢？" here means "How so?", "Why is that?" In another context it could mean " How can I say it? "

9. 打麻將 means to play mahjong. Four people sit at a square table and play games similar to cards using a set of 144 tiles with various patterns.

10. 歌廳 is an entertainment establishment with a daily live popular music show sung by professional singers. The audience can select the songs they wish the performers to sing.

11. 鋼琴酒吧 means " piano bar," and refers to a bar with live piano entertainment. A pianist accompanies him/herself while singing popular songs. Customers are welcome to sing as well. Piano bars first started to become popular Taiwan in the 1980's.

12. 陽明山, Yangmingshan, is a mountain recreational area north east of

Taipei located in 陽明山國家公園 Yangmingshan National Park. It was formed in September 1985 and become the third national park established in Taiwan. It covers an area of 11,456 hectares (4636.18 acres). It's known for the remains of once active volcanoes. There are 200-1120 meter high mountains, hot springs, volcanic cones, sulphur seeps, ground faults, lakes and waterfalls in the park.

文法練習

☞ 一 居然　　surprisingly

⊙我們的大歌星居然沒有人欣賞。

What a surprise that no one appreciates our really big singing star.

用法說明：表示說話者覺得意外，沒想到這件事情會發生。居然放在陳述這個意外事情的句子的主語之後。

Explanation: This shows that something is unexpected or unforeseen. 居然 is placed after the subject of the clause describing this surprising matter.

練習：請把居然放在句中合適的地方。

Exercise: Please place 居然 in the appropriate place in the sentences below.

1.我以為他只會念書，沒想到他的舞也跳得這麼好。

　I thought that he only knew how to study. I never thought that he could dance so well.

→我以為他只會念書，沒想到他的舞居然也跳得這麼好。

　I thought that he only knew how to study. I'm extremely surprised that he also dances so well.

2.老張從來不進廚房，想不到他也會包餃子。

3.我今天才發現，那個漂亮女孩住在我家隔壁。

....

4.一篇學期報告他花了三個月的時間才寫完。

....

5.他碰了我好幾下，我沒有感覺到。

....

☞ **二** **怎麼說呢？**

What do you mean? Why is that? How so? Please elaborate further.

⊙建國：……我還是比較喜歡 MTV。

Jian Kuo: ...... But I like MTV better.

偉立：怎麼說呢？

Wei Li: How so?

用法說明：表示不了解對方為什麼這麼說，希望對方說明有此看法的原因。

Explanation: This sentence shows that the speaker does not fully understand the reasons behind the other party's statement and is hoping for further explanation of his/her point of view.

練習：請完成下面對話。

Exercise: Please complete the dialogues below.

1.張：釣魚雖然很有意思，可是我更喜歡游泳。

Chang: Although fishing is very interesting, I like swimming better.

李：怎麼說呢？

Lee: What do you mean?

張：游泳對身體健康有好處。

Chang: Swimming is beneficial to your health.

2.張：看了這麼多電影，我還是最喜歡法國電影。

李：怎麼說呢？

張：＿＿＿＿＿＿＿＿＿＿＿＿＿＿＿＿＿＿＿＿。

3. 張：KTV 很有發展，將來一定會越來越流行。

李：怎麼說呢？

張：＿＿＿＿＿＿＿＿＿＿＿＿＿＿＿＿。

4. 張：小王很活潑，你們老闆叫他管電腦，太沒眼光了。

李：怎麼說呢？

張：＿＿＿＿＿＿＿＿＿＿＿＿＿＿＿＿。

5. 張：鋼琴酒吧是交朋友最好的地方。

李：怎麼說呢？

張：＿＿＿＿＿＿＿＿＿＿＿＿＿＿＿＿。

☞ 三 卻　　yet, but, however

⊙……有的人唱不好，又愛唱，你卻不得不聽。

......some people sing badly, yet love to sing. You have no choice but to listen (contrary to your desires).

用法說明：「卻」必須在主語後面，表示轉折的語氣，意思是事情跟所期望的相反。如跟「可是」連用，主語應在「可是」後面，「卻」應在述語前面。

Explanation: 卻 is placed after the subject of the sentence to indicate a contradiction, showing that a situation is contrary to expectations or desires. If used together with 可是, the subject ought to be placed after 可是, and 卻 ought to be placed in front of the predicate.

練習：請把「卻」放在句中合適的地方

Exercise: Please place 卻 in the appropriate places in the sentences below.

1. 我姐姐一直想有個女兒，可是這次又生了個兒子，她很難過。

My older sister keeps wanting to have a daughter, but she had another son this time. She's really disappointed.

→我姐姐一直想有個女兒，可是這次卻又生了個兒子，她很難過。

My older sister keeps wanting to have a daughter, but instead she had another son this time. She's really disappointed.

2.簽證、護照都辦好了，他忽然說不去了，真討厭！

....

3.我以為這場球賽我們一定會贏，沒想到對方打了一支再見全壘打，
　真氣人！

....

4.醫生不許李先生喝酒，可是他喜歡喝酒，所以他說：飯可以不吃，
　酒不能不喝。

....

5.新年的時候，大家都要出去玩，可是我得在家準備補考。

....

☞ 四 不得不　　to have no choice but to . . . . . .

⊙……你卻不得不聽。

　　......You have no choice but to listen (contrary to your desires).

用法說明：表示當事人雖然心裡不願意，可是沒有別的辦法，還是非做不可。
　　　　　有無奈的感覺。

Explanation: This shows that, although the party involved is unwilling , he/she has no
　　　　　other alternative but to perform a particular action. It indicates a strong
　　　　　feeling of reluctance and compromise .

練習：請用「不得不」改寫下面各句。

Exercise: Please rewrite the sentences below using the 不得不 pattern.

　　1.今天要去見女朋友的爸爸，我只好把鬍子刮乾淨。

　　　Today I'm going to meet my girlfriend's father. I guess I have to give
　　　myself a clean shave.

　　→今天要去見女朋友的爸爸，我不得不把鬍子刮乾淨。

　　　Today I'm going to meet my girlfriend's father. I have no choice but to
　　　give myself a clean shave.

　　2.他的錢都輸光了，所以他只好賣那棟房子了。

....

5. 我們隔壁開舞會，吵得我睡不著，我才打電話給警察的。

☞ **五** 除了……，就是…… other than ......, is ......

⊙他最得意的事，除了打麻將贏了錢以外，就是在夜市買了一件皮夾克，才花了幾十塊錢。

The thing he's most satisfied about, besides winning money playing mahjong, is buying a leather jacket in the night market for a great price.

用法說明：這個句型跟「除了……以外，還……」略有不同。「除了」還是表示「不計算在內」，「就是」是強調「是」，表示「不是別的，就是這個」的意思。

Explanation: This sentence structure is somewhat different from the "除了……以外，還……" pattern. Here, 就是 acts as a slightly accentuated verb of being which can be translated as "is" or " is none other than."

練習：請根據所給提示完成下面對話。

Exercise: Please complete the dialogues below, using the information provided in parentheses.

1. 張：你喜歡什麼休閒活動？（健行、釣魚）

   Chang: What leisure activities do you like? (hiking, fishing)

   李：我喜歡的休閒活動除了健行，就是釣魚，別的我都不愛。

   Lee: As far as my favorite leisure activities go, other than hiking , I like fishing. I don't like anything else.

2. 張：上個週末你在家做什麼了？（吃、睡）

   李：我什麼都沒做，除了＿＿＿＿＿＿＿＿＿＿＿＿＿＿＿。

3. 張：你哥哥最拿手的運動是什麼？（籃球、棒球）

   李：他拿手的不多，除了＿＿＿＿＿＿＿＿＿＿＿＿＿＿。

4. 張：你的德文怎麼樣？（"你好"、"謝謝"）

　　李：我只會兩句，除了＿＿＿＿＿＿＿＿

5. 張：男人的服裝沒什麼變化。（襯衫、圓領衫）

　　李：就是嘛！除了＿＿＿＿＿＿＿＿＿＿＿＿＿＿＿＿＿＿。

☞ 六　V 著玩　　V for fun

⊙除夕晚上陪我爺爺奶奶打著玩。

On the Lunar New Year's Eve I played (mahjong) with my grandma and grandpa for fun.

用法說明：表示做此事時，沒有很嚴肅的目的，只是為了好玩、有趣。

Explanation: This shows that one performs a given task merely for fun and amusement; there is no serious goal.

練習：請用「V 著玩」完成下面對話。

Exercise: Please complete the following dialogues using "V 著玩"。

1. 張：你常去釣魚，你一定很會釣魚嘍？

　　Chang: You go fishing quite often. You must be very skilled at fishing.

　　李：哪裡，我都是釣著玩的，釣得到釣不到沒關係。

　　Lee: Oh, not really. I only fish for fun. Whether or not I catch a fish is unimportant.

2. 張：你弟弟這麼喜歡畫畫，說不定將來會是個大畫家呢！

　　李：誰知道呢？他說他只是 ＿＿＿＿＿＿＿＿＿ 。

3. 張：你怎麼又吃起來了？又餓了嗎？

　　李：我剛吃過，哪裡會餓，我就是無聊，＿＿＿＿＿＿＿＿＿ 。

4. 張：你在看什麼書？怎麼這麼用功？

　　李：這些書都是 ＿＿＿＿＿＿＿＿＿ 的，不能算用功。

5. 張：你唱幾句平劇給我們聽吧！

　　李：不行，我只能自己 ＿＿＿＿＿＿＿＿＿ ，不敢表演。

☞ 七 不如　　not as good as / is not on par with

⊙……不如去跳舞，全身都可以運動。

……is not as good as dancing, where your whole body can get a workout.

⊙百聞不如一見。

Seeing is believing. (literally : " Hearing something a hundred times is not as good as seeing it once.")

用法說明：比較兩種事物，這兩種事物在「不如」的前面和後面，可以是名詞、動詞、短句。表示前面的事物沒有後面的好。

Explanation: This pattern is used to compare two things. The two items are placed on either side of 不如 to show that the first is not as good as the second. Nouns, verbs, or clauses can all be used for comparison.

練習：請用「不如」完成下面各句。

Exercise: Please use the 不如 pattern to complete the following sentences.

1. 我爸爸不喜歡出門，他覺得<u>出去玩不如在家看電視</u>。

   My dad doesn't like to go out. He thinks that going out is not as good as watching television at home.

2. 誰說 ＿＿＿＿＿＿＿＿＿？我覺得男孩女孩一樣好。

3. 露營、健行都是很好的活動，可是如果比較哪個有趣，我覺得

   ＿＿＿＿＿＿＿＿＿。

4. 炸雞太油，要是你怕胖，＿＿＿＿＿＿＿＿＿。

5. 開車到那個地方要八小時，你想早一點到，＿＿＿＿＿＿＿＿＿。

☞ 八 這下子　　in this way, in this case, this being the case

⊙這下子你可見識到臺北人的夜生活了。

In that case you have had exposure to the night life of people living in Taipei.

用法說明：「這下子」的意思是「這樣一來」，一定是談話中提到某件事，說話者就針對這樣的情況發表看法。

Explanation: 這下子 means " this being the case". 這下子 must refer to some kind of situation that has recently been brought up in conversation. The speaker would like to expound on his/her thoughts on the matter.

練習：請用「這下子」完成下面對話。

Exercise: Please rewrite the following dialogues using 這下子.

1. 張：我的報告都寫完了。

   Chang: I've finished writing all my reports.

   李：這下子你就輕鬆了。

   Lee: In that case, you can relax.

2. 張：隔壁的舞會總算結束了。

   李：這下子 ＿＿＿＿＿＿＿＿＿＿＿＿＿＿＿ 。

3. 張：聽說你昨天晚上打破了好幾個盤子，還送錯了幾次菜。

   李：是啊！這下子 ＿＿＿＿＿＿＿＿＿＿＿＿＿ 。

4. 張：哎喲，最後一班公車剛開走。

   李：都是你害我們沒趕上車，這下子 ＿＿＿＿＿＿＿＿＿＿＿＿ 。

5. 張：小王的功課不如我，每次都沒有我考得好，這次卻考了最高分。

   李：這下子 ＿＿＿＿＿＿＿＿＿＿＿＿＿ 。

課室活動

1. Role playing：在夜市講價

　　找兩個學生來表演，一個演地攤老闆，一個演買東西的人。這個人在夜市的地攤上看到一個很好的，皮做的小錢包。老闆說一個五塊錢，這個人覺得太貴了，就開始講價。後來他買了兩個，七塊錢。請學生表演他們怎麼講價。

　　可能用到的字：打折 (dǎ//zhé, to discount)，打八折 (dǎ//bāzhé, to discount 20%)，賠錢 (péi//qián, to lose money in a business transaction)，本錢 (capital)

2. game, 遊戲：你猜猜 (cāi, to guess) 是什麼？

　　老師上課前，把所有的休閒活動寫在小卡片上，一張寫一個。上課的時候發給學生，一人一張或兩張。再請學生一個一個地說自己拿到的卡片上是什麼樣活動，怎麼做的，但是，不管怎麼說，都不可以直接說出那個活動的名字，連一樣的字也不可以提到。讓同學猜猜你說的是什麼活動。

美人魚 (mermaid)

短文

逛夜市

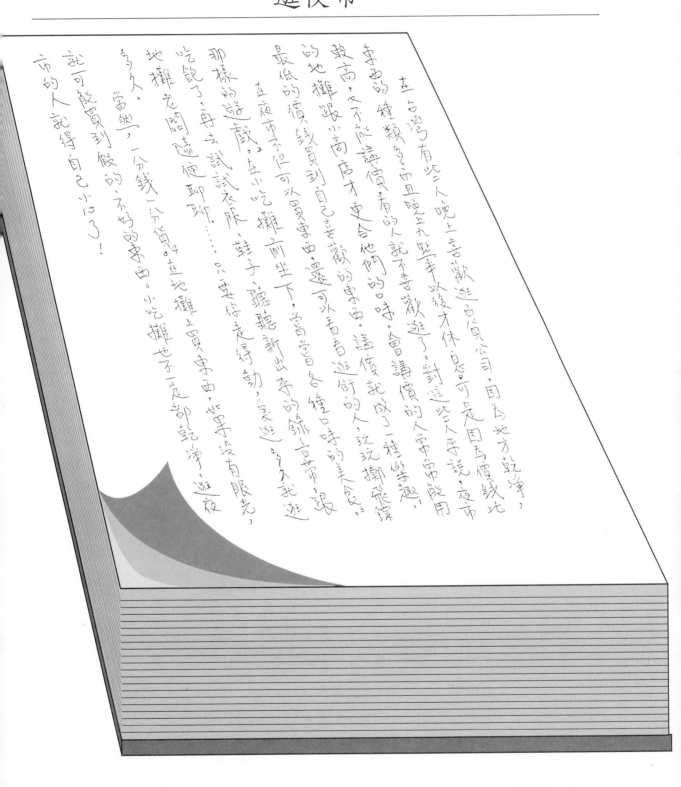

在台灣，有些人晚上喜歡逛百貨公司，因為地方乾淨，東西的種類多，而且吃飯、買東西才休息了。可是因為價錢比較高，又不能講價，有些人就不喜歡逛了。對這些人來說，夜市的地攤跟小商店才更合他們的口味。會講價的人常常能用最低的價錢買到自己喜歡的東西。講價就成了一種樂趣。

在夜市不但可以買東西，嘗嘗各種口味的小吃，還可以看看遊街的人，玩玩擲飛鏢那樣的遊戲，在小吃攤前坐下吃飯了。再去試試衣服、鞋子、聽聽新出來的錄音帶，跟地攤老闆隨便聊聊……只要你走得動，愛逛多久就逛多久。

當然，一分錢一分貨，在地攤上買東西，也要有眼光，如果沒有眼光，就可能買到假的、不好的東西。小吃攤也不一定都乾淨，逛夜市的人就得自己小心了！

Vocabulary:

1. 樂趣 (lèqù): interest, delight

2. 遊戲 (yóuxì): game

3. 美食 (měishí): delicacy

4. 一分錢一分貨 (yì fēn qián yì fēn huò): "You get what you pay for."

第十七課

你看不看電視

・電視益智猜謎節目：強棒出擊（台視文化公司提供）

（謝美真、陳台麗家飯廳）

美真：大家都吃飽了吧？

建國：我從來沒吃得這麼飽過，明天不必吃早飯了。

偉立：火鍋沒有中國飯館的菜那麼油膩，正合我的口味。

台麗：你們喜歡就好。我們到客廳坐吧！

建國：我來收碗盤，這個我最拿手。

美真：**哪裡有**讓客人動手**的道理**?!你們去坐吧，我把碗盤放進洗碗機就來。

（客廳）

建國：你們房東什麼時候回來？

台麗：她去聽音樂會，最早要十一點才會到家。

偉立（指著電視）：今天超級杯美式足球大賽幾點開始轉播？

建國：還有半個多鐘頭。台麗，你們常看電視嗎？

台麗：我們只看新聞、氣象、一些影集跟週末電影。

美真（進來）：什麼電影？你們要看電影啊？

建國：不是，台麗說她喜歡看電視長片[1]。

美真：我也喜歡，可是我更喜歡看影集。有些影集在臺灣也有，不過他們說的是中國話。

偉立：哇！那一定很好玩，我很難想像他們說中文的樣子。

建國：我在臺灣的時候也看到好幾個。看他們說中文，一方面覺得好玩，另一方面也覺得怪怪的。

偉立：這麼說臺灣有很多美國的電視影集嘍？

台麗：是啊！有很多。可是並不是每一個都配了國語[2]發音。有些談情說愛的連續劇**就**不適合配音。

美真：就是啊！中國人表達感情的方式跟美國人不一樣，如果翻譯出來會覺得肉麻[3]。

台麗：這些影集、連續劇，你們看不看？

建國：女生才喜歡看連續劇。像我媽，一坐下就半天不動，還跟著劇情一會兒笑、一會兒哭，有時候沒時間看，還要我爸幫她錄下來呢！

偉立：我們在宿舍常看猜謎節目，大家都搶著回答，每次到了要宣布答案的時候，都**替**參加比賽的人**捏一把冷汗**，真是又緊張又刺激。

美真：我們有時候也看。臺灣電視上也有這種益智猜謎節目，有的主持人還**因為**主持這類節目**而**紅了起來[4]。

台麗：這類節目跟綜藝節目的主持人大部分都很風趣，會控制現場氣氛。

偉立：是啊！新聞節目的主持人就不同了，非要有豐富的專業知識不可。我覺得記者的工作最有挑戰性，反應一定要快，**否則的話**，很難跟別人競爭。

台麗：我看美國的電視記者報告新聞的時候都很有權威性，這一點是臺灣記者比不上的。

建國：我也注意到臺灣的電視女記者**個個**都年輕漂亮。可是她們說話實在太快，我常聽不懂，**倒不如**看卡通影片，比較輕鬆愉快。

偉立：你還真是長不大啊！臺灣的兒童節目[5]好不好看？

建國：我沒時間看。只有一次在車站等車，看到個給小孩說故事的節目[6]。堂哥說那是公共電視[7]。

美真：各位，球賽快開始了，是哪一臺啊？

偉立：七號臺，美國廣播公司。不過我們還是回去看吧，**免得**看到很晚，對你們不方便。（對建國）我們走吧！

美真：欸？你們怎麼**說**走**就**走？再坐一下嘛！

建國：不了，再不走，球賽就真的開始了。謝謝你們的火鍋大餐。

美真：別客氣。沒做什麼特別的東西[8]招待你們。

台麗：有空常來玩。

偉立：謝謝。別送了，快進去吧！外邊冷。

・醫院候診室的電視機（劉咪咪提供）

生詞及例句

1. 動手 (dòng//shǒu)

   VO/A: **to start work, to put one's hands to use**

   　　各位，要吃餃子的話，就自己動手包吧！

2. 道理 (dàolǐ)　　　*N*: **principle, logic, reason, rationale**

   　　「有借有還，再借不難」，這個道理，難道你不懂嗎？

   講道理 (jiǎng//dàolǐ)

   VO/SV: **to use reason, to explain principles and logic/to be rational,**
   　　　　reasonable

   　　⑴孩子不明白他為什麼這麼做，他就把道理講給孩子聽。

   　　⑵你還哭！太不講道理了！是你先動手打人的。

   有道理 (yǒu dàolǐ)　　　*SV*: **to be reasonable, logical**

   　　⑴王：別喝太多汽水！等一下有好吃的，妳就吃不下了。

   　　　李：嗯，有道理，聽你的。

   　　⑵我幫你這麼大的忙，你還罵我，真沒道理。

   合理 (hélǐ)

   SV: **to be in keeping with reason and logic, to be equitable**

   　　這個電視五十塊錢，價錢還算合理，可以買。

3. 洗碗機 (xǐwǎnjī)　　　*N*: **dish washing machine**

   洗衣機 (xǐyījī)　　　*N*: **clothes washing machine**

4. 音樂會 (yīnyuèhuì)　　　*N*: **music concert**（**M**：場）

   　　今天晚上活動中心有一場音樂會，你要不要去聽？

   音樂 (yīnyuè)　　　*N*: **music**

   樂器 (yuèqì)　　　*N*: **musical instrument**

5. 足球 (zúqiú)　　　*N*: **football, soccer**

   　　昨天的足球比賽，他踢得最好，一共踢進了三球。

   美式足球 (Měishì zúqiú)　　　*N*: **American football**

   　　我們打的是美式足球，打法跟歐洲人不太一樣。

6. 氣象(qìxiàng)

N: **atmospheric phenomena, weather, meteorology**

噓！別說話，我們聽聽氣象報告，看明天會不會下雪。

7. 電視長片(diànshì chángpiàn)

N: **a movie on television**

最近的電視長片都是些二十年前的老電影。

8. 影集(yǐngjí)　　　*N*: **mini series on television**

集(jí)　　　*M*: **volume or part of a collection or series**

這個影集是有關一個年輕醫生的事情，每星期三播出，每一集都提出一個值得討論的問題。

9. 想像(xiǎngxiàng)　　　*V*: **to imagine, to visualize**

我真不敢想像，如果沒有了太陽，這個世界會變成什麼樣子?!

想像力(xiǎngxiànglì)

N: **imagination, imaginative thinking**

這個孩子很有想像力，常把雲想成各種各樣的東西。

10. 發音(fā//yīn)　　　*N/VO*: **pronunciation / to pronounce**

他的發音不好，常常把「找」說成「腳」。

11. 談情說愛(tán qíng shuō ài)

IE: **to chat intimately, to talk passionately (between lovers)**

我爺爺奶奶不喜歡看到年輕人在公園裡談情說愛。

12. 配音(pèi//yīn)　　　*VO*: **to dub (a film), dubbing**

這個明星在電影裡唱的歌都是別人替他配音的。

13. 表達(biǎodá)　　　*V*: **to express (thoughts or feelings)**

我的中文還不夠好，沒辦法把我心裡的意思都表達出來。

14. 方式(fāngshì)　　　*N*: **way, style, manner**

我喜歡用舞蹈的方式來表達心裡的感覺。

中式(Zhōngshì)　　　*AT*: **Chinese style**

美式(Měishì)　　　*AT*: **American style**

美式速食吃膩了，換換口味，吃中式的吧！

西式 (xīshì)　　*AT*: Western style

15. 肉麻 (ròumá)

SV: goose pimples, goose skin (literally), to be disgusting, nauseating, sickening

中國人覺得對著一個人說：「我愛你」，非常肉麻。

16. 連續劇 (liánxùjù)

N: soap opera, televised drama series （**M**：部）

他說看連續劇不但花時間，而且也很無聊，所以他從來不看。

17. 劇情 (jùqíng)　　*N*: story or plot (of a play or opera)

警察追小偷的劇情太平常了，沒什麼意思。

18. 答案 (dá'àn)　　*N*: answer, solution

這個問題，你如果不會回答，可以看書後面的答案。

19. 捏一把冷汗 (niē yì bǎ lěng hàn)

IE: to break out into a cold sweat, to be nervous or frightened

他喝了這麼多酒，還要自己開車回家，我們都替他捏一把冷汗。

捏 (niē)　　*V*: to hold between the fingers, to pinch

他捏著鼻子說：「好難聞的味道啊！」

冷汗 (lěnghàn)　　*N*: cold sweat

20. 刺激 (cìjī)

N/V/SV: stimulation, shock / to stimulate, to shock / to be stimulating, shocking

⑴他的工作丟了，太太也離開了，他受不了這樣的刺激，就病了。

⑵你知道他的頭髮越來越少，你還提「禿頭」，太刺激他了。

⑶坐雲霄飛車又刺激又好玩。

21. 益智猜謎節目 (yìzhì cāimí jiémù)

N: a riddle-solving program that is designed to benefit one's intelligence or wisdom, brain-teaser solving

猜 (cāi)　　*V*: to guess, to speculate

她叫我猜她的年紀，我猜了半天都沒猜對。

猜出來 (cāichū·lái)　　　*RC*: to figure out by guessing

他說我一定猜不出來他送我的禮物是什麼。

謎 (mí)　　*N*: riddle, mystery, puzzle, enigma

那個電影明星是怎麼死的，一直是個謎。

22. 主持人 (zhǔchírén)

N: person in charge, one who presides over a meeting or event, master of ceremonies, host

主持 (zhǔchí)

V: to be in charge of, to manage, to preside over, to emcee

主持這個晚會，只需要介紹表演的人出場，你不必緊張。

主人 (zhǔrén)　　　*N*: host

你請客，你是主人，怎麼現在才來呢？

23. 紅 (hóng)

SV: to be very popular, to be eminent, influential

⑴這部連續劇播完以後，女配角就紅了，很多人找她演電影。

⑵他在公司裡很紅，每次有問題，老闆一定先問他的意見。

24. 綜藝節目 (zòngyì jiémù)

N: a variety show on television

25. 風趣 (fēngqù)　　　*SV*: to be humorous, witty

王先生說話很風趣，跟他在一起，大家都笑個不停。

26. 現場 (xiànchǎng)

N: scene, site (of an accident or crime)

那家銀行被搶了，警察接到電話以後，很快就趕到了現場。

27. 新聞性 (xīnwénxìng)

N: news value, the characteristic of being newsworthy

這個消息新聞性不夠，所以電視沒有播出。

紀念性 (jì'niànxìng)　　　*N*: commemorative qualities

重要性 (zhòngyàoxìng)   *N*: **importance**

知識性 (zhīshìxìng)   *N*: **intellectual or academic value**

時間性 (shíjiānxìng)   *N*: **timeliness**

28. 豐富 (fēngfù)   *SV*: **to be abundant, plentiful**

     今天的晚飯有魚、有肉，還有青菜，真是豐富。

29. 專業 (zhuānyè)

   AT/SV: **major field of study, specialized trade**

     ⑴她的專業知識不夠，做研究工作非常辛苦。

     ⑵他在大學念的就是電腦，所以這方面非常專業。

   專家 (zhuānjiā)   *N*: **specialist, expert**

     他是這方面的專家，因為他不但有博士學位，還有十多年的工作經驗。

30. 記者 (jìzhě)   *N*: **reporter**

   舞者 (wǔzhě)   *N*: **dancer**

   作者 (zuòzhě)   *N*: **author, writer**

   讀者 (dúzhě)   *N*: **reader**

31. 挑戰性 (tiǎozhànxìng)   *N*: **challenging qualities**

     這樣的工作我做過，所以對我沒什麼挑戰性。

   挑戰 (tiǎozhàn)   *V/N*: **to challenge/challenge**

     ⑴七號是去年得分最多的籃球隊員，你敢不敢向他挑戰，看誰打得好？

     ⑵這些球員很難管，當他們的教練是一種挑戰。

32. 反應 (fǎnyìng)   *N/V*: **reaction / to react**

     ⑴我打了他好幾下，他居然沒有反應。

     ⑵他說這種話，讓我不知道怎麼反應才好。

33. 否則 (fǒuzé)   *A*: **otherwise, if not, or else**

     學語言最好常練習，否則很快就忘了。

34. 權威性 (quánwēixìng)

   N: **authoritative qualities, expertise**

   權威 (quánwēi)   *N*: **authority**

他研究海洋動物已經很多年了，是這方面的權威，所以他的
報告都相當有權威性。

權利 (quánlì)　　　N: right, privilege

在大部分的國家，受小學教育不但是權利，也是義務。

35. 實在 (shízài)

SV/A: **to be frank, true, real, reliable / indeed, really, honestly,
frankly, truly**

(1) 他這個人很實在，想什麼就說什麼，一點也不誇張。

(2) 你在這家商店買東西可以放心，他們的價錢都很實在。

(3) 想把中文學好，實在不容易。

實在說／說實在的 (shízài shuō/shuō shízài·de)

IE: **to tell the truth, honestly speaking**

張：他們都說你對這方面很有研究。

李：實在說，我也懂得不多。

36. 卡通（影）片 (kǎtōng (yǐng) piàn)

N: **animated movie, cartoon**

影片 (yǐngpiàn)　　　N: **film, movie**（M：部）

為了讓學生了解什麼是平劇，老師在上課的時候，放了一部
影片。

37. 兒童 (értóng)　　　N: **children**

小孩子坐飛機可以買兒童票。

38. 公共電視 (gōnggòng diànshì)

N: **public television**

公共電視的節目，都不是商業性的。

39. 臺／台 (tái)

M: **(used for machines, certain electrical appliances, microscope, etc.,)**

他買了一臺全新的打字機。

40. 廣播 (guǎngbò)　　　N/V: **a broadcast / to broadcast**

(1) 他一邊開車，一邊聽廣播。

(2) 我找不到我的小孩了，能不能請服務的人幫我廣播一下。

41. 免得 (miǎn·dé)　　　*CONJ*: **so as to avoid, so as not to, to avoid**

你去以前，先跟他連絡一下，免得他不在家‧，見不到。

免費 (miǎnfèi)　　　*A/AT*: **free of charge**

⑴在這個加油站加油，他們給你免費洗車。

⑵有人送給我兩張免費的電影票。你要不要跟我一起去看？

專有名詞 Proper Names

1. 超級杯美式足球大賽
(Chāojíbēi Měishì Zúqiú Dà Sài)　　　"Superbowl" (football) Game
2. 國語 (guóyǔ)　　　Mandarin dialect
3. 美國廣播公司 (Měiguó Guǎngbō Gōngsī)
American Broadcasting Company (ABC)

注釋

1. 電視長片 "Movies on TV." This is a television program in Taiwan which broadcasts old Chinese and foreign movies.

2. 國語, the "national language," is known as Mandarin in many western countries. On Mainland China it's called 普通話, (pǔtōnghuà), the "common dialect." It is often referred to as 華語 (huáyǔ) when it is taught to foreigners or when referring to the language used by people overseas in areas with high Chinese populations. Mandarin dialect is also called 漢語 (hànyǔ) by scholars of literature, linguistics, etc.

3. 中國人表達感情的方式, "the way Chinese people express their feelings," is often very discrete. They often conceal their feelings and affections. Thus, one seldom hears a Chinese person say, "I love you," or use such terms as "darling," "honey," or "sweetheart." They prefer to show their care for people by their actions rather than by the things they say.

When Chinese people see Westerners kissing or speaking openly of their love for each other in public, they often describe it as 肉麻, which literally means "goose pimples" and means "creepy" or "gross." However, young, Westernized Chinese people are more inclined to accept such behavior.

4. 人紅起來. Here, 紅 means "to be very popular." Two examples: 1. 晚會的時候，他們請了一位紅歌星來表演。 2. 這位電影明星在他最紅的時候忽然宣布再也不演電影了，大家都覺得很奇怪。Another meaning of 紅 is "to be a trusted assistant or advisor to the boss, to be influential." Example: 他替老闆賺了一些錢以後，就成了公司裡的紅人，老闆決定事情以前一定會先找他談一談。

5. 兒童節目 are children's programs. The most popular children's programs are animated cartoons. There are also story-telling, science, and English programs. In Taiwan there is no program like "Sesame Street" teaching children to read.

6. "在車站等車，看見個說故事的節目。" means "I watched a story-telling program while waiting at the station for the bus/train." In Taiwan there are often television screens in public places such as bus terminals and train stations, as well as in some restaurants and cafeterias. The television is always left on for the entertainment of the passengers and customers.

7. 公共電視 means public television. There are public television programs but no public television stations in Taiwan at the present time (1992). The government has been planning to begin one.

8. "沒做什麼特別的東西。" means "I didn't make anything special." This is a polite remark, 客氣話. Chinese people often use this expression of modesty when they invite friends over, even when they have prepared a lot of food. It is considered poor manners to boast or show off.

文法練習

☞ 一 哪裡有……的道理?!

Since when does...... make sense? (rhetorical question)

⊙哪裡有讓客人動手的道理?!

Since when was there rationale for letting a guest do work?

用法說明：「哪裡」是「怎麼會」的意思，也是用反問表示肯定。意思是前文所提到的事是不合理的，不應該存在的。

Explanation: 哪裡 means 怎麼會 (how could it be that), and is used in rhetorical questions. It expresses the idea that what has previously been mentioned is completely illogical and should not even have been considered.

練習：請用「哪裡有……的道理?!」完成下面對話。

Exercise: Please use the "哪裡有……的道理?!" pattern to complete the following dialogues.

　1.張：你坐一下，我去付錢。

　　Chang: Sit down for a moment. I'll go pay.

　　李：今天我請客，<u>哪裡有你付錢的道理</u>?!

　　Lee: The idea is absurd. Today is my treat. Why should you pay?

　2.張：我氣得打了裁判一拳。

　　李：你覺得不公平可以好好地說，<u>哪裡有　　　　　　　　</u>?!

　3.病人：你換種藥吧！這種藥我不吃。

　　醫生：你是病人，我是醫生，<u>哪裡有　　　　　　　</u>?!

　4.張：我擔心這次會考得不好。

　　李：別擔心，你這麼用功，<u>哪裡有　　　　　　　</u>?!

　5.張：請你們把票投給民主黨候選人。

　　李：我是共和黨，<u>哪裡有　　　　　　　</u>?!

☞ 二 就 　　is one case in which......

⊙有些談情說愛的連續劇就不適合配音。

There are some mushy soap operas that aren't suited for dubbing.

用法說明：反駁對方的意思，「就」是用來設定範圍的，「就」前面的事物有
別於全體。

Explanation: Here, 就 is used to contradict the other speaker's position and implies
"is one case in which......" Preceding 就 is an exception to the position
stated by the previous speaker.

練習：請根據提示，用「就」完成下面對話。

Exercise: Please complete the dialogues below using 就 and the information in
parentheses.

1. 張：現在的學生都開車上學了。（我跟我弟弟）

　　Chang: Today's students all drive cars to school. (my younger brother
　　　　　and I)

　　李：誰說的?! 我跟我弟弟就坐公車上學。

　　Lee: Says who? My younger brother and I take the bus to school.

2. 張：今天晚上的電視節目都不好看。（電視長片）

　　李：不會啊！_____。

3. 張：現在的女孩都喜歡找個有錢的男朋友。（我）

　　李：我不同意你的說法，_____。

4. 張：參加猜謎節目的人反應都很快。（你那個朋友）

　　李：也不一定，_____。

5. 張：男人都喜歡看足球賽。（張教授）

　　李：我可不敢這麼說，_____。

☞ 三 替 NP 捏一把冷汗

to break out in a cold sweat for NP

(really anxious / scared for / about NP)

⊙……都替參加比賽的人捏一把冷汗。

......it made everybody break out in a cold sweat for those in the contest.

用法說明：因為「替」後面的NP狀況緊張危急，所以別人也為其擔心害怕。

Explanation: This sentence structure shows that the person following 替 is in a tense or critical state, so others share their worries.

練習：請用「替NP捏一把冷汗」造句，每個學生一句。

Exercise: Please make sentences using the "替 N / PN 捏一把冷汗" pattern (one sentence per student).

　　例：他剛學會開車就帶著女朋友開車上高速公路，真讓人替他們捏一把冷汗。

Example: As soon as he learned how to drive, he took his girlfriend out for a ride on the highway. The thought of it indeed causes one to be very anxious for him.

☞　四　因為……而……　　because of......, due to......

⊙有的主持人還因為主持這類節目而紅了起來。

Some show hosts have even become very popular hosting this kind of program.

用法說明：「而」是連詞 (CONJ)，把「因為」後面的原因，跟「而」後面的事情連接起來。有「所以」、「就」的意思。多用於書面或較正式的場合。

Explanation: In this pattern there is a word or clause placed after 因為 describing the reason for a particular result and a word or clause placed after 而 describing the result. 而 acts as a conjunction meaning 所以 (therefore) or 就 (thus). It is more often used in writing or more formal conversation.

練習：請用「因為……而……」改寫下面各句。

Exercise: Please rewrite the sentences below using the "因為……而……" pattern.

　　1. 很久不下雨，花跟樹都會乾死。

　　　It hasn't rained in a long time. The flowers and trees will all dry out and die.

→花跟樹都會因為很久不下雨而乾死。

　　Due to the lack of rainfall, the flowers and trees will all dry up and die.

2. 常常因為一點小事，我的女朋友就氣得不跟我說話。

....

3. 我們學校有了你的領導更制度化了。

....

4. 他因為參加職業球隊，所以放棄了念研究所的機會。

....

5. 戰爭結束，這個殖民地就宣布獨立了。

....

☞ **五** 否則的話　　otherwise

⊙記者的……，反應一定要快，否則的話，很難跟別人競爭。

Journalists have to have quick reactions. Otherwise, it's very difficult to compete with others.

用法說明：否則意思是「如果不是這樣」，用來連接短句，在後面短句句首。
　　　　　「否則的話」後面要停頓，「的話」也可以省略。

Explanation: 否則 means "if this is not the case, then......" or "otherwise". It is used to connect clauses and is placed at the beginning of the second clause. The speaker should pause briefly after 否則的話. 的話 can be omitted.

練習：請用「否則的話」完成下面各句。

Exercise: Please use 否則的話 to complete each of the sentences below.

1. 音樂會開始以前我們就得進去，<u>否則的話，門一關上就進不去了</u>。

   We have to go in before the beginning of the concert. Otherwise, once the doors close, we won't be able to go in.

2. 我們應該趕快辦簽證，<u>否則的話，　　　　　　　　</u>。

3. 你不要再刺激他，<u>否則的話，　　　　　　　</u>。

4. 去露營，最好先看氣象報告，<u>否則的話，　　　　　　</u>。

5. 你要用哥哥的東西，應該先跟他說，<u>否則的話，　　　　　</u>。

☞ 六 ＭＭ（量詞的重疊） (repeated measure words)

⊙臺灣的電視女記者個個都年輕漂亮。

Every single one of Taiwan's female television reporters are young and beautiful.

用法說明：量詞的重疊，比「每一 M」語氣更強，表示沒有例外。後面常用「都」。

Explanation: Repeated measure words (M) mean "every single one", indicating that there are no exceptions to the rule. 都 often follows M M.

練習：請用「ＭＭ」改寫下面各句。

Exercise: Please rewrite the sentences below using "M M".

1. 他照的像片，每張都很精彩。

   Every one of the pictures he took is wonderful.

   →他照的像片張張都很精彩。

   Every single one of the pictures he took is wonderful.

2. 我們那裡的公寓，每一棟都裝了暖氣。

   ....

3. 他太太每頓飯都做青豆蝦仁，他已經吃膩了。

   ....

4. 那些聖誕樹，每棵都裝飾得好漂亮。

   ....

5. 這本雜誌裡的文章，每篇都非常有意思。

   ....

☞ 七 倒不如 It's not as good as......

⊙她們說話實在太快，我常聽不懂，倒不如看卡通影片，比較輕鬆愉快。

Actually, they speak too quickly, and I often can't understand what they're saying. It's not as entertaining as watching animated films, which are more relaxing and upbeat.

用法說明：「不如」的用法與前一課同。「倒」使語氣較舒緩委婉。如果沒有「倒」，語氣較強。

Explanation: The use of 不如 here is the same as in the preceding chapter, meaning "not as good as". However, 倒 makes the tone a little more relaxed and gentle. Without 倒, the tone would be stronger.

練習：請用「倒不如」完成下面各句。

Exercise: Please use 倒不如 to complete each of the sentences below.

1. 連續劇都是些談情說愛的故事，沒什麼變化，<u>倒不如看猜謎節目</u>。
   Soap operas are all sappy love stories. They never change. They're not as entertaining as game shows.
2. 到處找人幫忙太花時間，<u>倒不如</u>　　　　　　　　　。
3. 孩子考得不好，罵他也沒有用，<u>倒不如</u>　　　　　　　。
4. 去尼加拉瀑布玩，寒假的時候太冷，<u>倒不如</u>　　　　　　。
5. 迪斯奈樂園裡的鬼屋不夠刺激，<u>倒不如</u>　　　　　　。

☞ 八　……，免得……　　in order to avoid / prevent

⊙我們還是回去看吧，免得看到很晚，對你們不方便。
We'd better go back to watch it in order to avoid watching till very late here and inconveniencing you.

用法說明：「免得」的後面是說話者認為麻煩或不好的事，如果做「免得」前面的事，就可避免發生「免得」後面的情況。「免得」多在後一短句的句首，如果前後兩短句的主詞相同，可省略一個。

Explanation: Following 免得 is a situation that the speaker thinks would be troublesome or undesirable. If the action mentioned before 免得 is performed, then the trouble mentioned after 免得 can be avoided. 免得 is always placed at the beginning of the second clause. If the subject is the same in both the first and the second clause, it may be omitted in one of the clauses.

練習：請根據所給事實，用「免得」完成下面句子。

Exercise: Please use 免得 to complete the sentences below in accordance with the provided facts.

1. 回家太晚，太太會嘮叨。

   If you go home too late, your wife will nag you.

   →你最好早點回家，<u>免得太太嘮叨。</u>

   You'd better go home a little early in order to avoid having your wife nagging you.

2. 可樂喝多了會一直想上廁所。

   →你不要喝太多可樂，<u>免得　　　　　　　　　</u>。

3. 太誇張的話沒有人會相信。

   →你說話不可以太誇張，<u>免得　　　　　　　　</u>。

4. 跟朋友約會，你來晚了，朋友得等你。

   →你要是不能準時到，應該先打電話告訴朋友，<u>免得　　　　</u>。

5. 請太多客人一定會忙不過來。

   →你最好別請太多人，<u>免得　　　　　　　　</u>。

☞ 九 說 V(O) 就 V(O)

without warning, at the drop of a hat

⊙你們怎麼說走就走？

How can you leave just like that, at the drop of a hat?

用法說明：強調事情發生得很快，剛說或想到這個 V(O)，就馬上實行這個 V(O)，或這個 V(O) 立刻實現。

Explanation: This structure emphasizes that something happens very quickly – as soon as V (O) is mentioned, it happens.

練習：請用「說 V(O) 就 V(O)」改寫下面各句。

Exercise: Please rewrite the sentences below using the "說 V(O) 就 V(O)" pattern.

1. 氣象報告剛說有颱風，颱風就來了，快得大家來不及準備。

   The weather report had just said that there was a typhoon, and then the typhoon came. It came so quickly that nobody had time to prepare.

   →颱風說來就來，快得大家來不及準備。

   As soon as they said the typhoon would come, it came. It was so fast that nobody had time to get ready.

2. 你怎麼剛決定搬家，馬上就要搬呢？房子已經找好了嗎？

....

3. 張教授考試從來不先通知，總是一決定考就馬上考。

....

4. 這件事不必再請教別人了，我們馬上就開始做吧！

....

5. 張小姐總是別人一說錯話就生氣，所以我們跟她說話一定要小心。

....

課室活動

1. Role playing:

　　找五個學生來表演。一個演電視公司的記者，一個演教育部長 (Minister of Education)，一個演公立大學教授，一個演大學生，一個演大學生的父親或母親。這個電視公司的記者請前面四個人來參加一個討論會 (discussion panel meeting)，大家一起來討論美國公立學校教育的問題。記者要提出有關教育經費、學費、老師、書、設備 (shèbèi, facilities, equipment)、教育理想 (ideals of education)……各方面的問題，請不同的人說出他演的那個人可能有的意見。

　　可能用得到的詞有：政策 (zhèngcè, policy)，教科書 (textbook)，理工科 (natural science and technology departments)，文法科 (liberal arts and social science departments)，醫科 (department of medicine)，行政 (administration)，觀念 (concept, idea)，培養 (péiyǎng, to cultivate one's mind, etc.)，人才 (a person of talent or ability)，訓練 (xùnliàn, to train, training)

2. Role playing: 如果學生對公立教育問題沒有興趣，可以演這個。

　　找五個學生表演。一個演記者，一個演公司老闆，一個演公司職員 (zhíyuán, employee)，一個演來辦事的客人，一個演路上走路的人。這個記者要問前面四個人：中午的時候，辦公室應該不應該休息？請他說說自己的意見，為什麼這樣想？

　　可能用到的字：增加 (zēngjiā, to increase), 減少 (jiǎnshǎo, to decrease, reduce), 收入 (shōurù, income), 顧客 (customer), 政府機關 (a government agency, a government organization), 工作效率 (gōngzuò xiàolǜ, work efficiency), 影響 (influence, to influence), 贊成 (zànchéng, approve), 反對 (contra, to oppose)

短文

看電視

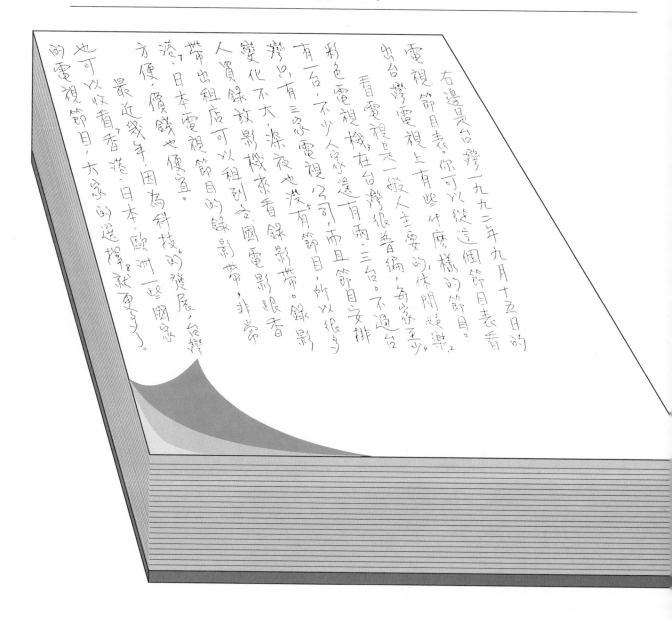

右邊是台灣一九九二年九月十五日的
電視節目表。你可以從這個節目表看
出台灣電視上有些什麼樣的節目。
看台灣電視是一般人主要的休閒娛樂²，
彩色電視機在台灣很普遍，幾乎每家至少
有一台。不少人家還有兩、三台。不過台
灣只有三家電視公司，而且節目安排
變化不大，深夜也沒有節目，所以很多
人買錄放影機來看國片電影跟香
港出租店可以租到的錄影帶，非常
帶出租店可以租到的錄影帶，非常
方便，價錢也便宜。
最近幾年，因為科技的發展，台灣
也可以收看「香港、日本、歐洲一些國家」
的電視節目，大家的選擇就更多了。

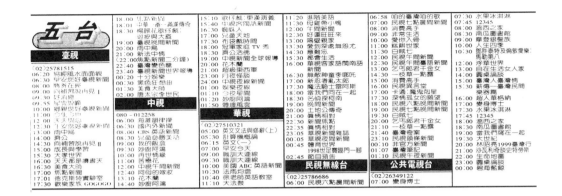

Vocabulary:

1. 主要的 (zhǔyào·de): most important, primary

2. 娛樂 (yúlè): entertainment, recreation

3. 彩色電視機 (cǎisè diànshìjī): color television set

4. 至少 (zhìshǎo): at least

5. 深夜 (shēnyè): very late at night

6. 香港 (xiānggǎng): Hong Kong

7. 科技 (kējì): science and technology

8. 收看 (shōukàn): to watch (for television programs)

9. 選擇 (xuǎnzé): to pick, select, choose

第十八課

這個電影真好看

· 金馬獎得獎人舉獎座（新聞局提供）

（在錢家）

錢先生（關上電視）：怎麼樣？都看懂了嗎？

偉立：這部電影的對白都不太長。我不敢說每個字都懂，可是
　　　故事我想我懂了。這是什麼時候的電影？

錢太太：去年暑假在臺灣上演的。聽說很賣座。上個月他（指

指錢先生）回臺灣就帶了這卷錄影帶回來。你喜不喜

歡？

偉立：喜歡是喜歡，可是結局太慘了。我覺得男主角死得太不

值得了。

錢太太：女主角更可憐！她一個人以後要怎麼活**下去**啊?!

錢先生：其實導演不必安排這樣的結局。怎麼可能什麼倒楣事

都讓男主角碰上了?!太不真實了！

偉立：我倒是覺得主角、配角的演技都不錯，尤其是男主角。

錢先生：他是這兩年才紅起來的，去年還得了最佳男主角獎[1]。

我也是第一次看他的電影，演技**果然**沒話說。

錢太太：劇情很感動人，不過看完這樣的悲劇，讓人心裡很難

過，忍不住要掉眼淚。

錢先生：你就是愛哭，看連續劇也是這樣[2]。

錢太太：難道你不同情男、女主角的遭遇嗎？

錢先生：看電影嘛！**何必**那麼認真呢?!

偉立：這部電影的音樂很特別，主題曲好像不是國語歌。

錢太太：對！那是一首很老的臺灣民謠。我想導演認為這首民

謠很能表達電影裡那些人的感情。

偉立：除了主題曲以外，還有一個我覺得奇怪的地方。為什麼

影片下面有英文也有中文字幕呢？

錢先生：大概是他們認為這樣可以幫助觀眾了解劇情吧！

偉立：**難得**有機會看國語電影，我真要好好謝謝你們。噢！時

・電影海報（吳俊銘攝）

・電影院門口（吳俊銘攝）

候不早了，我該走了。

錢太太：留下來吃晚飯吧！反正都是家常菜[3]，也不麻煩。

偉立：謝謝，我跟同學約好了，還有別的事，下次再來打擾。

錢先生：好吧！歡迎你常來。

※　　　※　　　※　　　※　　　※　　　※

（林建國敲李平房門）

李平：請進，門沒鎖。欸，建國，你怎麼來了？

建國：我去隔壁公寓還我同學書，順便來給你加洗照片的
　　　錢。給你支票[4]，行吧？真不好意思，拖了這麼久。

李平：沒關係。最近怎麼樣？

建國：馬馬虎虎，**還不就是**上課、打工、考試、念書?!

李平：對了，這個週末有沒有空？

建國：星期六我大概會去看電影。有什麼事嗎？

李平：別去看電影了。來我們家聚餐[5]吧！星期六晚上有幾個
　　　同學要一人帶一個菜來，邊吃邊聊。你也來吧！

建國：好啊！電影看不看**無所謂**，吃比較重要。可是，我不
　　　會做菜，我帶一個派來，行不行？

李平：當然可以。你就是不帶東西來也沒關係啊！

建國：那天吃完飯還有什麼節目[6]？你有沒有錄影機？我們可
　　　以跟錢太太借錄影帶來看。

李平：錢太太有什麼好電影？

建國：偉立前兩天在他們家看了一部臺灣電影。他說除了演

員很好之外，攝影、音效，各方面也都不錯。

李平：你曉不曉得片名是什麼？

建國：糟糕！我想不起來了。你看我的記性！

李平：是什麼樣的片子？文藝愛情片，還是社會寫實片？

建國：是一個很寫實的愛情故事。

李平：我不喜歡看這種電影，我喜歡看偵探片跟戰爭片。

建國：文藝片我也不常看。還是恐怖片、科幻片比較刺激。

李平：比較刺激的電影很多都是限制級的，你還是少看吧！

建國：是！大哥[7]！以後我只看輔導級跟普遍級的，行了吧？

生詞及例句

1. 對白 (duìbái)　　　*N*: dialogue (in a film or play)
   這個連續劇的對白相當風趣。

2. 賣座 (màizuò)
   SV: to draw large audiences (for a performance)
   這場音樂會很賣座，我排了幾個鐘頭的隊，都沒買到票。

3. 卷 (juǎn)　　　*M*: (used for things in coils, rolls, reels, spools)
   他借給我一卷平劇的錄音帶，我還沒還他。

4. 結局 (jiéjú)　　　*N*: final result, outcome, conclusion
   他們兩個感情一直很好，可是上個星期分開了，誰都沒想到會是這樣的結局。

5. 角（角）色 (jiǎosè/juésè)
   N: role, character, part (in a play, movie)
   他演過各種不同的角色，舞臺經驗非常豐富。

男ㄋㄢˊ主ㄓㄨˇ角ㄐㄩㄝ(ㄐㄩㄝ) (nán zhǔjiǎo/nán zhǔjué)　　*N*: leading actor

女ㄋㄨˇ主ㄓㄨˇ角ㄐㄩㄝ(ㄐㄩㄝ) (nǚ zhǔjiǎo/nǚ zhǔjué)　　*N*: leading actress

他寫的小說，男主角一定又英俊又有錢，女主角不是聰明、漂亮，就是溫柔、大方。

主ㄓㄨˇ角ㄐㄩㄝ(ㄐㄩㄝ) (zhǔjiǎo/zhǔjué)　　*N*: leading role

配ㄆㄟˋ角ㄐㄩㄝ(ㄐㄩㄝ) (pèijiǎo/pèijué)　　*N*: supporting role, minor role

他雖然是配角，可是演得比主角更好。

6. 可ㄎㄜˇ憐ㄌㄧㄢˊ (kělián)

SV/V: to be pitiful, to be deserving of compassion or sympathy / to take
　　　 pity on, be merciful to

⑴這個孩子從小父母就死了，真可憐！

⑵我兩天沒睡覺了，你可憐可憐我，讓我睡一會兒吧！

NOTE: 可ㄎㄜˇ惜ㄒㄧ (kěxí) means "Too bad !" "What a pity! " to be
pitiful, regrettable, regretful, unfortunately". It can be used for both
animate and inanimate objects, events, etc. which create disappoint-
ment.

7. 導ㄉㄠˇ演ㄧㄢˇ (dǎoyǎn)

N/V: director (of a play, film, etc.) /to direct a film, play, etc.

⑴他是第一次演電影，什麼都要導演教他。

⑵這部電影如果你讓我導演，我就要改結局。

8. 真ㄓㄣ實ㄕˊ (zhēnshí)　　*SV*: to be true, real, actual, authentic

這種事情完全是想像的，在真實生活裡是不可能的。

9. 演ㄧㄢˇ技ㄐㄧˋ (yǎnjì)　　*N*: acting skill

他的演技很差，不管演什麼角色都不像。

演ㄧㄢˇ員ㄩㄢˊ (yǎnyuán)　　*N*: actor or actress

一個好演員應該什麼角色都能演。

10. 得ㄉㄜˊ獎ㄐㄧㄤˇ (dé//jiǎng)

VO: to win a prize, to place in a competition

他的文章參加這次的比賽，得了個大獎。

11. 最ㄗㄨㄟˋ佳ㄐㄧㄚ (zuìjiā)　　*AT*: the best, the superlative, top

　　　這是他第三次得到最佳導演獎。

12. 果然 (guǒrán)　　*A*: **as expected, sure enough**

　　　他做事總是很不小心，這次果然出事了。

13. 感動 (gǎndòng)

　　SV/V: **to be moving, touching; to be moved, touched/to move, to touch, to stimulate (emotionally)**

　　(1) 他為了幫助我，不顧自己的安全，真讓我感動。

　　(2) 你寫的故事，不能感動自己，怎麼能感動別人呢？

14. 悲劇 (bēijù)　　*N*: **tragedy**

　　　因為戰爭，他跟家人分開了四十多年才又再見面，這真是時代的悲劇。

　　喜劇 (xǐjù)　　*N*: **comedy**

15. 掉眼淚 (diào//yǎnlèi)　　*VO*: **to cry, shed tears**

　　　她的感情很豐富，動不動就掉眼淚。

　　掉 (diào)　　*V*: **to fall, to drop; to lose**

　　(1) 先生，你的錢掉在地上了。

　　(2) 昨天我掉了一百塊錢，怎麼找都找不到。

　　(3) 他每天都掉很多頭髮，快變成禿頭了。

　　(4) 那個孩子從床上掉下來，就一直哭個不停。

　　眼淚 (yǎnlèi)　　*N*: **tears**

　　　她為她孩子的病，流了不少眼淚。

16. 同情 (tóngqíng)

　　N/V: **sympathy / to sympathize with, show sympathy for**

　　(1) 這個孩子的父母都死了，現在他最需要的是幫助，不是同情。

　　(2) 他沒飯吃，你不必同情他，誰叫他不好好兒地工作！

　　同情心 (tóngqíngxīn)　　*N*: **compassion, sympathy**

　　　她難過得哭了，你還笑她。你真沒同情心！

17. 遭遇 (zāoyù)

　　N/V: **unhappy experiences/to meet with, to encounter (used for**

unhappy circumstances)

⑴他開車出事以後，就一直躺在床上，十幾年都不能動，他的遭遇真可憐。

⑵她第一次出國旅行，就遭遇到很可怕的事，不但錢被搶光了，還被打了一頓。

18. 何必 (hébì)

A: **why ? (rhetorical question meaning "there is no need to")**

他不來就算了，你何必生氣呢？

19. 認真 (rènzhēn)

SV/A: **to be conscientious, earnest, serious/ conscientiously, seriously, earnestly**

⑴他說這句話的時候，態度很認真，不像是開玩笑。

⑵只要你認真學習，沒有什麼學不會的。

20. 主題曲 (zhǔtíqǔ)　　*N*: **theme music**（**M**：首）

那部連續劇的主題曲好像跟劇情沒什麼關係，真奇怪。

21. 字幕 (zìmù)　　*N*: **caption, subtitle (of a film, video, etc.)**

男主角說印地安話的時候，我一句都聽不懂，只好看字幕。

22. 觀眾 (guānzhòng)　　*N*: **audience, spectators, viewers**

在「海洋世界」裡看動物表演的觀眾，大部分是小孩子。

聽眾 (tīngzhòng)　　*N*: **audience, listeners**

⑴他主持的廣播節目很受歡迎，常常收到聽眾寄來的信。

⑵我每次遭遇不愉快的事，都會去跟他說，我覺得他是最好的聽眾。

大眾 (dàzhòng)　　*N*: **the masses (people, citizens)**

我們要讓社會大眾了解政府這幾年到底做了些什麼。

23. 難得 (nándé)　　*SV/A*: **rarely, seldom**

他總是在外頭忙，難得回家吃一頓飯。

24. 家常菜 (jiāchángcài)　　*N*: **home-cooking**

這些菜我常做，都是些家常菜，沒有什麼特別的。

25. 鎖 (suǒ)　　*V/N*: **to lock / lock**（**M**：把）

(1)他怕小偷，所以睡覺的時候，連窗戶都鎖起來。

(2)小偷來過了，你最好換一把鎖比較安全。

26. 支票 (zhīpiào)　　*N*: check（**M：**張）

這家商店不收支票，倒是可以用信用卡。

旅行支票 (lǚxíng zhīpiào)　　*N*: traveler's check

旅行的時候用旅行支票不但方便，也安全。

27. 馬馬虎虎 (mǎmǎhūhū)

IE: **not very good, barely acceptable; careless**

張：你點的宮保雞丁，味道怎麼樣？

李：馬馬虎虎，好像沒有上次的好吃。

馬虎 (mǎ·hū)　　*SV*: **to be careless, imprecise**

他做事情很馬虎，不是忘了這個，就是丟了那個，我真不放心讓他做。

28. 聚餐 (jùcān)

V: **to gather together and share a meal together**

為了連絡感情，他們約好每半年聚餐一次。

聚 (jù)　　*V*: **to assemble, to gather together**

好久不見了，找個時間聚聚，大家一起聊聊吧！

29. 無所謂 (wúsuǒwèi)

IE/SV: **it does not matter, it makes no difference one way or the other (for personal opinions)**

(1)我吃不吃無所謂，反正現在也還不餓。

(2)我最討厭他對什麼事都無所謂的樣子。

30. 攝影 (shèyǐng)　　*N*: **cinematography, photography**

他對攝影很有研究，照出來的像片都很有特色。

攝影師 (shèyǐngshī)　　*N*: **photographer**

31. 曉得 (xiǎo·dé)　　*V*: **to know, to understand**

你曉不曉得他這幾天為什麼沒來上課？

32. 片名 (piànmíng)　　*N*: **title of a motion picture**

這部美國電影的中文片名跟英文的意思完全不同。

33. 糟糕 (zāogāo)

    IE/SV: **A terrible mess!, Too bad!, Oh no!**

      ⑴糟糕！我又忘了把鑰匙放在哪兒了！

      ⑵女主角的演技真糟糕，她哭的時候，觀眾卻想笑。

    糟 (zāo)   *SV*: **to be in a wretched state, in a mess**

    快回去吧！萬一媽媽發現你不在家就糟了。

34. 記性 (jì·xìng)   *N*: **memory**

    我的記性真不好，剛剛學的就忘了。

35. 文藝（愛情）片 (wényì (àiqíng) piàn)

    N: **an artistic (or love story) movie**

    我最怕看文藝愛情片了，看他們談情說愛，我老覺得肉麻。

    愛情 (àiqíng)   *N*: **love, romance**

    我覺得你像我哥哥，雖然我很喜歡你，可是這並不是愛情啊！

36. 社會寫實片 (shèhuì xiěshípiàn)

    N: **motion picture realistically depicting society**

    社會寫實片都是一些打人、殺人的故事，不適合小孩子看。

    寫實 (xiěshí)

    SV: **to be written or painted realistically**

    這本小說相當寫實，故事裡的人好像就住在你家隔壁。

37. 偵探片 (zhēntànpiàn)   *N*: **detective movie**

    偵探 (zhēntàn)   *N*: **detective**

38. 恐怖片 (kǒngbù piàn)   *N*: **horror film**

    恐怖 (kǒngbù)   *SV*: **to be terrifying**

    迪士尼世界的「鬼屋」，沒有我想像的那麼恐怖。

39. 科幻片 (kēhuànpiàn)   *N*: **science-fiction film**

40. 限制級 (xiànzhìjí)

    AT: **restricted (movie), rating for movies restricted to adults**

    這是一部限制級的電影，你還沒滿十八歲，不能看。

    限制 (xiànzhì)

V/N: **to restrict, limit / restriction, limitation**

　　⑴父母不應該限制小孩子的發展。

　　⑵那個表演誰都可以看，沒有什麼限制。

級ㄐㄧˊ (jí)

M: **(for grading, rank, degree of merit, grade in school)**

　　他在補習班學法文，已經念到第六級了。

分ㄈㄣ 級ㄐㄧˊ (fēn//jí)　　　*VO*: **to classify, to rate, to grade**

　　臺灣現在也實行電影分級制度了。

41. 輔ㄈㄨˇ 導ㄉㄠˋ 級ㄐㄧˊ (fǔdǎojí)

AT: **rating for restricted movies which allows children over 12 to attend if accompanied by an adult, but bars entrance for children 12 and under**

　　那部電影是輔導級的，你最好跟父母一起去看。

輔ㄈㄨˇ 導ㄉㄠˋ (fǔdǎo)

V/N: **to guide, counsel, lead / guidance, counseling**

　　⑴很多事情，父母只要在旁邊輔導就行了，不必替孩子做。

　　⑵這個孩子心理有問題，需要老師的輔導。

注釋

1. 最佳男主角獎 means "Award for the Best Male Leading Actor." There is an annual Chinese film festival in Taiwan in October which awards 金馬獎, the Golden Horse Awards.

2. "你就是愛哭，看連續劇也是這樣。" Here, the use of 就是 is the same as that of L.13 (see L.13, note 7).

3. "留下來吃晚飯吧，反正都是些家常菜。" means: "Please stay and have dinner with us; it's just our regular home cooking anyway. It's no trouble at all." The second half of this sentence is another example of 客氣話. Chinese often say this when asking their guest to stay, whether or not

they have prepared special dishes . The host does not want the guests to feel that they are an inconvenience.

4. 支票 are personal checks. People in Taiwan seldom use checks unless they are dealing with a large sums of money. They prefer to make transactions in cash.

5. 聚餐 means "to get together for a meal." The American custom of holding "potluck" dinners where every guest is expected to bring one dish is not practiced in Chinese society. When Chinese invite friends to their homes for a meal, they do not ask guests to bring food. The host either prepares the food him/herself or invites the guests to a restaurant.

6. "吃完飯有什麼節目？" means "What plans do we have after dinner?" 節目 here refers to activities or forms of entertainment.

7. "是，大哥！" means "Yes, Sir." See Note 1 in Lesson 15.

文法練習

☞ 一 V 下去

⊙她一個人以後要怎麼活下去啊?!

After this she is all alone, how can she survive?!

用法說明：「下去」在這裡是 RE，表示動作仍然繼續進行。

Explanation: Here, 下去 is a resultative verb ending (RE). It shows that an action or situation continues .

練習：請用「V下去」完成下面各句。

Exercise: Please complete the sentences below using "V 下去" .

1. 我跟老王才講了幾句，上課時間就到了，所以就沒再<u>講下去了</u>。

I had only spoken a few words with Old Wang and then it was time to go to class, so we didn't continue to talk.

2. 那部電影真無聊，我看了一半就 _____ 了。

3. 朋友都說這個工作太麻煩，叫我別做了，但是我覺得很有挑戰性，所以決定 _____ 。

4. 這個地方又髒又熱，誰都不敢住，你怎麼 _____ ？

5. 大家的意見都不一樣，討論了半天，每個人都越說越生氣，實在 _____ 了。

☞ 二　果然　as expected, sure enough

⊙演技果然沒話說。

The acting, as expected, was beyond words.

用法說明：「果然」表示事實跟本來預期的相同。意思跟「居然」相反。

Explanation: 果然 indicates that facts or results are as originally expected. 果然 is the opposite of 居然.

練習：請用「果然」完成下面各句。

Exercise: Please complete the sentences below using 果然.

1. 他的記性不好，我問他生日禮物買了沒有，他<u>果然忘了買。</u>

He has a bad memory. I asked him whether or not he'd bought the birthday present, and sure enough, he had forgotten to buy it.

2. 我希望孩子住校以後會變得比較獨立，半年以後我發現他<u>果然</u> <u>_____</u> 。

3. 觀眾對那部片子的反應很好，都說會得獎，現在<u>果然</u> _____ 。

4. 常常聽人談到雲霄飛車，上禮拜坐了以後，覺得<u>果然</u> _____ 。

5. 小王告訴我這兩個球隊實力相當，比賽一定很精彩。今天的比賽<u>果</u> <u>然</u> _____ 。

☞ 三　何必　why? (rhetorical question), there is no need to

⊙……何必那麼認真呢?!

Why take it so seriously?!

用法說明：意思是「為什麼一定要」，是反問語氣，說話者真正的意思是「不必」。

Explanation: 何必 means "why must one......?" and is a rhetorical question. The speaker's actual meaning is 不必 (it is not necessary to).

練習: 請根據所給情況,用「何必」表示意見。

Exercise: Please use 何必 to express an opinion in response to the following situations.

    1. 你請朋友跟你一起開車去旅行,可是他要參加旅行團。

    You ask a friend to go on a vacation with you by car, but he wants to go with a tour group.

    →自己開車去,又方便又省錢,何必參加旅行團?!

    Driving yourself is convenient and saves money. Why go with a tour group?

    2. 大家都聽得懂國語,可是電影上還有中文字幕。

    ....

    3. 你覺得擺地攤賺錢自由自在,可是朋友都說你應該去公司上班。

    ....

    4. 英文在世界各地都通,可是媽媽還要你學別的語言。

    ....

    5. 你們是好朋友,可是他送你禮物,還要請你吃飯,你覺得他太客氣。

    ....

☞ 四 難得　　hard to come by, rare

⊙難得有機會看國語電影,……

It's rare to have a chance to see a movie in Mandarin......

用法說明:「難得」可以是 SV,也可以是副詞。意思是「這種情況不容易看到、聽到或是做到」。

Explanation: 難得 can be an SV or an adverb. It means that the situation described is rare and difficult to find or achieve.

練習: 請用「難得」改寫下面各句。

Exercise: Please rewrite the following sentences using 難得.

1. 我連週末都得工作，很少有時間安排休閒活動。

   I even have to work on weekends. I hardly ever have time to plan leisure activities.

   →我連週末都得工作，難得有時間安排休閒活動。

   I even have to work on the weekends. It's rare that I have time to plan leisure activities.

2. 這裡的冬天不是颱風，就是下雪，很不容易看到太陽。

   ....

3. 小王平常總是不修邊幅，今天卻打扮得這麼漂亮。

   ....

4. 他年紀很小，卻知道替父母省錢，這樣的孩子很少看到。

   ....

5. 小張又要上課，又要打工，還常常考第一名，真不容易。

   ....

☞ **五** 還不就是⋯⋯?!　　Is it not just ......? What else is there?

⊙還不就是上課、打工、考試、念書?!

　Isn't it still just going to class, working, taking tests, and studying?!

用法說明：表示還是跟以前一樣，沒有什麼新的變化。「還」有反問的意思。
　　　　　說話者的意思是「就是⋯⋯」。

Explanation: This pattern shows that everything is the same as before, with no new changes. 還 makes it a rhetorical question. The speaker means that everything is still just the same as ever with no new changes. Because of this, sometimes it gives the implication that a previous question need not have been asked.

練習：請用「還不就是⋯⋯?!」回答下面問題。

Exercise: Please answer the following questions using "還不就是⋯⋯?!".

1. 你媽媽不上班，每天在家做什麼？

   Your mother doesn't work. What does she do at home every day?

→還不就是做飯、洗衣服、看電視。

Cooking, washing clothes, watching television. What else is there for her to do?!

2. 這麼多聖誕卡你要寄給誰啊？

....

3. 你們考試都考些什麼？

....

4. 你給父母寫信，都寫些什麼？

....

5. 連續劇的劇情常常是哪一類的故事？

....

☞ 六 無所謂

it does not matter, it is inconsequential, I am indifferent

⊙電影看不看無所謂，吃比較重要。

It doesn't matter whether or not I see the movie. Eating is more important.

用法說明：「無所謂」的意思是「都可以，沒什麼關係，不在乎」，放在說話者覺得沒什麼關係的事情後面。有時可以單獨使用。

Explanation: 無所謂 means "it does not matter to me," "I do not care," "I am indifferent." It is placed after the matter that the speaker feels indifferent about. It can also be used alone.

練習：請用「無所謂」完成下面對話。

Exercise: Please use 無所謂 to complete the dialogues below.

1. 張：我給你買的襯衫大了一點，怎麼辦？

Chang: What if the shirt that I bought you is little large?

李：大一點無所謂，小了就麻煩了。

Lee: It doesn't matter if it's a little large, but it'll be a problem if it's too small.

2. 張：你喜歡看戰爭片，還是恐怖片？

李：＿＿＿＿＿＿＿無所謂，故事好就行了。

3. 張：我們今天不要去好萊塢影城了，好不好？

　　李：＿＿＿＿＿＿＿＿無所謂，反正我也不很想去。

4. 張：這幾個房間都差不多，你要住哪一間？

　　李：既然都差不多，＿＿＿＿＿＿＿＿都無所謂。

5. 張：你這件事沒做完，明天恐怕不能放假了。

　　李：＿＿＿＿＿＿＿＿我無所謂，只要能把事情做好。

課室活動

一、討論

　　老師指定 (zhǐdìng, to assign) 一部最近非常受歡迎或有爭議性 (zhēngyìxìng, controversy)、很多人都看過的電影，要全班同學一起來討論。大家可以談談這部電影的導演、燈光、攝影、配樂、劇情、演員的演技…什麼的。

　　可能用到的字有：劇本 (a scenario, script), 編劇 (biānjù, to write a play, a playwright), 特殊效果 (tèshūxiàoguǒ, special effects), 布景 (backdrop or set of a movie or stage show), 道具 (stage prop), 時代背景 (the time setting of story), 講究 (to value, to be particular about or elaborate on something), 精緻 (jīngzhì, fine, exquisite), 畫面 (the picture of a movie), 鏡頭 (a scene captured within the scope of a camera), 暴力 (bàolì, violence), 性 (sex)

二、隨便談談

　　請每個學生說說自己最難忘的電影是哪一部，並且說出難忘這部電影的原因 (reason)。

　　可能用到的字有：印象 (yìnxiàng, impression), 深 (shēn, deep)。

短文

胡安平導演的話

各位同學：大家好！

很高興有機會來看看給你們介紹我的電影。

首先，我要大概說一下我拍這部電影的動機。

前些年台灣很少有理想的年輕導演，拍了很大的共鳴，也增加了台灣電影的藝術性，給台灣電影界。很大的刺激。可惜支持他們的力量不夠大，大的共鳴，也增加了，我打听，要不然，一些自然寫實、關心社會問題的電影，引起了很大的共鳴，也增加了台灣電影的藝術性，給台灣電影界。很大的刺激。可惜支持他們的力量不夠大，大的共鳴，也增加了，我打听，要不然，電影界。很大的刺激。可惜支持他們的力量不夠大，電影還是賣座的電影太少了。

最近多台灣流行的電影描寫真實生活的電影。因為現代社會就是社會寫實片。跟外國人接觸的機會比從前複雜，再加上交通方便，現代人的各種感情，包括夫妻的、父子的、還有朋友的，也所以我希望能讓觀衆看到視代人的各種感情，包括夫妻的、父子的、還有朋友的，也能看到中西文化不同。

現在請大家先看這部電影，然後我們再討論。

謝謝！

Vocabulary:

1. 首先 (shǒuxiān): first of all
2. 拍 (pāi): to shoot (a movie)
3. 動機 (dòngjī): motive
4. 引起 (yǐnqǐ): to arouse, cause

5. 共鳴 (gòngmíng): resonance

6. 增加 (zēngjiā): to increase, augment

7. 藝術性 (yìshùxìng): artistic qualities

8. 電影界 (diànyǐngjiè): movie industry

9. 鬼片 (guǐpiàn): movie about ghosts

10. 武打片 (wǔdǎpiàn): martial arts movie

11. 描寫 (miáoxiě): to describe

12. 接觸 (jiēchù): to encounter, come in contact with

13. 夫妻 (fūqī): husband and wife

14. 文化 (wénhuà): culture

第十九課

我愛看表演

・雲門舞集：薪傳（劉振祥攝）

（高偉立跟謝美真在講電話）

偉立：這星期五藝術中心有一個古典芭蕾舞表演，是紐約來的
　　　舞團。你們想不想去看？

美真：星期五不行，我另外有約了。不知道台麗要不要去。她
　　　在洗澡[1]，你等一下，別掛喔！（大聲）台麗！高偉立問

你，星期五要不要去藝術中心看芭蕾舞？

台麗（從洗澡間出來）：可以啊。我來跟他說。（接過電話）高
　　偉立啊！你想去看跳舞？這個舞團怎麼樣啊？

偉立：他們剛從歐洲表演回來，根據報上的評論，他們的水準
　　相當高。錯過這次機會，就得自己去紐約看了。

台麗：好吧！星期五幾點鐘？一張票多少錢？

偉立：八點。學生票大概是十二塊錢，我還沒去買。

台麗：好，那你先去買票。上次我跟美真想看舞臺劇，排了半
　　天隊，輪到我們的時候，票正好賣完，你說多氣人哪！

偉立：那麼我這就去買票，免得又買不到票就看不成了。不過
　　這不是熱門音樂演唱會，票應該不難買。我們幾點、在
　　哪裡見？要不要我去接妳？

台麗：不必了，我自己坐車去吧！我下了課，得回來換件正式
　　的衣服[2]。穿牛仔褲去，別人會笑話我不懂規矩。

偉立：好，八點開演，我們七點半在藝術中心門口見。

台麗：好啊，要是沒買到票，打電話告訴我，別讓我白跑一
　　趟。

偉立：好，就這麼辦。跟美真說，她不去看，一定會後悔的。

台麗（笑）：就是嘛！我這就跟她說，再見。

※　　　※　　　※　　　※　　　※　　　※

（謝美真、陳台麗家門口）

台麗：謝謝你送我回來。燈都亮著，美真一定回來了，要不要

進來坐一下？

偉立：好啊，不會太晚吧？

台麗：沒關係，反正明天沒有課。（開門）咦，陸康，好久不見了。還記不記得高偉立？

陸康：記得、記得。那天我們合作得很愉快！

偉立（跟陸康握手）：你好，我們又見面了。

美真：我們的事也剛討論完，他正打算走呢！大家坐啊！別站著說話。怎麼樣？今天的表演好不好？

偉立：好極了。沒想到這麼轟動，都坐滿了。

台麗：今天的芭蕾舞比我從前看過的都精彩，不過我更喜歡現代舞。

美真：幾年前雲門[3]有一場舞蹈發表會，聽說是大陸人移民臺灣的故事，也很轟動。（對台麗）你去看了沒有？

台麗：去了。我記得很多人都感動得掉眼淚。

陸康：是啊！雲門的舞，很多題材跟表現方式都參考了中國的傳統戲劇。

偉立：他們來美國表演過嗎？真希望有機會能看看，多了解一點兒中國文化。

台麗：美國跟歐洲有很多地方都**曾經**請他們去表演過。這些年，**由於**雲門的刺激，各種藝術工作者也開始嘗試改變原有的表演方式。

陸康：對！就**拿**平劇**來說**，有的人編新劇本，有的人採用西方的表演方式，所以願意接受平劇的年輕人越來越多了[4]。

美真：「當代傳奇劇場」的表演那麼成功，就是一個很好的例

子。他們去年在英國表演，不但觀眾的反應相當熱烈，

各傳播媒體也給他們很高的評價。

台麗：他們在國家劇院表演時，我去看了。真沒想到莎士比亞

的劇本也可以用平劇的方式來表演[5]。

美真：不管怎麼說，我覺得現代舞像抽象畫，平劇像歌劇，都

一樣難懂，我寧願聽流行歌曲。

· 國家劇院（吳俊銘攝）

生詞及例句

1. 講電話 (jiǎng//diànhuà)　　*VO*: **to talk on the telephone**

　　他正在講電話，你等一下再問他吧。

　掛（電話）(guà (diànhuà))

　VO: **to hang up (telephone)**

　　我話還沒講完，他就氣得把電話掛了。

2. 藝術中心 (yìshù zhōngxīn)　　*N*: **arts center**

　藝術 (yìshù)　　*N*: **art**

　　畫畫、音樂、攝影、文學、電影……什麼的，你最喜歡哪一種
　　藝術？

　藝術工作者 (yìshù gōngzuòzhě)

　N: **artist, worker in the arts**

　藝術家 (yìshùjiā)　　*N*: **artist**

　　大部分的藝術家都比較不修邊幅。

　作家 (zuòjiā)　　*N*: **writer**

　畫家 (huàjiā)　　*N*: **painter, artist**

　音樂家 (yīnyuèjiā)　　*N*: **musician**

3. 古典 (gǔdiǎn)　　*AT*: **classical**

　　張：你喜歡古典音樂嗎？

　　李：喜歡，尤其是海頓 (Haydn) 寫的。

　古代 (gǔdài)　　*N*: **ancient times, antiquity**

　　古代的女人很少有念書的機會。

　字典 (zìdiǎn)　　*N*: **dictionary**（**M**：本）

　　這個字在我的字典裡居然查不到。

4. 芭蕾舞 (bālěiwǔ)　　*N*: **ballet**

5. 洗澡 (xǐ//zǎo)　　*VO*: **to take a bath or shower**

　　當兵的時候，都得站著洗澡，哪裡能像在家裡坐著洗？！

　洗澡間 (xǐzǎojiān)　　*N*: **bathroom**

你兒子洗個澡，把洗澡間弄得到處都是水！

6. 根據 (gēnjù)

V/N: **on the basis of, according to / basis, grounds**

⑴ 根據氣象報告，今天不會下雨。

⑵ 你說他偷你的錢，有什麼根據嗎？

7. 評論 (pínglùn)　　　*N*: **commentary, assessment, appraisal**

一般人對那個作家的評論都不太好。

8. 水準 (shuǐzhǔn)　　　*N*: **standard, level**

⑴ 這場籃球比賽有職業水準。

⑵ 這兒的人有錢，生活水準比較高。

9. 錯過 (cuòguò)　　　*V*: **to let a chance slip by, to miss out on**

我上了個廁所出來，公車剛好開走，錯過了這班車，就要晚一個小時才能到家了。

10. 舞臺劇 (wǔtáijù)　　　*N*: **stage play**

他的聲音不夠大，發音不夠清楚，不適合演舞臺劇。

11. 氣人 (qìrén)　　　*SV*: **to be aggravating, annoying, irritating**

我睡得正舒服的時候，被他叫醒了，真氣人。

12. 熱門音樂演唱會 (rèmén yīnyuè yǎnchànghuì)

N: **concert of popular vocal music**

我爸爸說熱門音樂演唱會都太吵，其實他是不懂欣賞現在流行的歌。

熱門音樂 (rèmén yīnyuè)　　　*N*: **popular music**

演唱會 (yǎnchànghuì)　　　*N*: **concert of vocal music**

去聽那個歌星的演唱會的，大部分是年輕人。

13. 正式 (zhèngshì)　　　*SV/A*: **to be formal, official / officially**

⑴ 他的生日舞會很正式，你不能穿得太隨便。

⑵ 老闆已經正式宣布跟那家公司的合作計畫了。

14. 牛仔褲 (niúzǎikù)　　　*N*: **jeans**（**M**：條）

牛仔 (niúzǎi)　　　*N*: **cowboy**

15. 笑話 (xiào·huà)　　*V/N*: **to laugh at, to ridicule / joke**
  (1) 你用湯匙喝咖啡，會被別人笑話的。
  (2) 老闆說的笑話一點也不好笑，可是大家都不得不笑。

16. 規矩 (guī·ju)　　*N*: **rule, regulation, established practice**
  按歐洲人吃飯的規矩，你應該左手拿叉。

  有規矩 (yǒu guī·ju)

  SV: **to be well-behaved, well-disciplined, well-mannered**
  王先生的三個小孩都很有規矩，喝湯的時候都不會出聲音。

  規定 (guīdìng)

  V/N: **to stipulate / stipulation, rule, regulation**
  (1) 我父母規定我每天十一點以前，一定得回家。
  (2)「不可以在圖書館吃東西」是學校的規定。

17. 白 (bái)　　*A*: **in vain, to no effect**
  說了半天，他還是不同意，真是白說了。

18. 趟 (tàng)　　*M*: **time (said of trips to a place)**
  我明天下午得去辦公室一趟。

19. 後悔 (hòuhuǐ)　　*SV/V*: **to be remorseful / to regret, repent**
  (1) 他年輕的時候沒有好好兒地念書，現在很後悔。
  (2) 那個演講聽說很精彩，我真後悔沒去聽。

20. 握手 (wò//shǒu)　　*VO*: **to shake hands**
  你們都不要生氣了，大家握個手，還是好朋友。

21. 見面 (jiàn//miàn)　　*VO*: **to meet or see someone**
  我想跟他見個面，不知道他有沒有時間。

22. 轟動 (hōngdòng)

  SV: **to arouse attention, cause excitement, cause a sensation, make a stir**
  東西德統一的消息傳出來以後，非常轟動，全世界都在談這件事。

23. 題材 (tícái)

N: **subject, material constituting the main theme of an article, composition, etc.**

「愛情」是作家最常用的題材。

24. 表現(biǎoxiàn)

V/N: **to express, manifest, show, display / expression, manifestation**

⑴這件事，他沒興趣，所以表現得不太熱心。

⑵他今天的表現不好，每次投籃都投不進。

25. 參考(cānkǎo)

V/N: **to refer to, to use something for comparison, to consult / reference**

⑴如果你覺得你做得不夠好，可以參考一下別人的做法。

⑵你的報告能不能借我看看，給我做個參考？

參考書(cānkǎoshū)　　*N*: **reference book**

26. 傳統(chuántǒng)

N/SV: **tradition, conventions / to be traditional**

⑴除夕晚上，全家人一起吃飯，是中國人的傳統。

⑵晚會的時候，他們穿著傳統的服裝跳舞。

27. 戲劇(xìjù)　　*N*: **drama, theatre**

他是學戲劇的，所以對電影、舞臺劇都很有研究。

戲(xì)

N: **play, theatrical performance**（M：場／齣, chū）

女主角病了，我看這場戲大概演不下去了。

歌劇(gējù)　　*N*: **opera**

他是歌劇演員，所以唱起歌來跟一般人不一樣。

歌劇院(gējùyuàn)　　*N*: **opera house**

28. 文化(wénhuà)　　*N*: **culture**

中國有五千年的文化。

29. 曾經(céngjīng)

A: **once, formerly, previously, in the past**

他曾經得過最佳男主角獎，可是現在老了，只能演配角了。

30. 由於 (yóuyú)

 CONJ: **due to, because of, as a result of, owing to**

 由於他的態度很不客氣，我們決定不幫他的忙。

31. 嘗試 (chángshì)　　*V/N*: **to attempt, to try/an attempt, try**

 ⑴我對沒做過的事都有興趣嘗試。

 ⑵他找我去高山上滑雪，可是我年紀大了，不敢做這種嘗試。

32. 編 (biān)　　*V*: **to compose; to edit, compile**

 ⑴他在這個舞團負責編舞。

 ⑵這個故事是他編的，不是真的。

33. 劇本 (jùběn)　　*N*: **script**

 這個電影劇本是根據真人真事寫成的。

34. 採用 (cǎiyòng)　　*V*: **to employ, use, adopt**

 他們編雜誌的時候，採用了兩篇張教授的文章。

35. 接受 (jiēshòu)　　*V*: **to accept, to receive**

 ⑴這麼值錢的禮物，我不敢接受。

 ⑵我們討論了很久，他最後接受了我的意見。

 ⑶他從小就接受西方教育，所以很多看法都跟中國人不同。

36. 例子 (lì·zi)　　*N*: **example, case, instance**

 這個詞的意思，我們都不明白，請老師舉一個例子。

37. 熱烈 (rèliè)

 A/SV: **enthusiastically, ardently/to be enthusiastic, exuberant, fervent**

 聽完他的演講，大家都討論得很熱烈。

38. 傳播媒體 (chuánbò méitǐ)

 N: **news media, broadcast media**

 世界各國的傳播媒體都很注意這件事的發展，每天報上、電視上都在談這個問題。

 傳播 (chuánbò)

 V: **to disseminate (news, information, etc.) ; to spread**

請你們把這個消息傳播出去，讓大家都知道這件事的重要性。

39. 評價 (píngjià)　　*N*: evaluation, appraisal

這個節目做得很認真，播出以後，得到相當高的評價。

40. 國家劇院 (guójiā jùyuàn)

N: The National Theater (in Taipei)

41. 抽象畫 (chōuxiànghuà)　　*N*: abstract painting

這張畢卡索 (Bìkǎsuǒ; Picasso) 的抽象畫，我看了半天，才發現看反了。

抽象 (chōuxiàng)　　*SV*: to be abstract

你說的道理太抽象了，我們沒辦法了解，請你多舉幾個例子。

42. 流行歌曲 (liúxíng gēqǔ)　　*N*: popular song

三十年前的流行歌曲，現在聽起來都太慢了。

語助詞 modal Particles

1. 喔 (ō)

P: (used for imperative sentences to remind the listener to pay particular attention to a matter)

這麼漂亮的牛仔褲你真的要送給我嗎？可別後悔喔！

2. 哪 (·na)

P: (combination between "啊" and the "n" sound at the end of the preceding word)

你的衣服真好看哪！

專有名詞 Proper Names

1. 紐約 (niǔyuē)　　New York

2. 雲門（雲門舞集）(Yúnmén (Yúnmén Wǔjí))

"Cloud Gate" (the "Cloud Gate Theater," a Taipei modern dance troupe)

3. 當ㄉㄤ代ㄉㄞˋ傳ㄔㄨㄢˊ奇ㄑㄧˊ劇ㄐㄩˋ場ㄔㄤˇ (Dāngdài Chuánqí Jùchǎng)

   "The Contemporary Legend Theater," a Taiwanese stage and opera company

4. 莎ㄕ士ㄕˋ比ㄅㄧˇ亞ㄧㄚˋ (Shāshìbǐyǎ)　William Shakespeare

注釋

1. 洗澡 means "to take a bath or shower." Many Americans prefer to bathe in the morning, whereas Chinese generally bathe in the evening before going to bed. 洗澡間 is the room where a bath is taken. Washrooms in public places are called 洗手間. This same term may be used when asking for the location of the bathroom in someone's home. If ones intention is to take a bath, however, 洗澡間 should be used.

2. "換件正式的衣服（去看表演）", "change into more formal attire." People in western countries often wear formal or semi-formal clothes when they go to a concert or theatrical performance. The dress code is not as strict in Taiwan. The formal attire for Chinese women is a 旗袍 qípáo, a tight-fitting dress which evolved from Ching Dynasty styles. The formal attire for men in Taiwan is now a tuxedo or western suit.

3. 雲門 is short for 雲門舞集, the Cloud Gate Theater. 林懷民 (Lín, Huáimín) established this dance company in 1973. Mr. Lin studied modern ballet in the United States and returned to Taiwan to work as a choreographer, developing modern dance using Chinese themes. The dance mentioned in the text is "Legacy," performed for the first time in 1978. It is a 90-minute dance saga about the migration of mainlanders to Taiwan.

4. "越來越多的年輕人願意接受平劇了。" "More and more young people have begun to show an interest in Peking Opera." Since Peking Opera is an art with a long tradition, most of the stories are quite old. The operas move along at a slow pace and the lines are often difficult to

understand. Most young people show little interest in such entertainment. In an effort to attract a younger audience, some young Peking Opera actors and directors have introduced reforms to the traditional style. Their efforts have been quite successful.

5. 改變平劇的表演方式。　Among the theatre companies trying to improve Peking Opera, probably the two most distinguished ones are 雅音小集 (Yǎyīn Xiǎojí) and 當代傳奇劇場 (Dāngdài Chángqí Jùchǎng), the "Contemporary Legend Theater." 雅音小集 has performed some newly composed works. 當代傳奇劇場 has made even greater breaks from tradition. One of their best known works is 慾望城國 (Yùwàng Chéngguó), the "Kingdom of Desire", adapted from Shakespeare's "MacBeth." In December 1990 it was performed in London, where it received favorable reviews.

文法練習

☞ 一 　多 SV 啊！　　SV indeed!

⊙你說多氣人哪！

Talk about making someone really angry!

用法說明： 表示 SV 的程度很高，包含誇張語氣跟強烈的感情，用於感歎句，句尾常有「啊」「呀」「哪」「哇」。「多」的聲調可讀一聲或二聲。

Explanation: This shows that the level or degree of the SV is very high or extreme, and expresses a tone of exaggeration and intense feeling. It is used in exclamatory sentences, and is often followed by 啊, 呀, 哪 or 哇. 多 can either be read in first or second tone.

練習： 請根據所給情況用「多 SV 啊！」表示感歎。

Exercise: Please use "多 SV 啊！" to express exclamation in the following situations.

1. 電影裡，男主角要殺自己的太太跟孩子，非常恐怖。

   In the movie, the male lead role wanted to kill his own wife and child. It was very scary.

   →那個男主角要殺自己的太太跟孩子，多恐怖啊！

   The male lead wanted to kill his own wife and child. It was very scary, indeed!

2. 一個人住一棟公寓，想做什麼就做什麼，很自由。

   ....

3. 你看見妹妹坐在馬路上哭，你覺得很難看。

   ....

4. 他還沒說話，我就知道他要做什麼，我們很有默契。

   ....

5. 小王要上飛機了，忽然發現護照不見了。

   ....

☞ 二 V 成　　 to completion

⊙免得又買不到票就看不成了。

   ......in order to avoid not being able to get tickets and see the show again.

   用法說明：這個「成」是 RE，表示「成功」、「完成」、「實現」的意思。（這跟「看成」、「聽成」、「寫成」……不同。）Actual Type 跟 Potential Type 都可以用。

Explanation: This 成 is a RE, showing "success," "completion," or "actualization of a goal". This is not the same usage as in 看成, 聽成, 寫成, etc. It can be used as either Actual Type or Potential Type.

練習：請填上合適的結果動詞。

Exercise: Please fill in the blanks with the appropriate RVE compounds.

1. 這個週末我本來想寫報告，可是來了好幾個朋友，一個字也

   _____。

   This weekend I originally wanted to write a report, but many friends came over, so I didn't even write one word.

2. 這個實驗計畫很好，可惜經費不多，你看 _____ 嗎？

3. 昨天我們約好去釣魚，因為雨下得太大，_____ 。

4. 導演決定換人，這下子他 _____ 男主角了。

5. 小張很會說話，跟人談生意總是一談就 _____ 。

☞ 三 白 V

⊙別讓我白跑一趟。

Don't make me run over there for nothing.

用法說明：「白」在此是副詞，表示該動作做了跟沒做一樣，沒有得到預期中的效果或結果。（可是「白吃」、「白喝」、「白住」有時候意思是吃了、喝了、住了不付錢。）

Explanation: Here, 白 is used as an adverb, showing that an action is useless because performing it does not achieve the desired results. However, when 白 is used in 白吃, 白喝, or 白住, it may means that one eats, drinks, or lives somewhere free of cost.

練習：請用「白V」完成下面各句。

Exercise: Please complete the sentences below using "白 V".

1. 爸爸說不可以賭錢，哥哥還是偷偷地去賭，爸爸的話都白說了。

Dad told him not to gamble, but my brother snick out waste of breath.

2. 我開了一晚上的夜車，老師今天居然說不考了，我 _____ 。

3. 張小姐打了一上午的電腦，還沒存進去就停電了，_____ 。

4. 我花那麼多時間化好了妝，導演卻說今天不錄影了，_____ 。

5. 我剛剛才把這些書擺好，你又弄亂了，_____ 。

☞ 四 曾經 once, formerly (past tense)

⊙美國跟歐洲有很多地方都曾經請他們去表演過。

Many places in the U.S. and Europe have invited them to perform in the past.

用法說明：表示從前有過某種行為或情況。句型如下：曾經＋V／SV＋過／

了。「曾經」所表示的動作或情況不是最近發生的，而且現在已經結束。

Explanation: This indicates that some situation or action occurred in the past. The sentence pattern is as follows: 曾經＋verb / SV＋過／了. Use of 曾經 indicates that an action or situation occurred long ago and is now over.

練習：請把「曾經」放在句中合適的地方。

Exercise: Please place 曾經 in the appropriate place in the sentences below.

1. 李先生用這樣的題材編過劇本，可惜不太成功。

   Mr. Lee has written a script on this subject. It's a shame it wasn't very successful.

   →李先生曾經用這樣的題材編過劇本，可惜不太成功。

   Mr. Lee once wrote a script on this subject. It's a shame it wasn't very successful.

2. 我為了這個計畫，花了很多時間。

   ....

3. 你看他現在這麼瘦，其實他也胖過。

   ....

4. 那場球賽在電視上轉播過，你忘了嗎？

   ....

5. 我剛搬出來一個人住的時候，後悔過，後來才慢慢習慣了。

   ....

☞ **五** 由於   due to, because of, owing to

⊙由於雲門的刺激，各種藝術工作者也開始嘗試改變原有的表演方式。

Due to the stimulus provided by Cloud Gate, many different types of artistic performers also started to experiment with changing existing performance techniques.

用法說明：「由於」是連詞，意思是「因為」。但「因為」較口語。「因為」可放在第二個句子的句首，「由於」則不可，除非前面有「是」。

如果第一個句子用「由於」，第二個句子的句首可以用「所以」、「因此」、「因而」。但用「因為」時，第二個句子的句首只能用「所以」。

Explanation: 由於 is a conjunction which means 因為, however, 因為 is somewhat more colloquial. 因為 can be placed at the beginning of the second clause, but 由於 cannot, unless it is preceded by 是. If the first clause uses 由於, then the second clause can be introduced by 所以, 因此, or 因而. However, when using 因為, the second clause can only be introduced by 所以.

練習：Exercise:

(一)請把「由於」、「所以」(「因此」、「因而」) 放在句中合適的地方。

Please place 由於 and 所以,（因此, or 因而） in the appropriate places below.

1. 健康有問題，張先生不能競選總統。

He has problems with his health. Mr. Chang cannot run for President.

→由於健康有問題，因此張先生不能競選總統。

Because he has problems with his health, Mr. Chang cannot run for President.

2. 沒有天然資源，我們只好發展農業。

....

3. 政府沒辦法控制軍隊的勢力，內戰就開始了。

....

4. 這個消息沒有新聞性，電視台不願意採用。

....

5. 傳播媒體對他們評價很高，國家劇院請他們去表演。

....

(二)請改正下面的句子。（有四種改法）

Please correct the sentence below. (There are four ways to do it.)

1. 教練把他換下來，由於他不能跟大家配合。

....

☞ 六　拿 NP 來說　　taking...... as an example

⊙就拿平劇來說，有的人編新劇本，……

Take Chinese Opera for example, there are some people writing new librettos......

用法說明：用於說話者舉例表示意見時，意思是「比方說 NP」、「用 NP 做例子」。

Explanation: This pattern is used when the speaker needs an example to help express his opinion. It means "比方說 NP (NP for example)", or "用 NP 做例子" (using NP as an example).

練習：請用「拿 NP 來說」完成下面各句。

Exercise: Please complete the sentences below using the "拿 NP 來說" pattern.

　　1. 學校的餐廳哪裡比得上這家餐廳?! <u>就拿氣氛來說，這裡羅曼蒂克多了</u>。

　　How can the school's cafeteria compare with this restaurant? Just take the atmosphere for example--this restaurant is much more romantic.

　　2. 美國人有很多習慣跟中國人不一樣，拿 <u>　　　　　</u> 來說，<u>　　　　　</u>。

　　3. 這部電影在各方面都表現得很好，拿 <u>　　　　　</u> 來說，<u>　　　　　</u>。

　　4. 有的人不能適應太乾冷的天氣，拿 <u>　　　　　</u> 來說，<u>　　　　　</u>。

　　5. 參加旅行團好處很多，拿 <u>　　　　　</u> 來說，<u>　　　　　</u>。

☞ 七　用 N 來 V　　Use N to V

⊙真沒想到莎士比亞的劇本也可以用平劇的方式來表演。

I really didn't think that Shakespeare's plays could be performed using Peking Opera.

用法說明：這個 N 是「來」後面動作 (V) 所憑藉的工具、方式或手段。「來」表示要做某事（「來」後面的動作），沒有「來」意思不變。

Explanation: The noun in this pattern is the tool, method, or means that the verb following 來 utilizes. 來, in this usage, can be translated as "to" and may be omitted.

練習：請用「用 N 來 V」把下面各題所給語詞組成句子。

Exercise: Please use the "用 N 來 V" pattern and the information below to form logical sentences.

1. 聖誕卡　聖誕樹　裝飾　也很好看　我

→我用聖誕卡來裝飾聖誕樹，也很好看。

I used Christmas cards to decorate the Christmas tree. It also looked quite nice.

2. 他　平劇的唱法　流行歌曲　唱　真有意思

3. 成績　一個人的好壞　你　決定　不可以

4. 房租　付　打工賺來的錢　有些學生

5. 錄影帶　課文的意思　了解　幫助學生　張教授

☞ 八　語助詞的用法　　the use of modal particles

（一）喔

⊙你等一下，別掛喔！

Please wait a moment. Don't hang up, okay?!

用法說明：語調高長，表示提醒對方注意。女孩子跟小孩子或是大人用小孩子語氣說話時常用。

Explanation: 喔 in this use should be spoken in a high and intended tone. It is used in imperative sentences to tell the other party to pay attention to a particular matter. It is often used by girls, young children, and adults purposely speaking in a child-like manner.

練習：請根據所給情況，用「喔」表示提醒對方注意。

Exercises: Please use 喔 to remind the listener to pay attention in the following situations.

1. 因為要看超級杯美式足球大賽的人很多，你想告訴朋友早一點去買票。

Because many people want to go see the Superbowl, you want to tell your friend to go buy tickets early.

→要看超級杯美式足球大賽的人太多，你可得早一點去買票喔！

There are too many people who want to go see the Superbowl. You had
better go buy tickets early!

2. 跟圖書館借的書明天應該還了，你告訴室友記得去還書。

．．．

3. 你告訴弟弟出門的時候一定要把門窗鎖好。

．．．

4. 聽說朋友要聚餐，你請他不要忘了通知你。

．．．

5. 你告訴姐姐的孩子做完功課才能看電視。

．．．

（二）哪

⊙ 你說多氣人哪！

Boy, was that infuriating!

用法說明：「哪」是「ㄋ」跟「啊」的合音。

Explanation: Here, 哪 is a combination between 啊 and the "n" sound at the end of
the preceding word.

練習：請念下面各句，並注意「啊」的變音。

Exercises: Read the following sentences aloud, paying special attention to the
transformation of 啊.

1. 從那麼高的地方跳下來，多好玩啊！

．．．

2. 不懂就問啊！有什麼不好意思。

．．．

3. 別吵他，他還在睡覺呢啊！

．．．

4. 你把球拿在手裡做什麼？快傳啊！

．．．

5. 他投籃投得好準啊！

．．．

課室活動

一、編故事 (Constructing a story)

　　老師在上課以前，把第十七、十八、十九課的生字寫在卡片上，一張一個生字。上課時，把學生分成兩組 (two teams, groups)，再把生字卡片發給學生，每組的卡片一樣多。請學生用他們手上的生字編一個故事，看哪一組比較快。

二、隨便談談

　　請每個學生說說自己喜歡看哪一種表演藝術，為什麼？看過的表演裡面，最好看的是哪一個？叫什麼名字？在哪裡看的？誰表演的？為什麼好看？

　　可能用到的字有：脫口秀 (talk show), 默劇 (mòjù, pantomime), 木偶戲 (mù'ǒuxì, puppet show), 歌舞劇 (musical), 話劇 (play), 舞台劇 (stage play), 特技表演 (acrobatics), 技巧 (jìqiǎo, skill, ingenuity), 操縱木偶 (cāozòng mù'ǒu, to operate a puppet), 生動 (vivid, lively), 反映 (fǎnyìng, to reflect), 人生 (human life, life), 布景 (backdrop or set in a movie or stage show), 道具 (dàojù, stage prop), 表情 (expression), 個性 (character, personality), 印象 (yìnxiàng, impression), 深 (shēn, deep)

短文

中國同學會會刊上的短文

來自臺灣的××劇團三月八日到十四日在紐約好幾分中，心演出[1]，觀眾在每場表演結束後，都起立鼓掌[3]中國文化。

這反應非常熱烈。

他們這次演出的有「紅娘」[6]、「拾玉鐲」[7]、「美猴王」[8]等。

得過獎[4]，他們主角都表演得極精彩。

不論主角、配角都表演得極精彩，舞臺、布景[9]、道具[10]、城樓梯，都是一種傳統的古典藝術，可以代表不同的人物性格[14]，服裝、打扮也有一定的[15]。

平劇[4]是一種傳統的古典藝術，可以代表不同的人物性格，服裝、打扮也有一定的是什麼樣的。

猴王[8]等。

一種桌椅的排法，可以代表不同的臉譜[13]，代表他演的是什麼樣的。

員門的唱、念、動作特別講究優美[17]，觀眾就可以知道他演的是什麼樣的。

象徵性[11]的，另外還用各種不同的排法，觀眾就可以知道他演的。

規定。所以演員一上臺，觀眾就可以知道他演的是什麼樣的。

角色。××劇團這次接受邀請[18]來美國表演，目的[19]就是把平劇介紹給西方觀眾，讓他們了解這種中國傳統藝術的特色。

我們都希望有機會再欣賞到這麼精彩的表演。

Vocabulary:

1. 演出 (yǎnchū): to perform, act out

2. 起立 (qǐlì): to stand up

3. 鼓掌 (gǔ//zhǎng): to clap

4. 平劇界 (píngjùjiè): the world of Peking Opera

5. 團員 (tuányuán): member of a group

6. 紅娘 (hóngniáng): "Hong Niang," name of a Peking opera

7. 拾玉鐲 (Shí//yùzhuó): "Picking Up a Jade Bracelet," name of a Peking opera

8. 美猴王 (Měihóuwáng): "The Dashing Monkey King," name of a Peking opera

9. 布景 (bùjǐng): scenery, backdrop

10. 道具 (dàojù): props

11. 象徵性 (xiàngzhēngxìng): symbolic qualities

12. 城門 (chéngmén): city gate

13. 臉譜 (liǎnpǔ): traditional facial designs for characters in Peking Opera

14. 人物 (rénwù): character

15. 性格 (xìnggé): character, personality

16. 講究 (jiǎngjiù): to be particular about

17. 優美 (yōuměi): beautiful, graceful

18. 邀請 (yāoqǐng): invitation

19. 目的 (mùdì): purpose

第二十課

小心壞習慣

·戒煙宣導海報（董氏基金會提供）

·反毒海報（衛生署提供）

（宿舍裡）

偉立：欸，幫個忙，把你的臭襪子拿走，好不好？

建國（躺在床上）：對不起，我起不來。麻煩你先倒杯水給
　　　　我。我喉嚨好乾，頭也痛得受不了。

偉立：好吧，誰叫我跟你住一個房間呢？！（倒水給建國）你昨

天晚上到底喝了多少酒？怎麼醉成這樣？

建國：我不知道。我只記得他們有一大桶啤酒，我就**一杯接著**
　　　一杯，不停地喝，喝**著**喝**著**頭**就**開始暈**了**。我想回來，
　　　可是一出門就吐了，差一點吐在欣欣[1]的裙子上。後來
　　　也不知道是怎麼走回來的。

偉立：誰開的派對[2]？

建國：我也不清楚是誰開的，反正欣欣要去，我就跟著去了。
　　　現在頭這麼痛，真後悔喝了那麼多酒。

偉立：你活該[3]。下次不敢了吧？

建國：不敢了。欸，昨天晚上有人抽大麻菸，他們也叫我抽抽
　　　看，我好想試試，不過最後還是沒敢抽。

偉立：嗯，大麻，還是少碰比較好，長時間吸食，對身體的傷
　　　害很大。還有古柯鹼更不能碰，這種東西很危險，萬一
　　　上了癮就麻煩了。

建國：我媽、我老師也都這麼說，既然大家都知道，為什麼還
　　　有這麼多人吸毒呢？

偉立：我想有的人可能是**受**了壞朋友**的影響**，慢慢地就上了
　　　癮。有的人開始的時候，也許只是好奇，後來發現可以
　　　逃避現實，減輕壓力，想戒就難了。

建國：減輕壓力難道沒有別的辦法嗎？

偉立：要是能找個人說說心裡的話，感覺就會好一點。

建國：這麼說，我應該感謝常有人願意聽我抱怨嘍？

偉立：你總算明白了。起來刷牙、洗臉吧！洗個澡會舒服一點兒。

※　　　※　　　※　　　※　　　※　　　※

（在餐廳）

偉立：（端著盤子）嗨！李平，好久沒見了。

李平：是啊！這裡坐吧！最近好嗎？

偉立（坐下）：我還不錯，建國可不好。

李平：他怎麼了？怎麼沒來吃午飯？

偉立：昨天晚上喝了太多酒，到現在還在頭痛呢！

李平：他喝酒了？**按照**你們法律**的規定**，不是二十一歲**以上**才可以喝酒嗎[4]？

偉立：規定**是**規定，**可是**總有人不遵守啊！而且很多人以為啤酒不是酒，喝一點沒關係。

李平：可是他為什麼喝那麼多呢？是不是有什麼問題？

偉立：那倒不是。他大概因為剛交了女朋友，一高興，就喝多了。他只是喝醉了，聽說別人還抽大麻呢！

李平：真的?! 沒想到建國會參加這樣的派對。美國大學生吸毒的情形嚴重嗎？

偉立：我想這得看地區，有些高中的情形比大學嚴重。臺灣呢？

李平：這兩年，吸毒的青少年比以前多了[5]。聽說有一種毒品叫安非他命，吸食以後精神很好，可以不睡覺。

偉立：我以為吸毒的人是為了逃避現實，暫時快樂一下。怎麼會有人**為了**不想睡覺**而**吸毒呢？

李平：要是能不睡覺，不是可以多做些事，多賺些錢嗎[6]？其實最可怕的還是黑社會的人，不但販毒，還用毒品控制青少年，逼他們去犯罪。

偉立：**唉**！這真是一個世界性的大問題，政府應該趕快想辦法把那些販毒的人抓起來，免得他們害更多的人。

李平：是啊！這個問題，家庭、學校、社會也有責任，應該一起來解決。

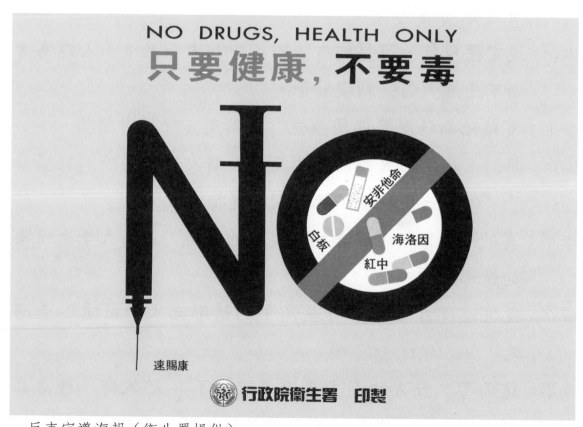

· 反毒宣導海報（衛生署提供）

生詞及例句

1. 臭 (chòu)　　　　*SV*: to have a smelly, stinking, foul odor
   ⑴ 冰箱壞了，裡頭的肉都臭了。
   ⑵ 他運動回來不洗澡，好臭啊！

2. 襪子 (wà·zi)　　　　*N*: socks, stockings（M：隻／雙）
   褲襪 (kùwà)　　　　*N*: panty hose（M：雙）

3. 倒 (dào)　　　　*V*: to pour, to dump out
   ⑴ 客人來了，你陪客人說話，我去倒茶。
   ⑵ 這些菜兩三天了都沒人要吃，倒了吧。

4. 喉嚨 (hóu·lóng)　　　　*N*: throat

5. 痛 (tòng)　　　　*N/SV*: pain, ache / to be painful
   ⑴ 奇怪，他捏我的時候，怎麼一點痛的感覺都沒有？
   ⑵ 這雙鞋太緊了，害我腳好痛。

6. 醉 (zuì)　　　　*SV*: to be drunk, inebriated
   她喝了兩瓶酒以後，又唱又笑，我看大概是醉了。

7. 桶 (tǒng)　　　　*M*: (for pail, bucket, barrel, keg)
   他把那桶水倒在地上了。

8. 啤酒 (píjiǔ)　　　　*N*: beer（M：杯／瓶／罐／桶）

9. 暈 (yūn)　　　　*SV*: to be dizzy, faint
   這些孩子吵得我頭都暈了。
   暈車 (yūnchē)　　　　*V*: to get carsick
   暈船 (yūnchuán)　　　　*V*: to get seasick
   暈機 (yūnjī)　　　　*V*: to get airsick
   你會暈機，上飛機以前先吃包藥吧。

10. 吐 (tù)　　　　*V*: to vomit, throw up, regurgitate
    ⑴ 他暈車，來不及走到洗手間就吐了。
    ⑵ 他說老闆的禿頭很迷人，我聽了真想吐。
    吐 (tǔ)　　　　*V*: to spit

口香糖不能吃下去，一定要吐出來。

11. 裙子 (qún·zi)　　N: skirt（M：條）

迷你裙 (mínǐqún)　　N: miniskirt（M：條）

12. 派對 (pàiduì)　　N: "party," social gathering

這個禮拜五晚上，我要開個派對，你有空來嗎？

13. 活該 (huógāi)

IE: to serve someone right, to bring something upon oneself

那個裁判不公平，才被觀眾罵的，他活該！

14. 抽大麻菸 (chōu//dàmáyān)

VO: to smoke marijuana cigarettes

抽 (chōu)　　V: to smoke, inhale

他給我一根大麻菸，我抽了一口，就不敢抽了。

大麻菸 (dàmáyān)　　N: marijuana cigarettes

抽菸／吸菸 (chōu//yān/xī//yān)

VO: to smoke a cigarette

我認為吃飽以後抽根菸，是最快樂的事。

菸（煙，烟）(yān)

N: cigarette（M：根／枝／包／條）

15. 最後 (zuìhòu)　　A/DEM: finally, in the end / the very last

⑴上半場他表現一直不好，最後教練只好把他換下來了。

⑵很多學生寫報告都是到了最後一天才開夜車趕完。

16. 吸食 (xīshí)　　V: to take in, to consume (for narcotics)

吸 (xī)　　V: to inhale, breathe in

太極拳老師說：「大家先吸一口氣，然後再慢慢地吐出來。」

吸管 (xīguǎn)　　N: a straw（M：根）

17. 毒品 (dúpǐn)　　N: narcotics, narcotic drugs

哪一種毒品，吸食的人最多？

毒 (dú)　　N/SV: poison / to be poisonous

這種花有毒，碰了以後，皮膚會爛，你要小心。

毒死 (dú//sǐ)

RC: **to poison to death, to die by poisoning**

　　我們家的狗吃了小偷丟進來的毒藥，就被毒死了。

　吸毒 (xī//dú)　　　*VO*: **to take narcotics**

　　他因為吸毒，所以身體才越來越弱。

18. 傷害 (shānghài)

　N/V: **injury, harm / to injure, to harm, to hurt**

　　⑴常常打罵孩子，對孩子的心理有很大的傷害。

　　⑵做太激烈的運動，會傷害身體。

　傷 (shāng)

　V/N: **to wound, to injure, to hurt / a wound, an injury**

　　⑴你拿刀子的時候要小心，別傷了手。

　　⑵她常常洗東西，所以手上的傷很久才好。

19. 危險 (wéixiǎn)　　　*N/SV*: **danger / to be dangerous, perilous**

　　⑴如果你怕危險，就不要跟我們去坐雲霄飛車。

　　⑵快下來！站得那麼高，太危險了！

20. 上癮 (shàngyǐn)

　VO: **to become addicted; to become obsessed**

　　他打麻將本來只是好玩，後來上癮了，一天不打就難過。

21. 影響 (yǐngxiǎng)　　　*V/N*: **to influence, to affect / influence**

　　老師上課的態度很容易影響學生學習的興趣。

　受……X……(的)影響 (shòu......X......(de) yǐngxiǎng)

　PT: **to be influenced by X ; to be affected by X**

　　今年的西瓜受氣候的影響，都不太甜。

　對……X……(的)影響 (duì......X......(de) yǐngxiǎng)

　PT: **the influence upon X; the effect upon X**

　　環境對人的影響真大，他搬到這兒來以後，變了很多。

22. 好奇 (hàoqí)　　　*SV*: **to be curious**

　　小孩子都很好奇，看到什麼都要問。

　好奇心 (hàoqíxīn)　　　*N*: **curiosity**

　　他對什麼都沒興趣，是不是因為沒有好奇心？

23. 逃避 (táobì)　　*V*: to evade, shun, shirk, escape

有些人一碰到困難就想逃避。

逃 (táo)　　*V*: to escape

打仗的時候，大家都逃到鄉下去了。

逃走 (táozǒu)　　*RC*: to run off, flee, escape

警察從前門進來，小偷就從後門逃走了。

24. 現實 (xiànshí)

N/SV: reality / to be realistic, practical; opportunistic

⑴理想跟現實總是差得很遠。

⑵我覺得他很現實，對他有好處的事情，他一定參加；得不到好處的話，怎麼請都不來。

25. 減輕 (jiǎnqīng)　　*V*: to ease, alleviate, mitigate, lighten

他的病減輕了不少，這個藥真有用。

減 (jiǎn)　　*V*: to subtract

七減三是四。

減少 (jiǎnshǎo)

V: to reduce, cut down, lessen, decrease

今年暑期班的學生比去年減少了三分之一。

26. 戒 (jiè)　　*V*: to give up, stop, drop (a bad habit)

他到那家醫院去戒毒，順便也戒酒。

27. 感謝 (gǎnxiè)　　*V*: to thank, express gratitude

你們這麼熱心幫忙，我真的很感謝。

28. 抱怨 (bàoyuàn)

V: to complain, grumble, express dissatisfaction

學生總是抱怨功課太多，考試太難。

29. 刷牙 (shuā//yá)　　*VO*: to brush ones teeth

刷 (shuā)　　*V*: to brush

我吃了東西以後一定刷牙，所以一天要刷好幾次。

牙（齒）(yá(chǐ))　　*N*: tooth（M：顆 kē）

牙刷 (yáshuā)　　*N*: tooth brush（M：把）

刷_{ㄕㄨㄚ}子^ˇ(shuā·zi)　　*N*: brush（**M**：把）

這把刷子是刷衣服的，你別拿去刷鞋。

30.按_{ㄢˋ}照_{ㄓㄠˋ}(ànzhào)

　V: **according to, in accordance with, on the basis of, in light of**

　　⑴按照他的說法，世界上沒有一個地方是安全的。

　　⑵你不會演沒關係，只要按照導演的意思做就行了。

31.法_{ㄈㄚˇ}律_{ㄌㄩˋ}(fǎlǜ)　　*N*: **law**

　律_{ㄌㄩˋ}師_ㄕ(lǜshī)　　*N*: **lawyer**

　　我不懂法律，這事得請教律師才行。

32.以_ˇ上_{ㄕㄤˋ}(yǐshàng)

　PT: **more than, over; the above mentioned**

　　⑴考試成績八十五分以上，才可以申請獎學金。

　　⑵老師下課以前問：「以上我說的，你們都明白了嗎？」

33.遵_{ㄗㄨㄣ}守_{ㄕㄡˇ}(zūnshǒu)　　*V*: **to abide by, comply with, adhere to**

　　這裡不可以抽菸，你為什麼不遵守公司的規定呢？

34.青_{ㄑㄧㄥ}少_{ㄕㄠˋ}年_{ㄋㄧㄢˊ}(qīngshàonián)　　*N*: **teenager, juvenile, youth**

　　十幾歲的青少年應該是很活潑、快樂的。

35.暫_{ㄓㄢˋ}時_{ㄕˊ}(zhànshí)　　*A*: **temporarily, for the time being**

　　他暫時住在旅館，等找到合適的房子就搬家。

36.可_{ㄎㄜˇ}怕_{ㄆㄚˋ}(kěpà)

　SV: **to be dreadful, frightening, fearsome, terrible**

　　他喝醉了，還開快車，真可怕。

37.黑_{ㄏㄟ}社_{ㄕㄜˋ}會_{ㄏㄨㄟˋ}(hēishèhuì)

　N: **the underworld, the world of crime and Mafia**

　　他參加義大利黑手黨 (Mafia) 以後，就跟黑社會的人離不開了。

38.販_{ㄈㄢˋ}毒_{ㄉㄨˊ}(fàn//dú)

　VO: **to traffic in narcotics, deal in narcotics**

　　我一直奇怪他為什麼會吸毒，原來他哥哥是販毒的。

販賣(fànmài)　　*V*: **to deal in, to sell, to peddle**

自動販賣機 (zìdòng fànmàijī)

V: **vending machine**

要是你渴了，就到那個自動販賣機去買杯飲料吧。

39. 逼 (bī)　　*V*: **to force, compel**

他不願意說，你怎麼逼他都沒有用。

40. 犯罪 (fàn//zuì)

VO: **to commit a crime or an offense, to sin**

信回教 (Islam) 的人認為吃豬肉就是犯罪。

犯法 (fàn//fǎ)　　*VO*: **to violate or break the law**

販賣人口是犯法的。

犯錯 (fàn//cuò)　　*VO*: **to err, to make a mistake**

這個字的發音，我已經給你改過好幾次了，你怎麼還是犯一樣的錯？

41. 抓 (zhuā)　　*V*: **to grab, to grasp; to arrest, seize, catch**

(1)警察都出去抓那個搶錢的人了。

(2)我小的時候，常跟哥哥在河裡抓小魚。

(3)他抓了一把糖給孩子，叫他們出去玩。

(4)他的鼻子是被狗抓破的。

(5)她怕得一直抓著我的手。

42. 家庭 (jiātíng)　　*N*: **family, household**

爸爸媽媽都愛我，我很幸運有這麼一個溫暖的家庭。

43. 解決 (jiějué)　　*V*: **to resolve, settle**

這件事情太複雜了，我沒辦法解決。

歎詞 Interjections

1. 唉 (·ai)

I: **(a sigh showing disappointment, discontent, sadness, regret)**

唉！什麼時候我的錢才夠買車啊！

專有名詞 Proper Names

1. 欣欣 (xīnxīn)　　a girl's first name
2. 古柯鹼 (gǔkējiǎn)　　cocaine
3. 安非他命 (ānfēitāmìng)　　amphetamines

注釋

1. 欣欣 is a first name, made by repeating one syllable. See Note 7 in Lesson 11. This type of name is typically given to boys and girls in early childhood as a nickname used by family and friends. Girls, however, are sometimes given such a name as their official name which they retain throughout life .

2. 派對 is the transliteration of "party." There is actually no precise counterpart in Chinese for the general term "party" because the Chinese have not traditionally held such informal gatherings.

3. "你活該！" means "You deserve it." "It serves you right." This is used when one feels little compassion for someone's suffering because it results from something he/she has done him/herself.

4. "不是二十一歲以上才可以喝酒嗎？" In the U. S., the minimum drinking age varies from state to state. The Taiwan Juvenile Welfare Act (少年福利法, Shàonián Fúlìfǎ), passed in January 1989 , stipulates that persons under 18 years of age are not allowed to consume alcohol.

5. "這兩年吸毒的（臺灣）青少年比以前多了。……" "In these last two years, the number of youths using drugs has increased." During the seventies and early eighties, quite a few juveniles in Taiwan sniffed glue as a means of getting "high." The late eighties witnessed the introduction of amphetamine drugs. Now, the number of heroin (海洛因 hǎiluòyīn) users is also increasing. Morphine (嗎啡 mǎfēi), "coke" and "crack (快克) " are still more difficult to get in Taiwan. Reasons for drug abuse include a desire

to escape daily pressures, to increase one's level of energy, to help one stay awake for studying or to help one stay awake while playing video games.

6. "不睡覺不是可以多做些事，多賺些錢嗎？" Some gamblers, truck drivers, and other late night workers may take amphetamines in order to stay awake.

文法練習

☞ 一 ― M 接著 ― M　　one M after another

⊙我就一杯接著一杯，不停地喝，……

I just drank one cup after another without stopping......

用法說明：「接著」是「繼續」的意思，「一 M 接著一 M」表示「一 M 以後馬上繼續另外一 M」。如果有動詞，應該放在後面。第十五課的「一 M 一 M 地」並不強調「繼續不斷」。第十二課的「一連」則必需說出數量的總和。

Explanation: 接著 means the same as 繼續 (to continue). "一 M 接著一 M" indicates that after one M another M immediately follows. If a verb is used, it should be placed after this phrase. This pattern differs from "一 M 接著一 M" (see Ch. 15) in that "一 M 接著一 M" does not emphasize the unceasing repetition of the action. "一 M 接著一 M" also differs from 一連 (see Ch. 12) in that 一連 requires that a specific total measure be stated.

練習：Exercises:

㈠請用「一 M 接著一 M」完成下面各句。

Please complete the sentences below using the "一 M 接著一 M" pattern.

1.他真愛出鋒頭，我們請他唱歌，他就一首接著一首地唱了半天，還不願意下臺。

He really loves to be in the limelight. We asked him to sing, so he spent

half the night singing one song after another without stopping, and he still
wasn't willing to get off of the stage.

2. 這條路上的車真多，＿＿＿＿＿＿＿＿，要過去可真不容易。

3. 我爸爸每天上午要看二、三十個病人，＿＿＿＿＿＿＿＿，連喝
杯水的時間都沒有。

4. 小王吃蛋糕總是＿＿＿＿＿＿＿＿，吃個不停，難怪這麼胖。

5. 張先生常抱怨他太太愛買衣服，雖然不需要，卻＿＿＿＿＿＿＿
地買。

(二)請改正下面的句子。

Please correct the sentences below.

1. 大家排隊！不要擠，不要搶，一連地來。

．．

2. 他說這個啤酒好喝，一罐一罐地喝個不停。

．．

3. 最近天氣真不好，一天接著一天下了五天的雨。

．．

☞ 二 V₁ 著 V₁ 著，就 V₂ 了

⊙ 喝著喝著，頭就開始暈了。

I was drinking along, and then without notice I started to get dizzy.

用法說明：表示 V₁ 正在進行時，不知不覺 V₂ 就出現了。

Explanation: This pattern shows that, just as V₁ was in progress, V₂ followed
naturally and without control.

練習：請用「V₁ 著 V₁ 著，就 V₂ 了」把下面各題所給提示組成句子。

Exercise: Please use the "V₁ 著 V₁ 著，就 V₂ 了" pattern and the information below
to form logical, coherent sentences.

1. 老李喝醉了，走路回家（在街上躺下）

→老李喝醉了，走路回家，<u>走著走著就在街上躺下了</u>。

Old Lee got drunk and walked home. As he was walking along he suddenly laid down on the street.

2. 我跟朋友談話（天黑）

....

3. 王小姐跟我說她的遭遇（哭）

....

4. 我媽看電視（睡著）

....

5. 他們兩個人吵了半天（打起來）

....

☞ 三 V V 看

try V

⊙他們也叫我抽抽看，……

They told me to try smoking it,......

用法說明：「看」在重疊的動詞後面，表示「嘗試」。此 V 多為單音節。V 後面有 O 也可以。

Explanation: 看 when placed after a repeated verb, means to give something a try. The repeated verb is usually a single syllable verb. This verb can also be followed by an object.

練習：請用「V V 看」完成下面句子。

Exercise: Please use "V V 看" to complete the sentences below.

1. 王小姐不答應跟我約會，你幫我<u>想想辦法看。</u>（請用「想辦法」）

Miss Wang won't agree to go on a date with me. Help me try to think of a solution.

2. 這卷錄音帶借我_____，好聽的話，我也去買一卷。

3. 你的錄音機壞了嗎？我來_____，也許還能用。

4. 下禮拜我們聚餐，不知道小王能不能來，你_____。（請用「連絡」）

5. 我們這種牙刷保證好用，你_____就知道了。

☞ 四 受（到）N / PN / NP 的影響
to receive influence from N / PN / NP

⊙ 我想有的人可能是受了壞朋友的影響，……

I think some people may have been influenced by bad friends,......

用法説明： 表示 N / PN / NP 對「受（到）」前面的主語起了作用。這個句型有被動的意味。

Explanation: This pattern shows that the N/PN/NP influences the subject that precedes 受（到）. This pattern gives the tone of a passive voice.

練習： 請把下面各句改成「受（到）N / PN / NP 的影響」的句子。

Exercise: Please rewrite the sentences below using the pattern "受（到）N/PN/NP 的影響"。

1. 他父親對戲劇很有研究，所以他在大學也學戲劇。

   His father has done much research in the area of drama, so he also studied drama in college.

   →他在大學學戲劇，是受了他父親的影響。

   He studied drama in college because he was influenced by his father.

   →他受了他父親的影響，才在大學學戲劇的。

   He was influenced by his father, so he studied theater in college .

2. 天氣會影響投票的情形。

   ....

3. 菜價這麼高，是因為颱風的關係。

   ....

4. 環境很容易影響一個人。

   ....

5. 他的改變完全是因為看了這本書。

   ....

☞ 五 按照 NP 的規定……
according to NP's rules/regulations

⊙按照你們法律的規定，不是二十一歲以上才可以喝酒嗎？

According to your laws, don't you have to be at least 21 before you are allowed to consume alcohol?

用法說明：「規定」後面是 NP 所定的必需遵從的規矩或要求。

Explanation: Following 規定 is a description of a rule or requirement established by NP.

練習：請用「按照 NP 的規定……」回答下面問題。

Exercise: Please use the "按照 NP 的規定……" pattern to answer the questions below.

1. 我能不能把這杯咖啡帶進去？

Can I take this cup of coffee inside?

→按照圖書館的規定，不能帶飲料進去。

According to the rules of the library, beverages cannot be taken inside.

2. 在辦公室可不可以抽菸？

....

3. 滿六歲的孩子非上學不可嗎？

....

4. 補交作業會不會扣分？

....

5. 你媽說你應該幾點鐘回家？

....

☞ 六

（Ⅰ）N/NU-M 以上　　N/NU-M and up / over

⊙按照你們法律的規定，不是二十一歲以上才可以喝酒嗎？

According to your laws, don't you have to be at least 21 before you are allowed to consume alcohol?

用法說明：「以上」表示「超過」或「高於」某一點。其範圍包括此「某一點」，除非另有說明。名詞不能是單音節。

Explanation: 以上 indicates a state of "surpassing" or "being greater" than a given point. Unless there is further explanation to the contrary, the scope or range of "N/NU-M 以上" includes the stated point. The N cannot be a single syllable noun.

練習：請用「N/NU-M 以上」完成下面各句。

Exercise: Please complete the sentences below using "N/NU-M 以上"。

        1. 今年的舞蹈比賽<u>高中</u>以上的學生才能參加。

        Only students in high school and older can participate in this year's dance contest.

        2. 按政府規定_____以上才可以看限制級的片子。

        3. 他們這次心理學考試_____以上才算及格。

        4. 那個地區都是_____以上的高原，不適合發展農業。

        5. 這場熱門音樂演唱會，賣出的票大概有_____以上。

（II）以上　　the aforementioned, the above

用法說明：「以上」單用，代表「說話者剛才所說的一切」，用法類似名詞。

Explanation: When 以上 is used alone, it refers to everything that the speaker has just said and is treated like a noun.

練習：請把「以上」放在句中合適的地方。

Exercise: Please fill in the blank with 以上.

        1. 抽菸又花錢又會上癮，不但會傷害自己的身體，而且對別人的健康也有影響。這些就是我對抽菸的看法。

        Smoking is a waste of money and it's addictive. Not only does it harm your own health, but it also has an effect on other people's health. _____ is how I feel about smoking.

（III）以下、以內、以外、以東、以西、以南、以北

用法說明：這些方位詞用法與「以上」一樣，前面可用 N 或 NU-M。

Explanation: The usage of these localizers is the same as 以上. They may be preceded by a N or NU-M.

練習：請填上合適的方位詞。

Exercise: Please fill in the blanks with the appropriate localizer.

    1. 今天氣溫已經低到零度<u>以下</u>，所以下雪了。

        The temperature today has already dropped below zero, so it's snowing.

    2. 他的公司很小，只做紐約市＿＿＿＿＿的生意，別的城市的生意都不做。

    3. 那個價錢對我來說太貴了，五十塊＿＿＿＿＿我才買得起。

    4. 這個湖＿＿＿＿＿的地方，中國人叫湖南省，＿＿＿＿＿叫湖北省。

    5. 老師要求我們在半小時＿＿＿＿＿做完這個實驗，要不然就扣分。

    6. 我只把大門裡面弄乾淨了，大門＿＿＿＿＿的，我就不管了。

    7. 洛磯山 (Rocky Mountains)＿＿＿＿＿的平原比較大，＿＿＿＿＿的平原小多了。

☞ 七 N 是 N，可是……

Although it is true that N is N, however……,

⊙規定是規定，可是總有人不遵守啊！

Though rules are rules; but there are always some people who don't obey them.

用法說明：「是」前後的詞一樣，表示讓步，有「雖然」的意思。所以第二短句句首常用「可是」、「但是」。

Explanation: The words preceding and following 是 are the same. This pattern can be translated using "although" and begins with a qualified statement which often carries a tone of concession. Thus, the second clause often begins with 可是 or 但是.

練習：請用「N是N，可是……」完成下面對話。

Exercise: Please complete the dialogues below using the "N 是 N，可是……" pattern.

    1. 張：你們是好朋友，錢還算得這麼清楚啊？

Chang: You are good friends. And yet you insist on settling money

matters so precisely?

李：<u>朋友是朋友，可是錢一定要算清楚的</u>！

Lee:Although we are friends, money matters still must be settled

precisely!

2. 張：你是這部電影的主角，為什麼你在電影裡的話不多？

李：<u>主角是主角，可是</u>   。

3. 張：烤肉都一樣啊，你為什麼非吃蒙古烤肉不可？

李：<u>烤肉是烤肉，可是</u>   。

4. 張：你剛剛吃的是點心，吃不飽的，再吃點飯吧！

李：<u>點心是點心，可是</u>   。

5. 張：你父親是軍人，為什麼沒看過他穿軍人的衣服？

李：<u>軍人是軍人，可是我爸爸</u>   。

☞ 八   為了……而……   to do something for the purpose of

⊙怎麼會有人為了不想睡覺而吸毒呢？

How could there be people who take drugs in order to keep from sleeping?

用法說明：「為了」後面是目的或目的物，「而」是連詞，有「所以」、「就」

的意思。多用於書面或較正式的場合。請參看第十課及第十七課句

型。

Explanation: Preceding 為了 is a purpose or target. 而 serves as a conjunction and

means "therefore" or "thus". This is a relatively formal pattern, and is

usually used in writing or more formal settings. Please refer to Chs. 10

and 17 for similar patterns.

練習：請用「為了……而……」改寫下面各句。

Exercise: Please use the "為了……而……" pattern to rewrite the following

sentences.

1. 他戒菸是為了女朋友，並不是為了身體健康。

He quit smoking for his girlfriend, not for health reasons.

→他並不是為了健康而戒菸，是為了女朋友才戒的。

He didn't quit smoking for health reasons. It was only because of his girlfriend that he quit.

2. 我們改變表演方式是為了讓年輕觀眾也能欣賞平劇。

....

3. 誰都不可以因為想減輕壓力而吸毒。

....

4. 有不少女人放棄自己的工作是因為家庭的關係。

....

5. 他們想要過民主自由的生活，就推翻了原來的政府。

....

☞ 九 歎詞「唉」的用法　　The use of Interjection 唉

⊙唉！這真是一個世界性的大問題。

用法說明：「唉」表示歎息、惋惜或哀傷，語調低降、舒緩。

Explanation: 唉 indicates a sigh of regret or sadness. The tone should descend and gradually soften.

練習：請根據所給情況，用「唉」表示歎息、惋惜或哀傷。

Exercise: Please use 唉 to express a sigh of sadness or regret appropriate to the following situations.

1. 你聽說門口那個孩子，才兩歲父母都死了。

You hear that the child over by the doorway was orphaned when merely two years old.

→唉！真可憐！才兩歲就沒有了父母。

Ah! How sad! Only two years old, and he has no mother or father.

2. 你排隊買票，輪到你，票正好賣完了，你覺得很倒楣。

....

3. 你忙了一天，現在總算可以休息了。

....

4. 你覺得很可惜，因為錯過了一個很好的機會。

....

課室活動

一、Role playing:

　　找三個學生來表演。一個演高中學生，一個演學生的父或母，一個演社會工作者 (social worker)。這個父親或母親發現孩子吸毒，不知道怎麼辦，先去跟社會工作者談了一談，然後回家跟自己的孩子談，想要幫助他戒毒。請表演這兩段 (duàn, measure for paragraphs, sections, a period of time etc.) 對話 (dialogue, conversation)。

　　可能用到的字有：期望 (expectation), 拒絕 (jùjué, to refuse, turn down, reject), 犯毒癮 (revert to drugging, have a urge to drug), 溝通 (gōutōng, to communicate, communication), 忽略 (hūlüè, to neglect, overlook), 菸毒勒戒所 (yāndú lèjièsuǒ, drug rehabilitation center), 這輩子 (zhè bèi·zi, this life, ones lifetime), 忍耐 (rěnnài, to restrain oneself, to endure, to be patient)

二、辯論 (biànlùn, to debate)

　　把學生分成兩隊，給他們一些時間準備。辯論的題目是：二十一歲才能喝酒的規定合理嗎？

　　可能用到的字有：必要 (necessity), 能力 (ability, capability), 行為 (xíngwéi, behavior, conduct), 管理 (to manage, control, handle), 檢查 (jiǎnchá, to check, examine), 身分證明 (certificate of I. D.), 闖禍 (chuǎng//huò, to get into trouble, cause trouble)

短文

老張的壞習慣

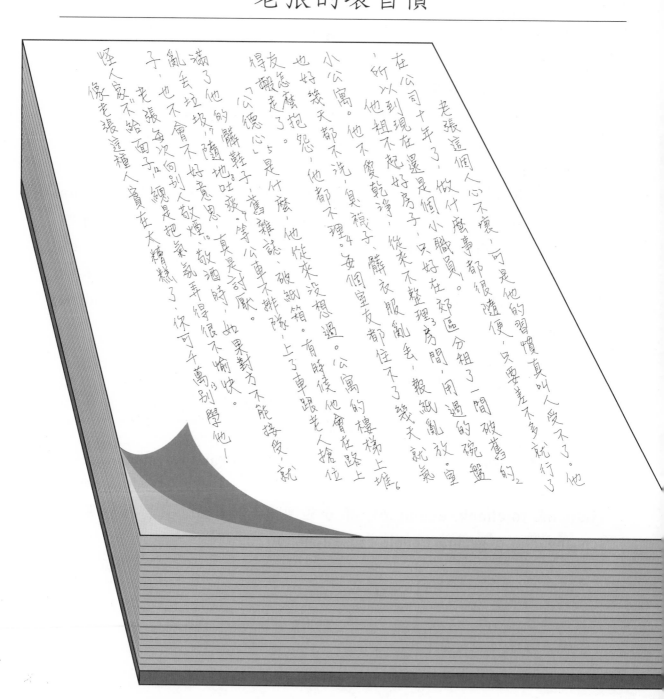

老張這個人心不壞，可是他的習慣真叫人受不了。他在公司十年了。做什麼事都很隨便，只要差不多就行了。他所以到現在還是個小職員。他租不起好房子，只好在郊區分租了一間破舊的小公寓。他不愛乾淨，從來不整理房間，用過的碗盤亂放，氣也好幾天都不洗，臭襪子、髒衣服亂丟，報紙亂放，過幾天就髒得醺怎麼走了。他的室友都住不了幾天就氣得搬走了。

公寓的樓梯上堆滿了他的髒鞋子、舊雜誌、破紙箱。有時候他會在路上亂丟垃圾，隨地吐痰。等公車不排隊，上了車跟老人搶位子，也不會不好意思。「公德心」是什麼，他從來沒想過，真是討厭。

老張每次向別人敬煙、敬酒時，如果對方不能接受，就怪人家不給面子，總是把氣氛弄得很不愉快。

像老張這種人，實在太糟糕了，你可千萬別學他！

Vocabulary:

1.職員 (zhíyuán): clerk, employee

2.破舊的 (pòjiù·de): old and dilapidated

3.整理 (zhěnglǐ): to tidy up

4.理 (lǐ): to pay attention

5.公德心 (gōngdéxīn): social conscience

6.堆(duī): to pile up

7.垃圾 (lèsè): trash, garbage

8.隨地 (suídì): any where, everywhere (used for negative situations)

9.吐痰 (tǔ//tán): to spit

10.敬煙 (jìng//yān): to respectfully offer a cigarette to someone

11.人家 (rénjiā): others, people

12.面子 (miàn·zi): honor, "face"

13.千萬 (qiānwàn): be sure to......, by all means

第二十一課

感情的事

· 街頭情侶（吳俊銘攝）

（謝美真、陳台麗的房間）

美真：好了，別哭了，也許事情沒有你想的那麼嚴重。

台麗：我妹妹親眼看見的，他跟一個女的手拉著手在公園散步，還會錯嗎？

美真：你妹妹看清楚了嗎？說不定是長得像你男朋友的人。

台麗：我們在一起兩年了，他常來我們家，我妹妹不會看錯
　　　的。

美真：既然兩年了，你應該很了解他，怎麼對他沒信心呢？

台麗：我就是太了解他了，才這麼沒信心，果然我走了才半
　　　年多，他就交了新的女朋友了。（哭）真可惡！

美真：我覺得你還是應該先問清楚比較好。

台麗：**有什麼好**問**的**?! 我對他那麼好，他卻騙我，不如分手算
　　　了。

美真：你還是給他一個解釋的機會吧，也許是誤會呢！

台麗：這不是第一次了，一年前也發生過同樣的事，他求了我
　　　半天，我就心軟了，原諒了他。這次他說什麼我都不相
　　　信了。

美真：真的?! 原來他這麼花[1]！那你為什麼還這麼愛他？

台麗：我們個性跟興趣都差不多，他很懂女孩子心理，口才也
　　　好。而且他又長得那麼帥。

美真：難怪你這麼傷心。**可是話說回來**，如果你老是擔心他會
　　　變心，不是也很痛苦嗎？太不值得了！**再說**你這麼聰明
　　　漂亮，個性又溫柔，還怕沒有人愛嗎？我就知道好幾個
　　　人對你有意思[2]。

台麗：我**再也**不要談戀愛**了**，太痛苦了！

（敲門聲）

美真：有人來了，我去開門，也許是高偉立。（開門）

一

美真：哎喲，高偉立，這麼大的雨，你怎麼不打把傘？

偉立：我出門的時候，雨很小，**誰知道**會越下越大呢？

美真：快進來！我拿條毛巾給你擦擦。（拿毛巾來）

偉立：（接過毛巾擦頭）台麗呢？她答應幫我看作文的[3]。

美真：她在房裡。作文，我幫你看吧！她今天心情不好。

偉立：怎麼啦？

美真：感情上的問題。

偉立：那我不打擾她了，我的作文就麻煩你了。

※　　　　※　　　　※　　　　※　　　　※　　　　※

（圖書館門口）

偉立：台麗這兩天心情好點了沒有？

美真：我一直勸她想開一點，現在好多了。

建國：還好有你安慰她、支持她。

美真：朋友嘛[4]！應該的。你們放心，失戀雖然痛苦，可是她
　　　不會自殺的。

偉立：上星期報上有個新聞，你們看到沒有？有個女的沒結婚
　　　就懷了孕，男朋友卻變心了，她一生氣，就把男朋友殺
　　　了，後來自己也自殺了。

建國：她真想不開。可以去墮胎啊，何必非殺人不可呢？

美真：是啊！可是我不同意墮胎[5]。**即使**能墮胎，對母親**也**是
　　　很大的傷害。我雖然不是很保守的人，可是還是不太能
　　　接受未婚懷孕的事。

偉立：墮胎這個問題很複雜，**與其**墮胎，**不如**避孕。

美真：不跟你們聊了，我要去看書了，再見。（進圖書館）

建國：再見。偉立，要是你的女朋友懷孕了，你怎麼辦？

偉立：我可是受過性教育的，才不會糊裡糊塗地跟人上床[6]。
　　　我也不要我的女朋友做未婚媽媽。

建國：未婚媽媽的問題還好解決，要是得了傳染病，就麻煩
　　　了。

偉立：所以才有那麼多「請用保險套」的宣傳啊[7]！

· 請用保險套（第三屆學生聲援
　防治愛滋病系列　泰北高中林
　貞夆繪）
（海報上的文字，亦可為「愛滋
　不報到，使用保險套」之意）

無聊

生詞及例句

1. 親眼 (qīnyǎn)　　*A*: with one's own eyes

你沒有親眼看見，怎麼能說他偷了你的錢？

親口 (qīnkǒu)

A:(of words, etc.) right from one's own mouth, to personally say something

他要出國是他親口告訴我們的，一定不會錯。

親耳 (qīn'ěr)　　*A*: (to hear) with one's own ears

親手 (qīnshǒu)

A: with one's own hands, in person, personally

這件夾克是我媽親手做的。

親自 (qīnzì)　　*A*: personally, in person

這個東西，你不要叫別人來拿，你親自來，我才給你。

2. 信心 (xìnxīn)　　*N*: confidence, faith

這種事，我沒什麼經驗，能不能成功，我沒有信心。

3. 可惡 (kěwù)　　*SV/IE*: to be hateful, detestable, abominable

他不來，也不打個電話告訴我們，害我們一直等，真可惡。

4. 騙 (piàn)　　*V*: to deceive, lie, cheat, swindle

他昨天沒寫功課，卻騙老師他忘了帶來。

騙子 (piàn·zi)　　*N*: swindler, liar

我今天真糊塗，被那個騙子騙走了兩百塊錢。

5. 分手 (fēnshǒu)

V: to part company, say good-bye, break up, separate

他又抽菸又喝酒又打牌，怎麼都改不了，女朋友就跟他分手了。

6. 解釋 (jiě·shì)

V/N: to explain, expound, interpret / explanation

⑴老師給我們解釋了那幾個字的意思。

⑵我並不想跟你分手，你弄錯我的意思了，為什麼不聽我解釋
　呢？

⑶你的解釋不太清楚，能不能再說一遍？

7. 誤會 (wù·huì)

V/N: **to misunderstand, misconstrue / misunderstanding**

　⑴你不要誤會，我只是關心他，不是愛他。

　⑵這只是一個誤會，他不是要偷你的箱子，只是拿錯了。

8. 發生 (fāshēng)　　　　*V*: **to happen, occur, take place**

　就是因為他酒醉開車，才會發生這樣的悲劇。

9. 求 (qiú)　　　*V*: **to beg, entreat, request**

　我已經三天沒吃飯了，求求你給我一點錢。

　要求 (yāoqiú)

N/V: **request; demand / to ask for, request; to demand**

　⑴我們提出來的要求，老闆從來沒答應過。

　⑵老闆要求我們一定要準時上班。

10. 心軟 (xīnruǎn)

V: **to be soft-hearted, tender-hearted, compassionate**

　對這樣的壞人，你不能心軟，不管他說什麼，你都不能答
　應。

　軟 (ruǎn)　　*SV*: **to be soft, gentle**

　老人的牙多半不好，只能吃軟的東西。

11. 原諒 (yuánliàng)　　　　*V*: **to excuse, to forgive, to pardon**

　這次是我錯了，請你原諒我吧！不要再生氣了。

12. 花 (huā)　　*SV*: **to be fond of women, to be a womanizer**

　她哥哥很花，常常換女朋友。

　花花公子 (huāhuā gōngzi)　　　　*N*: **playboy, womanizer**

13. 個性 (gèxìng)　　　*N*: **individual character, personality**

　他想做什麼就做什麼，從來不管別人，我最受不了這種個性
　的人。

14. 口才 (kǒucái)　　　*N*: **eloquence**

他的口才真好，能把黑的說成白的，死的說成活的。

15. 傷心 (shāng//xīn)

SV/A/VO: **to feel sad, grieved, broken hearted/sadly/to hurt one's feelings, to break one's heart**

⑴ 小妹妹的狗死了，她哭得好傷心。

⑵ 媽媽罵你兩句，你就不回家了，你真傷了你媽的心！

16. 話說回來 (huà shuō huí·lái)

IE: **however, on the other hand**

這次是他錯了，可是話說回來，誰能不犯錯呢？

17. 老是 (lǎo·shì)　　*A*: **always, invariably**

這個字的發音，你怎麼老是說錯？

18. 變心 (biàn//xīn)

VO: **to alter one's devotion, to lose one's love for a romantic partner**

我女朋友好幾次都不接我的電話，我想她一定是變心了。

19. 痛苦 (tòngkǔ)

N/SV: **pain, suffering, agony / to be painful**

⑴ 我知道父親的病好不了了，可是不敢說出來，我心裡的痛苦，你能了解嗎？

⑵ 這個工作壓力太大，又不得不做，真是痛苦。

20. 再說 (zàishuō)

A: **furthermore, what's more, besides; to comment on something later**

⑴ 你罵孩子有什麼用？再說這件事也不是他一個人的錯。

⑵ 現在我還不餓，不想吃，等餓了再說。

21. 談戀愛 (tán//liàn'ài)

VO: **to engage in a romantic relationship, to engage in courtship**

他們談了幾年的戀愛，最後還是分手了。

戀愛 (liàn'ài)

V/N: **to love, to be in love / romantic love, romantic relationship**

⑴ 她變得比以前溫柔、漂亮了，我想她大概是戀愛了。

⑵ 我從來不知道戀愛是什麼，所以我不了解他的感覺。

愛ㄞˋ情ㄑㄧㄥˊ (àiqíng)　　N: love (between lovers)

你不要以為你愛他，他愛你就夠了，只有愛情，沒有麵包，
能生活嗎？

22. 打ㄉㄚˇ傘ㄙㄢˇ (dǎ//sǎn)　　VO: to open an umbrella

雨不太大，別打傘了。

傘ㄙㄢˇ (sǎn)　　N: umbrella（M：把）

雨ㄩˇ傘ㄙㄢˇ (yǔsǎn)　　N: (rain) umbrella

陽ㄧㄤˊ傘ㄙㄢˇ (yángsǎn)　　N: parasol

23. 毛ㄇㄠˊ巾ㄐㄧㄣ (máojīn)　　N: towel（M：條）

毛ㄇㄠˊ (máo)　　N: hair, fur, bristles

⑴西方人身上的毛比東方人多。

⑵刷衣服的刷子，毛應該軟一點，才不會傷衣服。

毛ㄇㄠˊ衣ㄧ (máoyī)　　N: sweater（M：件）

24. 擦ㄘㄚ (cā)　　V: to rub, to wipe, to clean

⑴下課以後，中國學生常常幫老師擦黑板。

⑵這張桌子好髒，不知道多久沒擦了?!

25. 作ㄗㄨㄛˋ文ㄨㄣˊ (zuòwén)

N: composition, essay (for a class)（M：篇）

他從前念書的時候，作文成績就很好，現在當了記者，文章
寫得更棒了。

26. 心ㄒㄧㄣ情ㄑㄧㄥˊ (xīn·qíng)　　N: mood, frame of mind

他這次考得很糟糕，所以心情很不好。

27. 勸ㄑㄩㄢˋ (quàn)　　V: to advise, to urge

他一直咳嗽，我們都勸他別再抽菸了。

28. 想ㄒㄧㄤˇ開ㄎㄞ (xiǎng//kāi)

RC: to look at things more optimistically, not to take things too hard,
not to take a matter too seriously

⑴她先生變心以後，她一直很難過。最近才想開了，發現一
　個人也可以過得很好。

⑵他因為成績不好就自殺了，真是想不開！

29.安慰 (ānwèi)

V/N: to comfort, console / consolation, comfort

(1)她一個人在屋子裡哭呢！你去安慰安慰她吧。

(2)他很傷心，現在正需要妳的安慰。

30.失戀 (shīliàn)　　*V*: to lose the love of another

他剛失戀的時候，不但不敢再相信別人，對自己也沒有信心了。

失望 (shīwàng)　　*SV*: to be disappointed, to lose hope

她生日那天，做了一桌的菜，沒想到先生有事，不能回來吃飯，她失望極了。

31.自殺 (zìshā)　　*V*: to commit suicide, to attempt suicide

他受不了工作上的壓力，就跳樓自殺了。

殺 (shā)　　*V*: to kill

報上說：那個神經病，親手殺了自己的孩子。

殺死 (shāsǐ)　　*RC*: to kill, slay, murder

每次打仗的時候，總有很多人被殺死。

32.結婚 (jié//hūn)　　*VO*: to marry, to get married

她父母不同意她跟外國人結婚。

訂婚 (dìng//hūn)

VO: to become engaged or betrothed

她跟小張訂婚半年以後，發現個性不合，就分手了。

求婚 (qiú//hūn)

N/VO: marriage proposal / to propose marriage

(1)他的求婚方式非常羅曼蒂克。

(2)他已經跟我求婚了，可是我還得聽聽我父母的意見。

33.懷孕 (huái//yùn)　　*VO*: to be pregnant

張太太懷孕了，醫生勸她為了小孩的健康，不可以再抽煙、喝酒了。

避孕 (bì//yùn)

VO/N: to prevent conception, to practice birth control/contraception,

birth control

她現在還不想懷孕，所以每天吃避孕藥。

34. 墮胎 (duò//tāi)

   VO: **to have an abortion, to abort one's baby**

   醫生告訴她：「妳再墮一次胎，以後就不可能懷孕了。」

35. 即使 (jíshǐ)　　*A*: **even if, even though**

   不必勸了，即使你不同意，他也會去做的。

36. 保守 (bǎoshǒu)　　*SV*: **to be conservative**

   他個性相當保守，從來不敢嘗試新的東西。

37. 與其……，不如…… (yǔqí......,bùrú......)

   instead of　*it's better to*

   PT: **It's better to (不如) ......, rather than (與其) ......**

   天氣這麼好，與其在家裡睡覺，不如出去走走。

38. 性教育 (xìngjiàoyù)　　*N*: **sex education**

   小孩子對性都很好奇，所以性教育是非常重要的。

   同性戀 (tóngxìngliàn)

   N: **homosexuality, homosexual**

   他是同性戀，對女孩子沒興趣。

39. 糊裡糊塗 (hú·lǐ hú·tú)

   AT/A: **to be confused, mixed up, muddled / to do something without thinking, to do something in a muddled manner**

   ⑴他喝酒以後總是糊裡糊塗的。

   ⑵他大學沒念什麼書，糊裡糊塗地就畢業了。

40. 未婚媽媽 (wèihūn māmā)　　*N*: **unmarried mother**

   未婚 (wèihūn)　　*AT*: **to be unmarried, single**

   他已經結婚了，為什麼護照上還是「未婚」？

41. 傳染病 (chuánrǎnbìng)

   N: **infectious or contagious disease**

   愛滋 (Àizī) 病 (AIDS) 是現代最可怕的傳染病。

   傳染 (chuánrǎn)　　*V*: **to infect, to pass on**

   我感冒了，你站遠一點，小心被我傳染。

染 (rǎn)

V: **to dye; to pollute; to acquire (a bad habit, etc.)**

　　⑴你本來的金頭髮很漂亮，為什麼要染成黑的？

　　⑵他在社會上工作以後，就染上了一些壞習慣。

42. 保險套 (bǎoxiǎntào)　　　*N*: **condom, prophylactic**

保險 (bǎo//xiǎn)

VO/N/SV: **to insure / insurance / to be safe**

　　⑴你新買的房子怎麼還沒保火險？萬一出了事怎麼辦？

　　⑵他在保險公司上班，常常出去拉保險。

　　⑶錢放在家裡不保險，還是存在銀行比較好。

套 (tào)

M: **(for a set {of books, stamps, dishes, equipment, etc.})**

　　這套百科全書 (encyclopedia) 一共有二十本。

筆套 (bǐtào)　　*N*: **the cap of a pen or writing brush**

手套 (shǒutào)　　*N*: **gloves, mittens（M：雙）**

外套 (wàitào)　　*N*: **overcoat（M：件）**

43. 宣傳 (xuānchuán)

V/N: **to disseminate, to publicize, to spread propaganda / propaganda**

　　⑴他新開了一家飯館，請我們幾個好朋友多幫他宣傳。

　　⑵你聽到的都是政府的宣傳，不一定是真的。

注釋

1. 這麼 "花". This is a slang term which means that a man has many girl friends. This expression is derived from the Chinese use of 花 as a metaphor for women. A "playboy" is 花花公子, 公子 being the son of a nobleman in ancient times. Today 公子 is used as a polite reference to the listener's son.

2. 對你有意思 means "has an interest in you" and refers to romantic affections from someone of the opposite sex.

3. 幫我看作文 means "help me make corrections in my composition." In the text, 偉立 needs a native Chinese writer to help him with his composition.

4. "朋友嘛！" means "We are friends. That's what friends are for!". It is used when you help a friend and you do not want him/her to make a big issue of it.

5. 墮胎 means abortion. Abortion in Taiwan became legal in 1985 after passage of the Eugenics Act (優生保健法, Yōushēng Bǎojiàn Fǎ). This law allows abortions to be performed only under certain conditions. In Taiwan, there are also 未婚媽媽之家 (homes for unmarried mothers) which provide care for unmarried mothers as an alternative to abortion.

6. 上床 means "go to bed" and, like in English, can have two meanings. It can either refer to going to sleep or having sexual relations.

7. "請用保險套的宣傳。" Formerly, publicity campaigns encouraging the use of condoms were very limited in Taiwan. The use of condoms was usually only discussed in terms of family planning. Now, because of the threat of AIDS, such publicity can be seen on TV, in magazines and in public information messages.

文法練習

☞ **一** 有什麼好 V(O)/SV的?!
What is there to V(O) / SV about?

⊙有什麼好問的?!

What is there worth asking about?

用法說明：「有什麼 SV 的?!」表示不以為然。「有什麼好 V(O) / SV的?!」句型中的「好」表示「需要」、「值得」。後面的 SV 多為表示情感或情緒的形容詞。這是反問句，用問句的形式表示相反的意思。比直接說「不必 V(O) / SV」語氣複雜，可能包含無奈、不耐煩、不以為然等的感覺。要是怕不禮貌，應避免使用。

Explanation: This pattern shows that the speaker does not feel that things are as the other party perceives. The 好 in the middle of this pattern means 需要 (necessary) or 值得 (worthwhile). The stative verb that follows 好 is usually one that shows emotion or feelings. This pattern is a rhetorical question, and the question form is used to indicate unwilling acceptance of circumstances, impatience, disagreement, etc. Thus the tone expressed by this pattern is more complicated than its simple declarative form, and should be avoided if one is concerned about possibly being impolite.

練習：請用「有什麼好 V/SV 的 ?!」完成下面對話。

Exercise: Please use the "有什麼好 V/SV 的 ?!" pattern to complete the dialogues below.

1. 張：我每次看悲劇電影都會掉眼淚。

   Chang: I cry every time I see a tragic movie.

   李：這有什麼好掉眼淚的 ?! 電影就是電影嘛！

   Lee: What is there worth crying about? Movies are just movies!

2. 張：明天的小考你準備好了嗎？

   李：＿＿＿＿＿＿＿＿＿＿。這有什么好著急的? 那就是小考啊!

3. 張：王小姐的皮膚又白又細，我真羨慕。

   李：＿＿＿＿＿＿＿＿＿＿。這有什么好羡慕的? 皮膚不重要!

4. 張：怎麼樣？雲霄飛車很好玩兒吧？

   李：＿＿＿＿＿＿＿＿＿＿。這有什么好玩兒的? 我不喜歡雲霄飛車!

5. 張：明天就期中考了，難道你一點也不緊張嗎？

   李：＿＿＿＿＿＿＿＿＿＿。這有什么好緊張的? 這課很容易。

6. 媽媽：你叫女兒一個人看家，她會怕啊！

   爸爸：＿＿＿＿＿＿＿＿＿＿。這有什么可怕的? 這裡很安全!

快點! 不然我們會趕不上吧士!
這有什么好著急的? 我們坐下一班的吧士

☞ **二** （可是）話說回來／（可是）話又說回來了
however, on the other hand

⊙難怪你這麼傷心。可是話說回來，如果你老是擔心……

No wonder you're so broken-hearted. However, on the other hand, if you keep on worry about......

用法說明：「話說回來」表示說話者從事情的根本來看問題，說話者雖然同意「話說回來」前面的看法，但是認為後面的看法更有道理。

Explanation: 話說回來 shows that the speaker is looking at the root of a question or problem. Although the speaker agrees with the opinion or viewpoint stated before 話說回來, he/she feels that the viewpoint stated after 話說回來 is more valid.

練習：請根據所給情況用「話說回來」表示別的看法。

Exercise: Please use 話說回來 to indicate a different opinion in the following situations.

1. 這場球賽，因為八號球員的表現特別好，你們球隊才贏了，可是同學說八號太愛出鋒頭，你覺得這句話不完全對，你說什麼？

   In this ballgame, your team won because player #8 played especially well. However, a classmate says that player #8 likes to be in the limelight too much. You think this statement is not completely correct. What do you say?

   →八號是愛出鋒頭，可是話說回來，沒有他，我們也贏不了。

   Player #8 does love the limelight, but without him we couldn't have won.

2. 你弟弟抱怨室友常把收音機開得太大聲，還說這是他的自由，你的看法怎麼樣？

   <u>有是他的自由可是話說回來你也有平靜的自由。</u>

3. 現在很多人不願意生孩子，他們說這樣可以解決世界人口問題，你不同意，你怎麼說？

   <u>人口問題很嚴重可是話說回來各人有生孩子的權利。</u>

4. 你妹妹很生氣，因為她只晚到了十分鐘，老闆就扣她錢，你覺得老
   闆扣錢雖然小氣，可是也有道理，你會說什麼？
   老闆扣錢很小氣，可是話說回來妹妹不應該遲到。

5. 電視臺播出的節目常跟犯罪有關，對青少年有很不好的影響。可是
   你跟朋友討論青少年犯罪問題時，他說都是因為家庭跟學校沒把孩
   子教育好。你會怎麼說？
   電視會有不好的影響，可是話說回來，教育也很重要

☞ 三　再說　　furthermore

美麗很漂亮，再說很聰明，
小王要跟她一起。追她

⊙如果你老是擔心他變心，不是也很痛苦嗎？再說你這麼聰明漂亮，
　個性又溫柔，還怕沒人愛嗎？

If you keep on worrying about him changing his feelings for you, isn't it
also very painful? What's more, you are intelligent and pretty, and you've
got a gentle personality. Are you afraid that there's no one to love you?

用法說明：「再說」有「而且」的意思，前後的短句都是最後結論的原因，
　　　　　　「而且」連接的兩個短句程度相等，但「再說」後面的短句是說話
　　　　　　者提醒對方應該注意的事。

Explanation: 再說 is similar to 而且 (furthermore), with the clauses preceding and
following 再說 being reasons for the speaker's conclusion. However,
the two clauses connected by 而且 are of equal degree or importance,
whereas the second clause of the 再說 pattern receives slightly more
emphasis.

練習：請用「再說」完成下面各句。

Exercise: Please complete the sentences below using 再說.

1. 這棟公寓交通不方便，再說房租也不便宜，我看還是另外找吧！
   Transportation to this apartment is inconvenient. Furthermore, the rent
   isn't cheap. I think I ought to keep looking elsewhere.

2. 小王個性相當保守，再說 *很笨*　　　　　　，並不適合競選
   市議員。

3. 這個大學社會學方面比較有名，再說 *老師很好看*　　　　，我

當然選這個嘍！

4. 他們分手的事我沒聽說，再說 *我不太認識他們* ，所以我不想談。

5. 這只是個誤會，再說 *他很有錢* ，你就原諒他吧！

☞ **四** 再也不 V(O) / VP 了　　never V again

我未婚妻答應過我再也不抽煙了

⊙ 我再也不談戀愛了，……

I'm never going to get involved in another romantic relationship,......

用法説明： 表示這個動作或事情不會再發生，也是當事者的決心，語氣很強，有「永遠不」的意思。多是受到傷害、得到教訓後所下的決心。「了」表示改變，不能省略。

Explanation: This pattern indicates that a particular action or situation will not occur again. The party involved is very determined, and the mood is quite strong, meaning 永遠不 (never). This kind of determination is usually the result of being hurt or learning some kind of painful lesson. 了 shows a change and cannot be omitted in this pattern.

練習： 請用「再也不 V(O) / VP 了」完成下面各句。

Exercise: Please rewrite the sentences below using "再也不 V(O) / VP 了".

1. 我怎麼勸他，他都不聽，還怪我嘮叨，我再也不管他的事了。

   No matter how much I urge him, he doesn't listen. He even says I'm a nag. I will never again concern myself with his affairs .

2. 每次跟他合作都很不愉快，大家都說再也不 *跟他合作了* 。

3. 我再也不 *喝酒了* ，昨晚喝醉了，頭痛、想吐，真是難過。

4. 小王被人騙過好幾次，我想他再也不 *信任人了* 。

5. 那個女明星宣布這是她最後一部電影，以後再也不 *表演了* 。

☞ **五** 誰知道

who knew, who could know, how was I to know

⊙ 誰知道會越下越大呢？

Who knew it was going to keep raining harder and harder?

用法説明： 這是反問句，說話者的意思是「沒想到會有這樣的事」。「誰知道」
後面是說話者不曾預期的事。

Explanation: This is a rhetorical question. The speaker means that he/she had not
thought that things could turn out this way. This pattern implies that the
situation following 誰知道 is something that the speaker wishes had not
espected.

練習： 請用「誰知道」完成下面對話。

Exercise: Please complete the sentences below using 誰知道.

[手寫：我們 你們怎么遲到了？誰呚道你家这么遠？們的房子这么難找？]

1. 媽媽：你怎麼把妹妹弄哭了？

   Mom: Why did you make your sister cry?

   兒子：我只是跟她開個玩笑，<u>誰知道她會哭起來</u>？

   Son: I was only joking with her. How was I to know She would start to
   cry?

2. 太太：唉，又塞車了！早知道就早一點出門了。*[手寫：路上的]*

   先生：現在不是上下班時間，<u>誰知道十二點鐘車子會这么多</u>？

3. 服務生小張：剛剛那個客人一定給了你不少小費吧？

   服務生小王：看他穿得那麼漂亮，我也以為他會多給一點，誰知道
   <u>他會那么小氣</u>？

4. 姐姐：你怎麼沒敲門就進來了？

   弟弟：我以為你出去了，<u>誰知道你不上課</u>？

5. 先生：這麼多菜吃不完怎麼辦？

   太太：五個人四個菜，不多啊！誰知道<u>菜會这么多</u>？

☞ **六** 即使……也…… Even if......

[手寫：即使我把婚書不要去，我也去！]

⊙即使能墮胎，對母親也是很大的傷害。

Even if an abortion can be performed, it's still very harmful to the mother.

用法説明： 這個句型意思、用法都跟「就是……也」一樣（請參看第十二
課），但沒有那麼口語。這兩個句型跟「連……都」不同之處是
「連」的後面不是假設情況。

Explanation: The meaning and usage of this pattern is similar to "就是……也" (please see Ch.12), however it is not as colloquial. Both sentence patterns differ from "連……都" in that 連 is not followed by a hypothetical situation, but 即使 and 就是 are followed by hypothetical situations.

練習: 請改正下面各句。

Exercise: Please correct the sentences below.

1. 我很想得開，連男朋友變心，也不會自殺。
........................*即使*........................

2. 小王從來不做家事，連他太太病了，他都不幫忙。
........................*即使*........................

☞ 七 與其…… A，……不如…… B

it's better to……B…… (rather) than……A

⊙與其墮胎，不如避孕。

It is better use birth control than to have an abortion.

用法說明: 說話者比較「與其」跟「不如」後面的兩件事以後，認為「不如」後面的事比較好。

Explanation: The speaker is comparing the clause following 與其 with the clause following 不如. He/she feels that the clause following 不如 is better.

練習: 請用「與其……，不如……」完成下面各句。

Exercise: Please complete the sentences below using "與其……，不如……".

1. 你男朋友這麼花，與其將來傷心痛苦，不如現在分手算了。
   Since your boyfriend is such a womanizer, it is better to break up now and just forget about it, rather than suffer the pain of a broken heart later.

2. 連續劇這麼無聊，與其看電視，不如 *看書* 。

3. 天氣真好，與其在家睡覺，不如 *出去玩兒* 。

4. 參加旅行團太趕，與其跟團去，不如 *自己一個人去* 。

5. 反正都要考，與其下個禮拜考，不如 *下個月考* 。

課室活動

一、Role playing:

　　請兩個學生表演，一個演兒子（或女兒），一個演爸爸（或媽媽）。這個年輕人有一個很好的女朋友（或男朋友），他們想結婚，可是父母不同意。因為父母認為這個女朋友（或男朋友）是個工作狂（或沒有固定工作），沒念大學，信的宗教也不一樣，家裡的環境不好，沒有錢，父親是酒鬼，年紀差太多，⋯⋯什麼的（老師可以看情形加或減幾個理由），配不上自己的孩子。孩子要想辦法 (think of a way to) 勸父母改變想法，接受他的女朋友（或男朋友），同意他們結婚。請學生演出父母跟孩子的對話。

　　可能用到的字有：固定 (gùdìng, firm, stable, fixed)，工作狂 (gōngzuòkuáng, "work-a-holic;" work addiction)，理由 (lǐyóu, reason, grounds)，反對 (fǎnduì, disapprove, oppose)，勢利 (shìlì, to be snobbish)，前途 (qiántú, future, promise for a successful future)

二、辯論 (biànlùn, debate)

　　在課前把學生分成兩組 (zǔ, group, team, section)，叫他們回家準備。辯論的題目是：墮胎應該合法化嗎？

　　可能用到的字有：合法化 (legalize)，胎兒 (tāiér, unborn baby, fetus)，生命 (shēngmìng, life)，謀殺 (móushā, murder)，出生 (to be born)，智障 (zhìzhàng, mentally retarded)，畸型 (jīxíng, to be malformed, deformed; to have a birth defect)，養孩子 (yǎng//hái·zi, to raise a child)

短文 1

（點將唱片提供）

一、一首歌

這些日子以來

| 5653 | 5653 | 44431 | 2   0 | 1235 | 7i75 |
從你信中₂我才明白，這些日子以 來，　　在你心中₂已經有了

| 6554 | 5 05 | ii07i | 2765 | 12221 | 2217 |
另一個女 孩，　我 知道 愛情　不能勉強₃但是我還是　無法₄釋

| 1 — | 1 0 | 0 0 | 0 0 ‖
懷₅。

| 3 53 | 6531 | 66 6 | 3 5 | 3 53 | 6531 |
認 識你 只不過是 最近的 事 情，感覺上　卻好像是

| iii6 | 3   2 | 0323 | 6531 | 6 — | 505656 |
早已和你 熟　悉₆，　可是我不斷₇想起 你　　的另一段₈感

| i — | i 0 | 0 0 | 0 05 ‖ 32305 | 2·125 |
情。　　　　　　　　我　是不是該　離 開你?我

| i7i6 | 32765 | 32305 | 2·125 | i7i6 | 325 ‖
不想介入₉別人故事我是不是該　離 開你?我 不想和別人 分享₁₀你

| 0 55 | 5·6 | i — | i 0 | 0 66 | 6·i |
　請你 告訴 我，　　　我問 我 自

| 2 — | 2 05 ‖
己。

Vocabulary:

1.以來 (yǐlái): until now

2.信中 (xìnzhōng): in a letter

　心中 (xīnzhōng): in one's heart

3.勉強 (miǎnqiǎng): compel, force

4.無法 (wúfǎ): unable to, no available method to

5.釋懷 (shìhuái): to resolve troubles in one's heart, to let go of a problem

6.熟悉 (shóuxī): to be very familiar with

7.不斷 (búduàn): continuously, non-stop

8.段 (duàn): section, portion, paragraph

9.介入 (jièrù): to get involved

10.分享 (fēnxiǎng): to share

短文 2

二、一首情詩[1]

天、天、天 藍

教[12]我不想他也難

不知情[13]的孩子

他還要問

你的眼睛

為什麼出汗

情是深[14]

意[15]是濃[16]

離是苦

想是空

卓以玉 作
傅佑武 書

Vocabulary:

1.情詩 (qíngshī): love poem

2.教 (jiào): to bid, to urge

3.情 (qíng): feelings, emotions

4.深 (shēn): deep

5.意 (yì): thought, meaning

6.濃 (nóng): thick, dense

第二十二課

女人的地位不同了

・女性候選人（范慧貞提供）

（張教授家客廳）

教授：大家隨便坐，別客氣。

孫助教、胡助教、偉立：謝謝。（坐下）

偉立：張老師，胡老師說要來您這兒聊天，我就跟來了。

教授：歡迎、歡迎。她打電話說你也想來，我很高興，人多熱鬧！

師母：你們喝什麼茶？香片還是清茶？

胡助教（問孫助教、偉立）：我們喝香片，好不好？

孫助教：好，喝一樣的，免得麻煩[1]。

偉立：好啊，反正我也喝不出來什麼是什麼。（師母去泡茶）

教授：偉立難得喝中國茶，等會兒試試看，喝得**慣**喝不慣。

師母（端茶過來）：來，大家喝茶。（分給每人一杯）吃點花
　　　　生、瓜子。

偉立（端起杯子，差一點打翻）：哎呀！糟糕，地毯弄濕了。

教授：沒關係，我去拿塊布來擦乾就行了。倒是你的手燙著了
　　　沒有？

偉立：還好。這麼麻煩您，真不好意思。（張教授擦地毯）

師母：那沒什麼，你們老師常幫我做家事，像拖地、剪草、打
　　　掃院子什麼的，有時候還陪我去超級市場買菜呢。

教授：老坐著看書也不行啊！我也應該起來活動活動。

孫助教：很多男人可不這麼想，像我爸爸就是大男人主義，他
　　　　還是認為男人不應該進廚房[2]，家事是女人做的。

教授：**的確**有不少人還有這種想法，可是時代不同了，男人也
　　　應該改變了。

胡助教：就是嘛！想想看，太太是職業婦女，下了班還得趕回
　　　　家做飯，**恨不得**自己多長兩雙手，先生卻只知道看報、
　　　　喝茶，一點忙都不幫，這公平嗎？

師母：家本來就不是一個人的，要是太太也上班，負擔部分家庭經濟，先生就更應該幫忙。

偉立：對，如果先生不幫忙，太太就不要做飯給他吃。

孫助教：那不行啊！時間久了，說不定他就去吃別的女人做的飯了。（大家都笑了）

教授：有的女人很能幹，能把事業、家庭都照顧得很好，她們才是真正的「女強人」[3]。

胡助教：女強人有什麼好？又忙又累，有的先生**不但不**欣賞，**反而**覺得沒面子，說不定還想離婚呢！

偉立：兩個合**不來**的人住在一起，與其整天吵架，還不如離婚算了。

師母：哪兒有你想的那麼簡單啊?! 孩子怎麼辦？小孩兒喜歡沒有爸爸或媽媽的單親家庭嗎？

孫助教：所以很多人為了孩子而不願意離婚。不過我聽說臺灣的離婚率越來越高了。社會**上**的人也**不再**認為離婚是丟人的事了[4]。

偉立：誰喜歡離婚啊?! 可是如果個性不合或有外遇，還是不得不離婚。

胡助教：我寧願做「單身貴族」[5]，沒這麼多煩惱。

孫助教：那是因為你還沒碰到真正喜歡的人！

師母：從前哪兒有什麼單身貴族啊？在我們那個時代，不結婚，別人會認為你有問題，尤其是女孩子。

教授：而且從前的人重男輕女，女孩子念不念書無所謂，書念
　　　得少就不容易找工作，經濟**上**沒辦法獨立[6]。

孫助教：現在的女孩子比較幸運了，想學什麼都可以，**甚至於**
　　　還能出國念書，工作的機會也比以前多了。

胡助教：你說的不錯，可是我覺得女人的薪水跟升級的機會還
　　　是沒有男人那麼多。女人還是比較受歧視。

師母：想要提高女人的社會地位，得靠你們年輕的繼續努力
　　　嘍！

‧擦地板的家庭主婦（劉咪咪攝）

生詞及例句

1. 地位 (dìwèi)　　　*N*: position, status

   他在我們公司的地位最高，誰都得聽他的。

2. 聊天 (liáo//tiān)　　　*VO/N*: to chat / chatting

   (1) 有空的時候，我喜歡跟朋友聊聊天、喝喝茶。

   (2) 聊天也是一種休閒活動嗎？

3. 香片 (xiāngpiàn)

   N: jasmine tea, tea scented with flowers

4. 師母 (shīmǔ)　　　*N*: teacher's wife

5. 泡茶 (pào//chá)　　　*VO*: to make tea

   泡清茶不必太熱的水，80°C 就夠了。

   泡 (pào)　　　*V*: to soak, to steep

   (1) 天氣太熱了，只有泡在水裡才舒服一點。

   (2) 他很餓，家裡菜都吃完了，只好泡了一碗速食麵吃。

6. 花生 (huāshēng)　　　*N*: peanut

7. 瓜子 (guā·zi)　　　*N*: melon seeds

8. 哎呀 (āi·ya)　　　*I*: alas! [indicating surprise]

   哎呀！你的頭髮怎麼染得這麼紅?!

9. 地毯 (dìtǎn)　　　*N*: carpet, rug（**M**：塊）

   毯子 (tǎn·zi)　　　*N*: blanket, rug（**M**：床）

10. 燙 (tàng)

    V/SV: to heat up in hot water; to get a permanent (hair); to iron, to press / to be very hot, scalding, boiling hot

    (1) 這種青菜在水裡燙一下，就可以吃了。

    (2) 以前你的頭髮直直的很好看，為什麼要燙成這個怪樣子？

    (3) 這幾件襯衫已經洗好了，可是還沒燙。

    (4) 湯太燙了，等一下再喝吧！

11. 剪草 (jiǎn//cǎo)　　　*VO*: to cut grass, mow the lawn

草ㄠ (cǎo)　　　*N*: grass

　　下了雨，草就長得特別快，這個週末得剪草了。

草ㄠ地ㄉ (cǎodì)　　　*N*: lawn, meadow（**M**：片／塊）

12. 打ㄚ掃ㄠ (dǎsǎo)　　　*V*: to sweep, to clean

掃ㄠ (sǎo)　　　*V*: to sweep, to clear away

　　他把髒東西都掃到外頭去了。

掃ㄠ地ㄉ (sǎo//dì)　　　*VO*: to sweep the floor

　　媽媽叫你打掃房間，你怎麼只掃掃地就算了，桌子還沒擦呢！

13. 院ㄩㄢ子ㄗ (yuàn·zi)　　　*N*: courtyard, compound, yard

　　屋子裡人太多，我們到院子裡去談吧！

前ㄑㄧㄢ院ㄩㄢ (qiányuàn)　　　*N*: front courtyard, front yard

後ㄏㄡ院ㄩㄢ (hòuyuàn)　　　*N*: backyard

14. 超ㄠ級ㄐㄧ市ㄕ場ㄔㄤ（超ㄠ市ㄕ）(chāojí shìchǎng) (chāoshì)

N: supermarket（**M**：家）

超ㄠ人ㄖㄣ (chāorén)　　　*N*: superman

　　他可以一天工作十幾個小時都不休息，真是超人。

15. 大ㄉㄚ男ㄋㄢ人ㄖㄣ主ㄓㄨ義ㄧ (dà'nánrén zhǔyì)

N/SV: male chauvinism / to be a male chauvinist

　　我哥哥非常大男人主義，總認為女人什麼都不懂。

16. 的ㄉㄜ確ㄑㄩㄝ (díquè)　　　*A*: indeed, really

　　張：聽說王先生的兒子很聰明，反應很快。

　　李：那個孩子的確聰明，不論我教什麼，他都是一學就會。

17. 職ㄓ業ㄧㄝ婦ㄈㄨ女ㄋㄩ (zhíyè fù'nǚ)

N: woman professional, career woman

　　結了婚的職業婦女，又要上班，又要管家，非常辛苦。

婦ㄈㄨ女ㄋㄩ (fù'nǚ)　　　*N*: woman, married woman

　　從前婦女沒有投票權。

家ㄐㄧㄚ庭ㄊㄧㄥ主ㄓㄨ婦ㄈㄨ (jiātíng zhǔfù)　　　*N*: housewife

　　她覺得念了那麼多書，卻只能在家做家庭主婦，太可惜了。

18.恨不得 (hèn·bùdé)

A: to itch to, to strongly desire to do something which is not possible or proper

他對我那麼不客氣，我真恨不得打他一拳。

恨 (hèn)　　*V/N*: to hate, resent / hatred

⑴她搶走了我的男朋友，我恨她！

⑵他的家人被黑社會的人殺光以後，他的心裡就只有恨，沒有愛了。

19.負擔 (fùdān)

V/N: to bear a burden, to shoulder / burden, load)

⑴他們家只有他一個人工作，他得負擔全家的生活，很辛苦。

⑵我弟弟今年要考大學了，功課的負擔很重。

20.經濟 (jīngjì)

N/SV: economy , financial status / to be economical, thrifty

⑴一個國家如果政治安定，經濟才能發展。

⑵坐飛機可以省很多時間，比較經濟。

21.能幹 (nénggàn)　　*SV*: to be able, capable, competent

她真能幹，一個人可以做兩個人的事。

幹 (gàn)　　*V*: to work, to do

好好兒地幹！將來一定會有發展。

22.事業 (shìyè)　　*N*: career, undertaking

我不要總是替別人工作，我要想辦法發展自己的事業。

23.真正 (zhēnzhèng)　　*A*: genuinely, really, truly

雖然我的朋友很多，可是你是真正了解我的人。

24.女強人 (nǚ qiángrén)　　*N*: a successful career woman

強人 (qiángrén)　　*N*: a powerful person, strongman

現在是民主時代，強人政治已經不受歡迎了。

強 (qiáng)　　*SV*: to be strong, powerful

這個棒球隊實力很強，難怪能連贏好幾場。

25. 反而 (fǎn'ér)　　*A*: **instead, on the contrary**

我幫了他那麼多忙，他不但不謝謝我，反而罵我。

26. 沒面子 (méi miàn·zi)

　　SV: **to "have no face" (in the figurative sense), to be shamed, to have no status or prestige**

⑴太太賺的錢比他多，他一直覺得很沒面子。

⑵同學們都開汽車，只有他買不起汽車，他覺得很沒面子。

27. 離婚 (lí//hūn)　　*VO*: **to divorce**

他們結婚才半年就離婚了。

離婚率 (líhūnlǜ)　　*N*: **divorce rate**

比率 (bǐlǜ)　　*N*: **rate ; proportion ; ratio**

這件事大概有百分之八十的成功率。

出生率 (chūshēnglǜ)　　*N*: **birth rate**

收視率 (shōushìlǜ)　　*N*: **television ratings**

28. 合不來 (hébùlái)

　　RC: **to be difficult to harmonize, hard or impossible to get along with**

他這種只顧自己的個性，跟誰都合不來。

29. 整天 (zhěngtiān)　　*TW*: **all day long, the whole day**

⑴他整天吃、喝、玩、樂，一點事都不做。

⑵我昨天整天都在家，哪兒都沒去。

30. 吵架 (chǎo//jià)

　　VO/N: **to quarrel, to argue /quarrel, argument**

⑴你有什麼話，好好兒地說，不要跟他吵架嘛！

⑵我告訴他：吵架並不能解決問題。

打架 (dǎ//jià)

VO: **to engage in a brawl, to fight (between individuals)**

他為了女朋友，跟別人打了一架。

31. 簡單 (jiǎndān)　　*SV*: **to be simple, uncomplicated**

沒想到一件很簡單的事，現在卻變得那麼複雜。

32. 單親家庭 (dānqīn jiātíng)　　*N*: **single parent family**

33. 丟人 (diūrén)　　*SV*: **to be shameful**

他認為沒有考上大學很丟人。

丟臉 (diū//liǎn)　　*SV/VO*: **to lose face**

(1) 他的孩子偷東西，被警察抓到了，他覺得很丟臉。

(2) 我媽說我吃飯沒有規矩，真丟她的臉。

34. 外遇 (wàiyù)　　*N*: **an extramarital affair**

先生有外遇，太太總是最後一個知道。

婚外情 (hūnwàiqíng)　　*N*: **an extramarital affair**

35. 單身貴族 (dānshēn guìzú)

N: **(colloquial) wealthy, unmarried man or woman**

你們這些單身貴族，工作好，賺的錢多，又沒有家庭負擔，多舒服啊！

單身 (dānshēn)　　*AT*: **to be single, unmarried**

你現在還是單身，一個人吃飽了，全家都不餓了。

貴族 (guìzú)　　*N*: **aristocrat, royalty**

她因為跟王子 (prince) 結婚，就成了貴族。

36. 煩惱 (fánnǎo)

SV/N: **to be worried, vexed / worries, cares**

(1) 她最近為了一直掉頭髮而煩惱。

(2) 他就要出國念書了，現在最大的煩惱就是怕女朋友變心。

37. 重男輕女 (zhòng nán qīng nǚ)

IE: **to favor males over females**

我媽媽非常重男輕女，我已經有三個女兒了，可是她還叫我再生一個兒子。

38. 甚至於 (shènzhìyú)

A: **go so far as to, even to the point that**

他喝醉了，不但不知道家在哪裡，甚至於連自己的名字都忘了。

39. 薪水 (xīnshuǐ)　　*N*: **salary, pay**

當老師薪水低，責任重，所以很多人都不願意幹。

加˙薪˙ (jiā//xīn)　　　*VO*: to have a salary increase

老闆說，只要我好好兒地幹，三個月以後就給我加薪。

40. 升˙級˙ (shēng//jí)

VO: to go up, advance (in grade, level, etc.), to get a promotion

⑴他連升兩級，現在當了主任了。

⑵你這次再考不及格，就不能升級了。

41. 歧˙視˙ (qíshì)

V/N: to discriminate against / discrimination

⑴你們這些大男人主義的人，總是歧視女人！

⑵聽說這個老闆從來不用黑人，他有種族歧視。(racial discrimination)

⑶你認為政府規定女人不可以當兵，是不是性別歧視？(sexual discrimination)

42. 提˙高˙ (tígāo)　　　*V*: to raise, increase, improve

⑴好的教法，可以提高學生的學習興趣。

⑵他一生氣，聲音就提高了。

43. 靠˙ (kào)

V: to depend upon, rely on ; to lean against, lean on; to be near to, by

⑴他是靠他父親的關係，才得到這個工作的。

⑵我在國外留學的時候，朋友們幫了我不少忙，真是「在家靠父母，出外靠朋友。」

⑶要是你走累了，就靠在樹上休息一下吧！

⑷他坐飛機，一定選靠走道 (aisle) 的位子。

可˙靠˙ (kěkào)　　　*SV*: to be reliable, dependable

他這個人很可靠，你請他做的事，他一定替你辦好。

44. 繼˙續˙ (jìxù)　　　*V*: to continue, to go on

廣告完了，我們可以繼續看節目了。

45. 努˙力˙ (nǔlì)

A/SV/V/N: industriously, energetically/to be industrious/to work hard, make great effort, exert oneself, strive diligently/

diligence, hard work, great effort

⑴他努力賺錢，只是希望全家能過更好的生活。

⑵他非常努力，一直不停地工作，不像別的同事，一會兒倒茶，一會兒上廁所。

⑶只要努力，我相信你一定會成功的。

⑷如果沒有大家的努力，我們公司不會有今天的成績。

注釋

1. "喝一樣的，免得麻煩。" means "It will save trouble if we all drink the same tea." Chinese make tea in a pot using tea leaves, not in individual cups using tea bags. Thus if everyone drinks the same kind of tea, it saves much effort.

2. "男人不應該進廚房。" Many men feel that they are not supposed to help in the kitchen. Some give as their excuse the fact that Confucius said a real gentleman should stay away from the kitchen.

3. 女強人 means "a super-capable woman, a successful career woman." In Taiwanese society, when a woman has her own career, does her work well and seems very capable at managing all aspects of her life, she is known as a 女強人.

4. "離婚率越來越高，社會上的人也不再認為離婚是丟人的事了。" means " The rate of divorce is getting higher and higher, and people in this society no longer think divorce is a shameful matter." In 1982, for every nine marriages there was approximately one divorce. Ten years later, in 1992, for every four marriages there was approximately one divorce.

5. 單身貴族 means "unmarried aristocrat" and refers to a single person who lives a full and materially comfortable life. This term is derived from the Japanese term 獨身貴族. Single people with a good income can spend money as they wish and live like "nobility," so they are called 單身貴族.

族. means "tribe or nation." Other terms using this word include 上班族, refer-ring to working people, and 夜貓族 (yèmāozú), referring to "night owls."

6. "而且從前人重男輕女，……。" 重男輕女 is a traditional Chinese concept, based on the fact that Chinese society is a patrilineal society where the family name and estate is usually passed through the sons. Chinese women could not attend school until the 1900's, when the first girls' schools began in the late Ching Dynasty. Even at that time many thought that there was no need for women to be educated. However, since they were not educated, they were unable to support themselves and had to depend on men for survival. Now, more and more women receive an education, giving them greater opportunities to apply their abilities.

文法練習

☞ 一 V 慣

⊙等會兒試試看，喝得慣喝不慣。

In a little while you can try it and see if it suits you.

用法說明：「慣」是 RE，是「習慣」的意思。Actual Type 跟 Potential Type 都可使用。

Explanation: 慣 is a resultative verb ending (RE) that means 習慣 (habit, accustomed to). It can be used in either Actual Type or Potential Type form.

練習：請填上合適的「V 慣」結果動詞形式。

Exercise: Please fill in the blanks with an appropriate "V 慣" in RC form.

1. 小王 ___吃得慣了___ 中國菜，當然覺得美國的牛奶、麵包不好吃嘍！

Little Wang is used to Chinese food, so naturally he thinks American milk and bread taste bad.

2. 我弟弟喜歡穿奇奇怪怪的衣服，我爺爺奶奶都 ___看不慣___，常罵他。

3.那個女孩從來沒做過家事，怎麼 ___做得慣___ 拖地、打掃房間這種辛苦的工作?!

4.我 ___住慣了___ 鄉下，城裡太吵，我可不願意搬家。

5.她那種假裝可愛的聲音，你們覺得不奇怪，可是我才剛認識她，還___聽不慣___。

☞ 二 的確　　indeed, really

⊙的確有不少人還有這種想法，……

他真的是歌星嗎？
他的確是歌星。

Indeed, there are many people who still think this way,...

用法說明：表示同意或肯定對方的看法。用在句首或動詞、SV、副詞前面。

Explanation: This shows that one agrees or is affirming another's point of view. It is used at the beginning of the sentence or in front of a verb, SV, or adverb.

練習：請用「的確」完成下面對話。

Exercise: Please complete the dialogues below using 的確.

1.張：王教授以前當過參議員，你難道不知道？

Chang: Professor Wang used to be a senator. Is it possible that you didn't know this?

李：我的確不知道，要不然我也不會問你。

Lee: I really didn't know; otherwise, I wouldn't have asked you.

2.張：今年的最佳男主角演技真是好得沒話說。

李：嗯，___他的確很好___，難怪會得獎。

3.張：我聽說老高在黑社會很有勢力，是真的嗎？

李：___他的確是這樣___，他勢力是很大，他說的話沒有一個人敢不聽。

4.張：連續劇演來演去劇情都差不多，一點新鮮感都沒有。

李：___的確很無聊___，還沒演完，我就猜得到結局了。

5.張：小王來過了嗎？我怎麼沒看見？

李：他 ___的確來過了___，他來的時候，你正好去洗手間了。

☞ 三　恨不得　打他！

to itch to, to strongly desire to do something which is not possible or proper

⊙……，恨不得自己多長兩雙手，……

......, (they) fervently wish they could have another pair of hands,......

用法說明：表示急切盼望實現、達成某種願望，而這種願望是實際上做不到或不能做的事。

Explanation: This shows that one urgently wishes for something to happen, to fulfill some desire. This desire is something that cannot or should not be truly fulfilled.

練習：請用「恨不得」完成下面各句。

Exercise: Please complete the sentences below using 恨不得.

1. 放假的時候，我們全家都要去迪士尼樂園，我真恨不得今天就去。
   During vacation, my whole family plans to go to Disney World. How I wish we could go today!
2. 每次塞車的時候，我就恨不得 下車走路回家去。 了。
3. 小王老是亂開同學的玩笑，讓人生氣，大家都恨不得 把他殺死。
4. 你媽看你病得那麼難過，恨不得 去買 Hǎilǎoyān 給你。
5. 七號今天投籃一直投不進，我們看得急死了，恨不得 下去幫他的忙。

我以為他很喜歡放假？我
可是 不爭氣 他不但恨賞 反而很
醜。

☞ 四　不但不／沒……反而……

not only......, but, on the contrary / instead

⊙有的先生不但不欣賞，反而覺得沒面子，……

Some husbands not only don't appreciate this, but on the contrary, feel that it's embarrassing,...

用法說明：「不但不／沒」的後面是預期會發生的事，「反而」的後面是出乎預料的相反結果。

Explanation: Following "不但不／沒" is something that is expected to happen.

(手寫：我以為他喜歡我，可是他不但不喜歡我，反而恨我。)

Following 反而 is the unexpected opposite result.

練習：請用「不但不／沒……反而……」完成下面對話。

Exercise: Please complete the dialogues below using "不但不／沒……反而……".

1. 張：這兩年的內戰對你的生意有沒有影響？

   Chang: Has the civil war of the last two years had an effect on your business?

   李：我做的是軍火 (arms) 買賣，內戰<u>不但對我沒影響，反而賺了很多錢</u>。

   Lee: I am in the arms shipment business, so the civil war has not only had no negative influence on my business, but on the contrary, I've made a lot of money.

2. 張：男主角跟女主角吵了一架，後來呢？他們分手了嗎？

   李：他們把誤會解釋清楚了，<u>不但沒 *分手*</u>，反而 *結婚了* 。

3. 張：有人說吸毒能讓人快樂，是真的嗎？

   李：那是騙人的。吸毒<u>不但不 *讓人快樂*</u>，反而<u>會 *傷害人的身體*</u>。

4. 張：你室友父母離婚了，他一定很難過吧？

   李：他父母吵了很多年了，所以他們離婚，他<u>不但不 *難過*</u>，反而 *很高興了* 。

5. 張太太：你哥哥在公司做了十幾年了，薪水一定很高了吧？

   張先生：他們公司這兩年一直不賺錢，他的薪水<u>不但沒 *加薪*</u>，反而 *減薪了* 。

   (手寫拼音：zēng jiā)

☞ **五** **V 得／不來**

(手寫：他和他妹妹合不來。)

⊙ 兩個合不來的人住在一起，與其整天吵架，……

When two incompatible people live together, rather than fight all day long,......

用法說明：「來」是 RE，表示 ㈠ 融洽（不融洽）、㈡ 能力夠（不夠）做某事、㈢ 合（不合）喜好。

Explanation: 來 is a RE that shows (1) harmony (or discord), (2) sufficient (or insufficient) ability to perform some action, (3) compatible (or incompatible) tastes.

練習：請填上合適的「V得／不來」。

Exercise: Please fill in the blanks with the appropriate "V得／不來".

(一)

1. 我們兩個人 <u>合不來</u> ，我說的他不想聽，他說的我也沒興趣。

2. 小王個性溫和，跟什麼人都 <u>合得來</u> ，朋友很多。

(二)

1. 他口才不好，怎麼 <u>做得來</u> 主持人的工作？

2. 我一直演喜劇，叫我演悲劇還真 <u>演不來</u> 。

(三)

1. 這種菸味道很辣，我 <u>抽不來</u> 。

2. 他平時都喝清茶，沒想到也 <u>喝得來</u> 香片。

☞ **六** （在）N 上

⊙社會上的人也不再認為離婚是丟人的事了。

People in society no longer feel that divorce is shameful.

⊙書念得少，就不容易找工作，經濟上沒辦法獨立。

With little education it's not easy to find a job; from the standpoint of economics, it is impossible to become independent.

用法說明：「上」表示「範圍」或「方面」。

Explanation: 上 means 範圍 (scope, limit, range) or 方面 (aspect, respect, side).

練習：請用「（在）N上」改寫下面各句。

Exercise: Please rewrite the sentences below using "（在）N上".

1. 我們對這個問題的看法完全一樣。

Our viewpoints on this problem are exactly the same.

→我們在這個問題上看法完全一樣。

Concerning this problem, our viewpoints are exactly the same.

2. 他太太對他的事業有很大的幫助。

....

3. 他們兩個人分手是個性方面的問題。

是個性上的問題

....

4. 王教授對傳統戲劇的研究，沒有人比得上。

....

5. 我雖然不必負什麼法律責任，可是我還是覺得很抱歉。

....

☞ 七 不再……了　　never again

⊙社會上的人也不再認為離婚是丟人的事了。

People in society no longer feel that divorce is shameful.

用法說明：表示這個動作或情況就此停住，不繼續或重覆下去。「不再」後面可用 V、VO、VP、SV。語氣沒有「再也不……了」那麼強烈。（請參看第二十一課）

Explanation: This shows that an action or situation has ceased and will not continue or happen again. Following 不再 can be a V, VO, VP, or SV. The tone is not as strong as the pattern "再也不……了". (please refer to Ch. 21)

練習：Exercises:

㈠請用「不再……了」完成下面各句。

Please complete the sentences below using "不再……了".

1. 很多婦女生了孩子以後，就<u>不再工作了</u>。

Many women stop working after having children.

2. 我打了幾次電話，他都不在，我不再 _____，反正沒什麼重要的事。

3. 他本來很生氣，我跟他道歉以後，他就不再 _____。

㈡請把下面各句改成「不再……了」的句子，並比較不同（用英文亦可），如果不能改，請說明原因。

Please rewrite the sentences below using the 「不再 …了」 pattern and compare the differences (use English as necessary). If the sentence cannot be changed, please explain why.

1. 他說他已經唱了兩首了,現在該換別人唱了,所以他就再也不唱了。

→他說他已經唱了兩首了,現在該換別人唱了,所以他就不再唱了。

2. 每次我們都弄得很不愉快,我快被他氣死了,我再也不跟他合作了。

....

3. 我哥哥喝酒,喝得太多,把身體都喝壞了,他說以後再也不喝酒了。

....

4. 我告訴她那個消息以後,她就急病了,我再也不敢說什麼了。

....

5. 我畢業以前要好好地念書,再也不打工了。

....

(三)請改正下面各句文法上的錯誤。

Please correct the grammatical errors in the sentences below.

1. 他說他不再跟你吵架。

....

2. 他想開了以後,就再不傷心了。

....

☞ 八 ……,甚至(於)……

to go so far as to, so much so that, even

⊙……想學什麼都可以,甚至於還能出國念書,……

...... (they) can study whatever they want; they can even go abroad to study,......

用法說明：「至於」在此意思是「達到」，「甚至於」表示達到一個按常理不太可能達到的程度。「甚至於」的前後是相關的一些事，但是程度最高的一件事得放在「甚至於」後面。

Explanation: Here, 至於 means 達到 (to reach, arrive at) whereas 甚至於 means to reach or arrive at what seems, in normal conditions, to be an extreme degree or point. Preceding and following 甚至於 are related matters, however the one with the most intense degree or highest level is placed after 甚至於.

練習：請把下面各題所給的詞組短句，用「甚至（於）」組成句子。

Exercise: Please use "甚至（於）" and the words and phrases below to form logical, coherent sentences.

1. 連話也說不清楚　　不但自己不會吃飯　　小張的爺爺身體很不好　上廁所都要人幫忙

　→小張的爺爺身體很不好，不但自己不會吃飯，連話也說不清楚，甚至於上廁所都要人幫忙。

　　Little Chang's grandfather's health is very bad. He not only is unable to feed himself, he can't even speak clearly. It's so bad that he even needs help to go to the bathroom.

2. 有一科得了一百分　　不但都及格了　　我這次期末考

　..

3. 看了電影　　今天請我們喝了可樂　　他那個小氣鬼　　請我們吃了大餐

　..

4. 水可以不喝　　覺也可以不睡　　我哥哥一工作起來　　就什麼都忘了　　飯可以不吃

　..

5. 就躺下了　　老王喝醉了　　走著走著　　越走越慢

　..

課室活動

一、討論下面各問題。

1. 一對夫婦 (husband and wife, couple) 都有很理想的工作，有一個兩歲的孩子，生活很不錯。忽然太太有一個升級的機會，可是這個工作在另一個城市，離現在住的地方不近，開車要五六小時。如果你是這個太太，你怎麼辦？接受這個工作，搬到另一個城市去嗎？為什麼？先生不同意，怎麼辦？如果你是這個先生，你怎麼辦？同意太太接受這個工作嗎？為什麼？孩子怎麼辦？太太一個人搬去，你同意嗎？

2. 如果有一天，你發現你先生或（太太）有外遇了，你怎麼辦？假裝不知道？跟他談一談？去找那個第三者 (third party, intruder)？還是……？

3. 什麼樣的情形讓你覺得非離婚不可？如果你們的孩子求你們不要離婚，你還是非離不可嗎？

4. 如果你們正準備結婚，你未婚妻 (wèihūnqī, fiancee)（或未婚夫，fiance）說結婚以後要跟父母住在一起，你同意嗎？為什麼？

5. 如果你愛上了一個結了婚的人，你怎麼辦？什麼也不說就離開？還是告訴他（她），請他（她）接受你的愛？

6. 請問男同學，如果你太太是個女強人，你覺得怎麼樣？有沒有壓力？她的薪水比你高，或是比你有名，有沒有關係？

7. 請問男同學，如果你太太要出來競選參議員，甚至於總統，你願意支持她嗎？

二、從上面的問題中選一、兩個，確定情況，請學生表演。

短文

李小姐的一天

李小姐，昨天急急忙忙走進辦公室，剛坐下就聽到主任問：「李小姐，昨天請妳打的資料呢？沒有。接著又告訴她才放問題，抽屜，電話鈴響了，問樣子奇怪遲遲的文件。中午飯後，正想休息，就接是客戶問一堆要緊的電話，說孩子發燒。她想到學校：帶孩子去看桌上又多了一堆要緊的電話，趕回公司，已經晚了半個鐘頭。到孩子學校的電話，趕回他奶奶那兒，趕回公司。

病。再把孩子送到他奶奶那兒，趕回公司。

主任臉色很難看。

又忙了一個下午，可以下班了，她先打個電話給先生，叫他去接孩子，然後趕回家做晚飯。正在炒菜，隔壁王太太來了，說：陳太太，真不好意思，想跟你家米酒做菜。等孩子睡了，才能坐下看看她裝便當，照顧孩子吃藥。等孩子睡了，才能坐下看看電視、報紙。

李太太在公司是李小姐，在家是陳太太，要做一個現代的職業婦女，可真不容易啊！

Vocabulary:

1. 急急忙忙 (jí jí máng máng): hurriedly, busily, frantically

2. 抽屜 (chōu·tì): drawer

3. 鈴 (líng): bell

4. 客戶 (kèhù): client

5. 樣品 (yàngpǐn): sample product, model

6. 開會 (kāi//huì): to attend a meeting, to hold a meeting

7. 座位 (zuòwèi): seat

8. 堆 (duī): pile

9. 處理 (chǔlǐ): to manage, to deal with

10. 文件 (wénjiàn): documents, official documents, legal papers

11. 發燒 (fā//shāo): to have a fever

12. 便當 (biàndāng): lunch box, packaged meal

第二十三課

我看經濟發展

・臺灣工廠工作的情形（新聞局提供）

（林建國家客廳）

建國：叔叔，偉立的中文講得很好吧？

叔叔：嗯，好極了，聽起來跟中國人差不多了！

偉立：哪裡，哪裡，您太誇獎了！聽建國說，您這次是來開會
　　　的。

叔叔：對，開完會還跟幾個客戶見面，談了幾筆生意，訂了一部機器。**好不容易**今天中午才坐上了到這兒來的飛機。噢，建國，我帶了雙運動鞋給你，在你房間。等一下你穿穿看**大小**合不合適。

建國：哇！太棒了！謝謝叔叔。你們聊，我去去就來。（走開）

偉立：林叔叔[1]，您在貿易公司工作嗎？

叔叔：是啊！我們公司不算小，在美國有很多客戶。這次老闆派我來開會，**一方面也**了解一下市場上對我們產品的反應。

建國（回來）：叔叔，那雙鞋我穿起來正好，謝謝！

叔叔：不必謝，反正我也沒花錢，是工廠送我的樣品。

姐姐（在廚房叫）：建國！

建國：幹嘛？

姐姐：媽說菜快好了，你先擺好碗筷吧。

建國：好，就來。

※　　　※　　　※　　　※　　　※　　　※

（在飯廳）

爸爸：高偉立，嘗嘗你林媽媽做的菜，看你喜不喜歡。家明，你也別客氣，多吃一點兒。

偉立：我是晚輩，林叔叔先請[2]！

叔叔：真不簡單！中國的規矩也學會了。大家一起來吧！

媽媽：建國，去把烤箱裡的春捲拿出來[3]。偉立，（指著一盤菜[4]）

· 臺灣精品廣告（中華民國對外貿易發展協會提供）

· 臺灣產品 MIT（新聞局提供）

　　　　嘗嘗宮保雞丁。家明，你自己來。

偉立：謝謝。

叔叔：大嫂，今天可把您累壞了[5]！這杯我敬您。

媽媽：別客氣，自己人。希望能合你們口味。（建國回來）

姐姐：建國，你看到叔叔送我的網球拍沒有？做得真好。

建國：還沒。能不能借我？那我就可以穿著新鞋去打球了。

姐姐：**除非**你能保證不弄壞，否則別想。

建國：**哼**！小氣！

叔叔：這網球拍是臺灣外銷的，品質不錯，已經是名牌了。

偉立：林叔叔，我常在超級市場、百貨公司看到臺灣製造的東
　　　西，你們外銷的產品真多啊！

叔叔：是啊，臺灣生產的鞋、傘、玩具，外銷量都曾經佔世界
　　　第一位。

建國：哇！不得了！臺灣只是個小島，居然能生產那麼多東
　　　西！

叔叔：臺灣有很多小工廠啊！每家都努力生產，加起來就很多
　　　了。

偉立：怎麼有這麼多小工廠呢？美國的中小企業好像不多[6]。

叔叔：原因很多。**主要的是**我們的大資本家不多。而且不少人
　　　喜歡自己當老闆。

建國：當老闆那麼容易嗎？哪裡來那麼多錢啊？

叔叔：跟政府或銀行貸款就行啦！

偉立：這兩年常聽說「臺灣奇蹟」，很多人都好奇，你們是怎
　　　麼做到的？

叔叔：其實也不是什麼奇蹟，這是大家努力的結果。臺灣**所以**
　　　能有今天的成績，**是因為**各方面都配合得好，比方說，
　　　安定的社會、適當的政策、便宜的勞工、正確的投資等
　　　等[7]。

爸爸：這幾年經濟不景氣，臺灣也受到影響了吧？

叔叔：是啊，臺幣升值了很多，競爭能力就弱了[8]。而且工人
　　　的工資漲了**不說**，有時候**還要**罷工[9]，現在的生意不好
　　　做了。再不加油，恐怕我也要失業了。

媽媽：你們再不吃，菜要涼了。快吃吧！

生詞及例句

1. 叔叔 (shú·shu)　　　*N*: father's younger brother

2. 誇獎 (kuājiǎng)
   V/N: to praise, commend / praise (by someone of a higher position to
   someone of a lower position)
   (1) 老師誇獎他考試成績一次比一次好。
   (2) 張：你們表演得真精彩。
   　　李：哪裡，哪裡，謝謝你的誇獎。

3. 開會 (kāi//huì)　　　*VO*: to hold or attend a meeting
   這件事該怎麼解決，我們找幾個人來開個會討論一下吧！

4. 客戶 (kèhù)　　*N*: client
   他們公司是我們最大的客戶，跟我們買了不少電腦。

5. 筆 (bǐ)　　　*M*: **(amount of money)**

他為了買房子，跟我借了一大筆錢。

6. 機器 (jīqì)　　　*N*: **machine, machinery**（**M**：部）

現代人都忙得像機器一樣。

機器人 (jīqìrén)　　　*N*: **robot**

7. 大小 (dàxiǎo)　　　*N*: **size**

這棟公寓有兩個房間，大小跟我從前住的差不多。

8. 貿易 (màoyì)　　　*N*: **trade**

我叔叔開了一家貿易公司，進口各國的洗衣機。

9. 工廠 (gōngchǎng)　　　*N*: **factory, plant, workshop (M: 家)**

10. 樣品 (yàngpǐn)　　　*N*: **sample product, specimen**

請你把樣品送給客戶看看，如果他們喜歡，就按照這個樣子做了。

11. 幹嘛 (gànmá)

IE: **What do you want?! Why? Why on earth?**

⑴張：欣欣，進來一下。

　李：幹嘛？我在忙呢！

⑵他剛剛問你話，你幹嘛不說話？

12. 晚輩 (wǎnbèi)

N: **someone of a younger generation, one's junior**

我們雖然年紀差不多，可是你是我爸爸的表哥，所以我還是晚輩。

長輩 (zhǎngbèi)

N: **someone of an older generation, elder member of a family, one's senior**

輩子 (bèi·zi)　　　*N*: **lifetime, generation**

我姐姐四十多歲，已經過了半輩子了，還沒生孩子，我看這輩子沒希望了，大概得等下輩子了。

13. 烤箱 (kǎoxiāng)　　　*N*: **an oven for baking**

14. 大ㄉㄚˋ嫂ㄙㄠˇ (dàsǎo)

　　N: elder brother's wife, a polite title for a friend's wife similar in age
　　　to the speaker

　　我大嫂跟我哥哥結婚的時候已經三十歲了。

15. 網ㄨㄤˇ球ㄑㄧㄡˊ拍ㄆㄞ (wǎngqiúpāi)　　　*N*: tennis racket

　　拍ㄆㄞ (pāi)

　　V: to clap, beat, pat; to take a photo, shoot a film

　　　(1) 他一生氣，就拍桌子罵人。
　　　(2) 今天他們的表演精彩極了，我的手都拍痛了。
　　　(3) 這部電影拍了兩年才拍好。·
　　　(4) 這張照片拍得不錯，人跟風景都非常清楚。

16. 除ㄔㄨˊ非ㄈㄟ (chúfēi)　　　*A*: only if, unless

　　你要我答應你是不可能的，除非太陽從西邊出來。

17. 外ㄨㄞˋ銷ㄒㄧㄠ (wàixiāo)

　　V/N: to export, to sell abroad (or in another part of the country) /
　　　export sales

　　內ㄋㄟˋ銷ㄒㄧㄠ (nèixiāo)

　　V/N: to sell in the domestic market / domestic sales

　　　這種汽車外銷的價錢比內銷便宜，是為了打開外國市場。

　　外ㄨㄞˋ銷ㄒㄧㄠ量ㄌㄧㄤˋ (wàixiāoliàng)

　　N: volume or quantity of export sales

　　　這家工廠做的襯衫都出口，每個月的外銷量大概有一百萬
　　　件。

18. 品ㄆㄧㄣˇ質ㄓˊ (pǐnzhí)　　　*N*: quality (for commodities)

　　為了提高生活品質，他決定搬到郊區去住。

19. 名ㄇㄧㄥˊ牌ㄆㄞˊ (míngpái)　　　*N*: famous brand, name brand

　　她逛街的時候，只看名牌的東西，普通的，她連看都不看。

　　牌ㄆㄞˊ子ㄗ (pái·zi)　　　*N*: brand, trade mark; sign

　　　(1) 他穿的那件襯衫，口袋上面有一把雨傘，一看就知道是什
　　　麼牌子的。

(2)前面那個牌子上，好大一個「讓」字，難道你沒看見嗎？

打牌 (dǎ//pái)　　　*VO*: **to play mahjong or cards**

20. 百貨公司 (bǎihuò gōngsī)

　　N: **department store, general store**（**M**：家）

　　貨 (huò)　　　*N*: **goods, commodities**

　　　(1)我們超級市場賣的東西全是外國貨。

　　　(2)一分錢一分貨，便宜當然沒好貨。

21. 製造 (zhìzào)　　　*V*: **to make, manufacture**

　　　(1)這個牌子的汽車是哪家工廠製造的？

　　　(2)美國市場上可以看到很多臺灣製（造）的東西。

　　　(3)他常在籃下製造機會，讓隊友們投籃。

　　造句 (zào//jù)　　　*VO*: **to make sentences**

　　　老師留給我們的功課，除了翻譯，還有造句。

22. 生產 (shēngchǎn)

　　V/N: **to produce, manufacture; to give birth to a child / production; delivery**

　　　(1)這種照像機太老了，我們工廠已經不生產了。

　　　(2)我太太下個月要生產，到時候我就得請假。

　　產品 (chǎnpǐn)　　　*N*: **product, produce**

　　　我們公司的產品有：桌子、椅子、床、書架和衣櫃。

　　產量 (chǎnliàng)　　　*N*: **output, yield**

　　　阿拉斯加 (Alaska) 石油的產量，每天有多少桶？

23. 玩具 (wánjù)　　　*N*: **toy**

　　家具 (jiājù)　　　*N*: **furniture**

　　工具 (gōngjù)　　　*N*: **tool, instrument**

　　文具 (wénjù)　　　*N*: **stationery, office supply**

24. 佔……第一位 (zhàn ......dìyīwèi)

　　PT: **occupies the first position, constitutes or holds first place**

　　　中國大陸的人口佔世界第一位。

25. 企業 (qìyè)　　　*N*: **a business enterprise**

(1) 他們家有七、八個大工廠，還有十幾家公司，要管這麼大
的企業，真不容易啊！

(2) 由於中小企業的努力，臺灣的經濟才有今天的成績。

企業界 (qìyèjiè)

N: business circle, business world

26. 原因 (yuányīn)　　*N*: reason, cause

大部分人離婚的原因是個性不合或是有外遇。

27. 主要 (zhǔyào)　　*AT*: main, major, chief, principal

他在這個系裡當助教，主要的工作是帶學生做實驗。

28. 資本家 (zīběnjiā)　　*N*: investor

聽說有一個資本家願意拿出幾百萬支持他研究這種藥。

資本 (zīběn)　　*N*: capital

你們公司的資本只有一百萬，是小企業。

資本主義 (zīběnzhǔyì)　　*N*: capitalism

投資 (tóuzī)　　*V/N*: to invest money / investment

(1) 老王想開公司，可是資本不夠，就找了幾個朋友，每個人
投資二十萬。

(2) 教育也是一種投資，讓大家都念書，對國家社會都有好
處。

29. 貸款 (dài//kuǎn)　　*VO/N*: to take out a loan / a loan

(1) 我的學費不夠，念大學都是跟銀行貸款的。

(2) 我買房子的貸款還沒還完，所以不能亂花錢。

30. 奇蹟 (qíjī)　　*N*: miracle, wonder

醫生說：這個病人能醒過來，是一個奇蹟。

31. 結果 (jiéguǒ)

N/A: result, outcome, consequence; as a result, in the end

(1) 大家都認為他們的感情不會有結果。

(2) 我們練習了很久，結果還是輸了。

32. 比方說（比如說）(bǐfāngshuō) (bǐrúshuō)

IE: for example

他喜歡戶外 (outdoor) 的休閒活動，比方說：釣魚、露營、健
行什麼的。

33. 適當 (shìdàng)

　　SV: **to be suitable, proper, appropriate**

　　念書雖然重要，可是也需要有適當的運動。

34. 政策 (zhèngcè)　　　*N*: **policy**

　　我們公司的政策是「品質第一」。

35. 勞工 (láogōng)　　　*N*: **laborers, workers**

　　工人 (gōngrén)　　　*N*: **worker, workman**

　　這個工廠有一千多個工人，所以老闆很注意勞工的生活環境
　　跟工作安全。

　　工業 (gōngyè)　　　*N*: **industry**

　　工業革命發生以後，人類就開始用機器製造東西了。

36. 正確 (zhèngquè)　　　*SV/A*: **to be correct, right / correctly**

　　你能不能教我毛筆的正確拿法？

37. 景氣 (jǐngqì)

　　SV/N: **to be prosperous, booming / prosperity, an economic boom**

　　⑴現在家具市場相當不景氣，很多工廠都停工了。

　　⑵現在景氣已經慢慢兒地變好，你可以放心投資了。

38. 臺幣 (táibì)

　　N: **New Taiwan Dollars (N.T. Dollars, N.T.), currency used in the
　　Republic of China**

　　人民幣 (rénmínbì)

　　N: **currency used in the People's Republic of China**

　　現在一塊人民幣可以換幾塊臺幣？

39. 升值 (shēngzhí)

　　V/N: **to appreciate in value / appreciation in value (for currency)**

　　⑴從前一塊美金可以換四十多塊臺幣，現在臺幣升值了，只
　　　能換二十多塊了。

　　⑵臺幣升值對做進出口生意有很大的影響。

40. 能力 (nénglì)　　　*N*: **ability, capability**

他語言方面的能力很強，做翻譯工作很適合。

41. 工資 (gōngzī)　　　*N*: **wage, salary**

有經驗的工人，工資當然比剛來的人高。

工錢 (gōngqián)

N: **wage, pay ; payment for odd jobs**

你幫別人割草，就這麼點工錢！不如去工廠上班，工資高多了。

42. 漲 (zhǎng)　　　*V*: **to rise, elevate (of water level, prices, etc.)**

房東說：明年房租要漲五十塊，一個月就三百塊了。

漲價 (zhǎng//jià)　　　*VO*: **to increase in price**

因為中東 (Middle East) 戰爭，石油都漲價了。

43. 罷工 (bà//gōng)　　　*VO*: **to strike, go on strike**

(1) 他們罷工的原因是老闆不肯提高他們的工資。

(2) 難怪等了那麼久，都沒有車來，原來公車司機罷工。

罷課 (bà//kè)　　　*VO*: **to protest by not attending class**

他們罷了一天課，是希望政府知道他們不同意減少教育經費。

44. 失業 (shīyè)

V/N: **to lose one's job, be out of work, be unemployed / unemployment**

(1) 他失業了一年，才找到現在這個工作。

(2) 由於經濟不景氣，失業率一年比一年高。

歎詞 Interjections

1. 哼 (hēng)　　　*I*: **[indicates dissatisfaction, disdain, or anger]**

哼！不借就不借，我自己去買一個。

注釋

1. 林叔叔 means "Uncle Lin." 叔叔 refers to one's father's younger brother, but Chinese people also address their father's younger male friends as 叔叔. In this chapter, 偉立 meets 建國's uncle. He uses 叔叔, placing it after the uncle's surname, 林, to form the title 林叔叔.

2. "我是晚輩，林叔叔先請。" means "After you, Uncle Lin; you are elder." When Chinese eat together, younger people wait for the elders to serve themselves first. At a banquet, they let the oldest take their food first as each course is served.

3. "把烤箱裡的春捲拿出來" means "take the spring rolls out of the oven." Spring rolls are deep fried not baked. However, since the rolls taste better eaten hot, Mrs. 林 put them in the oven to keep them warm.

4. "指著一盤菜" means "point to a dish." In Chinese society, the host at a meal often serves the guest by placing food onto his/her bowl. Some Westerners, however, do not appreciate this courtesy as they might receive something they do not like. They would rather the host simply recommend a dish by pointing to it, and then let the guests serve themselves. That is why 建國's mother is pointing.

5. "今天可把您累壞了" means "You must be worn-out today (from making the meal) ." This is a polite remark. It can be used when one is invited to a friend's place, and he/she has prepared food for you. It expresses one's appreciation and acknowledges the trouble that someone has gone through. This expression also is an appropriate way to say thank you after someone has been of assistance.

6. "美國的中小企業好像不多。" "There are not many small businesses in the United States" (compared to the number of small businesses in Taiwan) The definition of a "small business" in Taiwan is a corporation with less than NT$ 40,000,000 (roughly equivalent to US$1.6 million) in capital. A few years ago such small businesses constituted approximately 90

% of all the businesses in Taiwan. There are relatively few large corporations, so capital is not very concentrated.

7. 臺灣奇蹟 means the "Taiwan miracle." Many factors are responsible for the successful economic development of Taiwan. In brief, the government first passed a law in 1951 (三七五減租) which lowered the cost for farmers to lease land. Next, in 1952 came 公地放領, the sale of public land to farmers without property. This law resulted in more evenly distributed land and capital. The government started the first economic construction plan in 1953. First priority went to projects which required low capital investment and technological input. Because another government objective was to create jobs, the projects also were labor intensive. In 1959 more emphasis was given to projects supporting the export market. Finally from 1974 to 1980, ten major infrastructure projects were completed which transformed the island. These included the first super highway on the island, the international airport, Taichung harbor, development of the steel industry, development of a ship building company, etc. The whole society worked very hard over this period. Small businesses in particular benefited from implementation of these projects. All involved the implementation of new technology which allowed the projects to expand in size and in degree of sophistication. As various infrastructure and industrial projects were completed the general pace of economic development accelerated.

8. "臺幣升值，競爭能力就弱了。" Taiwan's economy is export oriented. For many years about half of the country's exports were shipped to the United States, but relatively few American products were being imported. The government of the United States wanted of course to decrease the trade imbalance. In 1985 they began demanding appreciation of the Taiwan Dollar. The rate until then had been NT$ 40 to US$ 1. By August 1992 it had risen to approximately NT$ 25 to US$ 1. As the Taiwan Dollar appreciated, the price of exports became higher and it became much more difficult to compete in the international market.

9. "工資漲了不說，有時還要罷工。" In comparison to the past few

decades, Taiwan now enjoys much greater economic development and political freedom. As living standard increase, people demand more for their life. A law protecting labors' rights (勞動基準法) was passed in 1984. Following this, the workers' unions became more powerful. This movement also benefited from the cessation of martial law in July 1987. Before the early 1980's the management of almost all businesses was kept within the same family, passing from one generation to the next. In such businesses workers had little input in management decisions, preventing them from being aware of critical issues and organizing themselves for a strike. Also during this time there was always a plentiful supply of workers to fill available positions. A third mitigating factor against strikes at this time was the subservient position of women in the work force. For all these reasons strikes were unknown prior to 1988.

文法練習

☞ **一** 好不容易 very difficult

⊙……好不容易今天中午才坐上了到這兒來的飛機。

...... it was very difficult to catch the plane here at noon today.

用法說明：「好不容易」的後面是已經發生的情況，能達成這樣的情況非常不容易。有感歎的意思。有沒有「不」意思一樣。常與「才」連用。

Explanation: Following 好不容易 is a completed situation or event which was very difficult to achieve. This pattern carries the tone of a sigh. It has the same meaning with or without 不 and is often used in conjunction with 才.

練習：請用「好不容易」完成下面各句。

Exercise: Please complete the sentences below using 好不容易.

1. 我姐姐快做媽媽了，她高興極了，因為結婚八年，<u>好不容易懷孕</u>

了。

My elder sister is going to be a mother soon. She's really happy because she's been married for eight years and it was very difficult to get pregnant.

2. 院子裡的草很長，我哥哥剪了一下午，<u>好不容易才剪　</u>。

3. 想看紐約芭蕾舞團表演的人好多，我昨天排了半天的隊，<u>好不容易才買到　票</u>。

4. 我們兩個人語言不通，我解釋了半天，好不容易才<u>說出來了</u>

5. 考試快到了，圖書館天天客滿，我好不容易才<u>到　一個位子</u>。

☞ **二**　SV Opp. SV（兩個相反的單音節 SV）

⊙ 等一下你穿穿看大小合不合適。

You can try them on for size in just a moment.

用法說明：兩個意思相反的單音節 SV 結合成一個名詞，表示數量、性質跟程度的觀念。如果有確實的數值，則有更合適的名詞可用，如：「高矮」可說「高度」。

Explanation: Two single syllable SVs of opposite meaning combine to form a noun which means "quantity, quality, or degree." If a specific number is given, then a different noun should be used. For example, instead of 高矮 (tall + short = height), 高度 (height) should be used.

練習：Exercise:

(一)說出下面各詞的相反詞。

Please state the antonym for each of the words below.

1. 多少　2. 高低　3. 好壞　4. 快慢　5. 冷熱　6. 胖瘦
7. 遠近　8. 長短　9. 輕重　10. 美醜　11. 早晚　12. 大小

(二)說出下面各名詞可替代的兩個相反的 SV。

Please state a noun composed of two SVs which could be substituted for the nouns below.

1. 數量 (quantity) 多少　2. 高度 (height) 高低　3. 品質 (quality) 好壞

4. 速度 快慢　　　5. 溫度 熱冷　　　6. 體重 (weight of body) 胖瘦

7. 距離 (distance) 近遠　　8. 長度 (length) 長短　　9. 重量 (weight) 輕重

10. 美的程度 美醜　　11. 時間 　　12. 空間 (space)、尺碼、尺寸 (size) 大小

(三)請填入合適的「兩個相反的 SV」或名詞。

Please fill in the blanks with the appropriate pair of SVs or noun.

1. a. 高度 多少公尺以上才可以叫高原？

　 b. 各位小朋友，請你們按 高矮 排好，高的在後面。

2. a. 沙漠地區，白天晚上的 溫度 會差幾十度。

　 b. 小孩子不知道 熱冷 ，天冷了也不知道加衣服。

3. a. 對不起，你穿八號的，我們沒有這個 尺寸 的襯衫。

　 b. 這個房間的 大小 跟我上學期住的一樣大。

4. a. 坐飛機的時候，行李的 大小輕重 有一定的規定，你的行李太重，恐怕得加不少錢。

　 b. 小王說話沒 輕重 ，常常在長輩面前說不客氣的話，讓人生氣。

5. a. 那個孩子一出去玩就忘了 ＿＿＿＿＿＿ ，連天黑了都不知道回家。

　 b. 有的人打電話的時候，不管 ＿＿＿＿＿＿ ，半夜也打，很沒禮貌。

☞ 三　……，一方面 (N/PN) 也……　　additionally, and also

⊙這次老闆派我來開會，一方面也了解一下市場上對我們產品的反應。

This time the boss sent me to attend this meeting and also to gain some understanding of the market's reaction to our products.

用法說明： 本句型跟「一方面……，一方面……」用法類似，表示做一件事除了有前述原因以外，還附帶有「一方面 (N/PN) 也……」後面的這個原因。

Explanation: The usage of this sentence pattern is similar to "一方面……，一方面……" . It shows that, beyond the reasons previously stated or implied, there is another reason, stated after "一方面 (N/PN) 也……".

練習：請用「……，一方面 (N/PN) 也……」完成下面各句。

Exercise: Please complete the sentences below using the "……，一方面 (N/PN) 也……" pattern.

1. 革命軍力量太弱，<u>一方面人民也希望安定，</u>所以革命最後沒有成功。

   The revolutionary army's strength was too weak. Additionally, the people wished for stability. So in the end the revolution did not succeed.

2. 我不想參加那個旅行團，那些地方我都去過了，<u>一方面</u> 我 也 <u>不喜歡旅行團。</u>

3. 這個公寓房租很便宜，<u>一方面</u> 空間 也很大，所以他決定租了。

4. 我這次去紐約，除了要談生意，看朋友，<u>一方面</u> 我 也 <u>要去看 GROUND ZERO.</u>

5. 我們的產品一出來，就很受歡迎，除了東西的品質好，廣告做得成功，<u>一方面</u> 價錢 也 很便宜。

☞ **四　除非**　　only if, unless　否則

⊙除非你能保證不弄壞，否則別想。

Unless you can guarantee that you won't break it, then don't even think about it.

用法說明：「除非」的後面是不可缺少的唯一條件，表示「一定要這樣」，可以跟「才」、「否則」、「要不然」連用。

Explanation: Following 除非 is the only acceptable condition. It shows that no other way is acceptable. This can be used in conjunction with 才, 否則, or 要不然.

練習：請用「除非」完成下面對話。

Exercise: Please complete the dialogues below using 除非.

1. 張：我想向銀行貸款，你看我借得到嗎？

   Chang: I'm thinking about taking out a loan from the bank. Do you think

I'll be able to get it?

李：除非你的信用好，要不然他們是不會借給你的。

Lee: Only if your credit is good; otherwise they won't lend it to you .

2. 張：我要怎麼樣，你才能原諒我？

想家

李：除非你跟他分手我不會原諒你。

3. 張：警察可以隨便抓人嗎？ →否則

李：除非你犯罪他們不能抓你。

Chúfēi bǎ gōng kè xiě zuò wán, fǒu zé bù kěyǐ kàn diànshì

4. 張：這個工作，你真的不想做下去了嗎？

李：除非老闆給我升薪水，我不要做下去。

5. 張：今天天氣不好，棒球賽會改時間嗎？

李：除非下雪，棒球賽是今天。

☞ **五** ……，主要的是……　　the main / principal issue is……

⊙原因很多。主要的是我們的大資本家不多。

There are many reasons. The main one is that there aren't enough big investors.

用法說明：「主要的是」的後面是一種情況或東西，這個情況或東西是前面提到事情的最大原因或構成部分。

Explanation: Following 主要的是 is a situation or thing that is the biggest reason or factor for the previously mentioned situation.

練習：請用主要的是……完成下面各句。

Exercise: Please complete the sentences below using "主要的是……".

1. 你這次沒考好，題目也許難了一點，不過主要的是你準備得不夠。

The reason you tested poorly this time could be because the questions were a little more difficult, however, the main reason is because you did not properly prepare .

2. 這次晚會準備的節目很多，主要的是目前的經濟情形。

3. 我們工廠製造的產品種類很多，主要的是完且。

4. 這位教授上課很有意思，可是我選這門課，主要的是　　　　。

5. 他們公司做不下去關門，除了工人罷工，主要的是大陸的 competition。

☞ 六 NP（之）所以……，是因為……

the reason that NP......, is because......

⊙臺灣所以能有今天的成績，是因為各方面都配合得很好。

The reason Taiwan is as successful as it is today is because each aspect was very well coordinated.

用法說明：本來是「因為……，所以……」的句型，倒過來說成「NP（之）所以……，是因為……」是為了突顯原因或理由。

Explanation: The original pattern is "因為……，所以……", which has been flipped to become "NP（之）所以……，是因為……". This reversal of the order of the cause and result gives greater emphasis to the cause.

練習：請用「NP（之）所以……，是因為……」回答下面問題。

Exercise: Please answer the questions below using the "NP（之）所以……，是因為……" pattern.

1. 他們工廠的工人是因為工作環境不理想，才罷工的嗎？

Are their factory workers on strike because the work environment is not ideal?

→不是，他們所以罷工，是因為 ＿＿＿＿＿＿＿＿＿＿。

No. They are on strike because....

2. 那個大學並不有名，你弟弟為什麼要念呢？

＿＿我弟弟人要念這個大學是因為離他們家很近＿。

3. 你們的網球拍做得這麼好，怎麼沒外銷呢？

＿所以沒有外銷是因為公司太小。

4. 既然你姐姐不喜歡工作，為什麼還要出來上班呢？

＿他所以要出來上班，是因為沒罪錢。

5. 張先生第一次出來競選，大家都不太認識他，你為什麼要投他呢？

這個孩子
他所以很 高興 是因為 他家裡的 huanjing āndìng.

☞ 七 ······不說，還······

It goes without saying......, beyond that / what's more ......(don't even mention......, even......)

⊙······工人的工資漲了不說，有時候還要罷工······

Not to mention that worker's salaries have increased, furthermore they go on strike......

用法說明：「不說」的前面是大家公認的事實，「還」的後面是比說話者預期程度更高的情況。

Explanation: Preceding 不說 is something that is generally recognized by everybody, and following 還 is a situation that goes beyond the speaker's expectations that are based on this generally recognized fact.

練習：請用「······不說，還······」完成下面各句。

Exercise: Please complete the sentences below using the pattern "······不說，還······".

1. 那部連續劇劇情無聊不說，演員的演技還很爛，當然沒人看。

   It goes without saying that that television series is boring. Beyond that, the acting is terrible. Of course nobody watches it.

2. 弟弟考壞了，你不安慰他不說，還 <u>罵他</u> ，實在不像哥哥！

3. 這個網球拍品質差不說，還 <u>很貴</u> ，誰願意買啊?!

4. 九號今天表現真差，投籃老投不進不說，還 _____。

5. 老張的壞習慣太多了，抽煙、喝酒不說，還 _____。

☞ 八 歎詞「哼」的用法　　The use of Interjection 哼

⊙哼！小氣！

Hmmph! Miser!

用法說明：「哼」語調低降、短促，表示不滿、不屑或氣憤。

Explanation: 哼 is said low, falling, and short. It shows a feeling of dissatisfaction, disdain, or anger.

練習：請根據所給情況用「哼」表示不滿或氣憤。

Exercise: Please use 哼 to show dissatisfaction, disdain, or anger in the situations described.

1. 你請朋友去看電影，朋友不願意去，你很不高興。

You invite your friend to see a movie, but your friend doesn't want to go. You are very unhappy.

→哼！不去就算了！

Hmmph! If you don't want to go, then forget it!

2. 弟弟說他有一次釣了一條八十磅的魚，你不相信。

....

3. 聽姐姐說男朋友要跟她分手，你覺得那個人很可惡。

....

課室活動

一、Role Playing

請兩位同學來表演，一個演工廠老闆，一個演工人代表。工人們因為物價漲了，要求加薪。老闆因為經濟不景氣，工廠不賺錢，不答應加薪，工人就開始罷工。已經罷工兩天了，老闆為了解決問題跟工人代表談話。請演出來他們怎麼談話。

可能用到的字：關閉 (guānbì, to close up , to shut down), 讓步 (to yield), 仲裁 (zhòngcái, to arbitrate; arbitration), 養家 (yǎng//jiā, to support a family), 條件 (conditions, requirements), 賠償 (péicháng, to compensate; compensation)

二、討論問題：

1. 你覺得一個國家的經濟應該由政府來計劃、領導，還是應該讓經濟自由發展？為什麼？

2. 學生如果認為學校或老師有些作法不對，可以罷課嗎？你會參加嗎？

3. 經濟不景氣對你的生活品質有沒有影響？你會改變你的休閒活動嗎？

短文

黃老闆的感慨₁

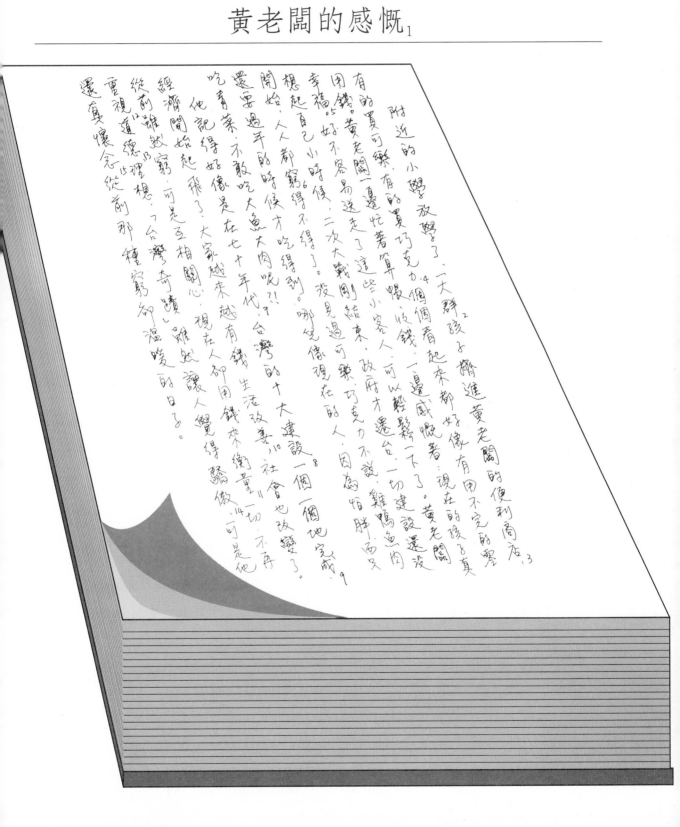

附近的小學放學了，一大群₂孩子擁進黃老闆的便利商店₃，有的買可樂，有的買巧克力₄，一個個看起來都好像有用不完的零用錢。黃老闆一邊忙著算帳、收錢，一邊感慨著：現在的孩子還真幸福。

想起自己小時候，二次大戰剛結束，政府才遷台，一切建設還沒開始，人人都窮得不得了。哪像現在的人，因為胖而只想著青菜，不敢吃大魚大肉呢？！吃青菜，好像是在七十年代，還要過年的時候才吃得到。

他記得小時候家窮，可是互相關心。台灣經濟開始起飛了，大家越來越有錢，生活改善，社會也改變了。台灣的十大建設₈一個一個地完成₉，從前窮，可是互相關心，現在人卻用錢來衡量₁₄一切，不再重視道德、理想。他還真懷念從前那種窮卻溫暖的日子。

Vocabulary:

1. 感慨 (gǎnkǎi): extremely powerful, maudlin or sentimental feelings

2. 群 (qún): group

3. 便利商店 (biànlì shāngdiàn): convenience store

4. 巧克力 (qiǎokèlì): chocolate

5. 幸福 (xìngfú): fortunate, lucky

6. 窮 (qióng): to be poor

7. 年代 (nián dài): decade, period

8. 十大建設 (shí dà jiànshè): ten big government sponsored construction projects in Taiwan in the 1970's

9. 完成 (wánchéng): to finish, complete

10. 改善 (gǎishàn): to correct, make better, improve

11. 衡量 (héngliáng): to weigh, to judge

12. 重視 (zhòngshì): to value, to place importance upon

13. 道德 (dàodé): morality

14. 驕傲 (jiāoào): to be proud

15. 懷念 (huái niàn): to miss, to reminisce

第二十四課

交通的問題

· 臺北的交通（新聞局提供）

(活動中心外面)

偉立：欸？那個穿紅上衣的是不是美真？

建國：我也不敢確定，我來叫叫看。（大聲）謝美真！

美真（轉頭）：原來是你們。怎麼都在這兒？

偉立：我上完課，**剛一**出教室，**就**碰到了建國。我們看太陽這麼好，就決定來這兒曬曬太陽，聊聊天。

美真：太陽一好，就有男生脫了上衣、女生脫了鞋子，隨便
　　　找個地方坐下曬太陽，我看了真不習慣[1]。

建國：看多了就習慣了。好久沒看見你了，忙什麼啊？

美真：期中考跟報告啊！另外就是幫同學會收捐款。

建國：噢，對了！我收到通知了。你說**的**捐款**就是**給那對出車
　　　禍的夫妻的吧？

偉立：怎麼回事兒？誰出車禍了？

美真：有一對留學生夫婦，上個週末帶著孩子開車出去玩，
　　　回來的時候，遇上一場大雨。大概因為路滑，又看不
　　　清楚，就撞上了對面來的大車。先生當場就死了。

偉立：太太怎麼樣？

美真：太太昏迷不醒，被抬上救護車送到醫院動手術，輸了
　　　很多血，因為傷得太重，成了植物人了。

建國：孩子呢？

美真：他坐在後座，只是輕傷，當天就出院了。可是很多事
　　　情學校沒辦法處理，已經通知他們在大陸的家人了。

建國：為什麼捐錢呢？他們的經濟情況不好嗎？

美真：這對夫婦**靠**獎學金跟太太打工賺的錢**生活**。雖然平常
　　　很節省，還是沒留下什麼錢。而且這個孩子才十歲，
　　　父母又都出了事，所以我們想捐點錢**好**幫助他。

偉立：真可憐！我也捐一點兒吧！

中華民國交通標誌
Traffic Signs

警告標誌 warnings		禁止標誌 prohibition	遵行標誌 regulatory	指示標誌 guidance & services			
警1 右 彎	警31 路面高突	禁16 禁止右轉	遵1 停車再開	指7 路線方位指示 （向東行）	指21-1 觀光地區	指46 停車處	指54 餐旅服務
警2 左 彎	警32 路面低窪	禁17 禁止左轉	遵7 僅准直行	指8 路線方位指示 （向南行）	指22 地名方向指示	指47 人行天橋	指55 學 校
警3 連續彎路 先右彎	警33 路 滑	禁18 禁止迴車	遵8 僅准右轉	指9 路線方位指示 （向西行）	指25 路 名	指48 人行地下道	指56 醫 院
警4 連續彎路 先左彎	警34 當心行人	禁19 禁止超車	遵9 僅准左轉	指10 路線方位指示 （向北行）	指27 慢速車靠右	指49 救護站	指57 避車道
警11 岔 路	警35 當心兒童	禁20 禁止行人通行	遵10 僅准右轉 及左轉	指17 行車方向指示 （直行後右轉）	指28 大型車靠右	指50 修理站	指58 此路不通
警12 岔 路	警36 當心殘障者	禁21 禁止停車	遵21 圓環遵行方向	指18 行車方向指示 （直行後右轉）	指29 車道指示	指51 加油站	指38 高速公路 服務區預告
警13 岔 路	警49 慢 行	禁22 禁止臨時停車	遵22 行人專用	指19 行車方向指示 （直行後左轉）	指30-2 高速公路指引	指52 電 話	指42 公路收費站 預 告
警14 岔 路	警50 危 險	禁1 禁止進入	遵23 四輪以上汽 車專行	指20 行車方向指示 （直行後左轉）	指37-1 高速公路出口	指53 渡 口	指43 路況廣播

- 中華民國交通標誌 (Traffic Signs)

※　　　※　　　※　　　※　　　※　　　※

（在酒館）

陸康：上個週末我開車去波士頓，沒想到那兒的交通那麼亂。我在市區找了半天，也沒看見一個停車位，而且我發現停車費都貴得不得了。

偉立：你下次去，把車停在郊區的停車場，再坐地下鐵進市區，**既**省錢**又**省時間。

陸康：這倒是個好辦法。欸，對了，美真，給那對夫婦的捐款，你收到多少了？

美真：大概四千五百塊**左右**，應該會超過五千塊。

陸康：因為地方報上也登了這個消息，大家都很同情他們，現在**不止**是中國人，連美國人也捐錢了。

美真：這裡的馬路很寬，路況也很好，大家也都遵守交通規則[2]，要不是下雨路滑，大概不會出這麼大的車禍。

偉立：會不會是他的速度太快，煞車煞不住，才出事的？

陸康：也有可能。難怪警察常常抓那些超速的。

偉立：我從來不開快車，可是有一次參加派對，喝了一點酒，開車回家的時候，被警察抓到，開了一張罰單，真划不來。

美真：現在臺灣對酒後開車的人處罰也比以前重多了[3]。從前罰的最多的是超速、闖紅燈、亂超車。

陸康：我最怕的是臺北的摩托車，塞車的時候，鑽來鑽去，甚至於騎上人行道[4]。

偉立：怎麼會這樣？

陸康：你不知道，臺北的車多，騎摩托車上下班反而方便。

美真：就是這麼亂，所以我雖然有駕照，還是不敢在臺北開車[5]。

陸康：很多人都跟你一樣。欸，這邊的駕照，你考了嗎？

美真：下禮拜三才考。

陸康：你去考試的時候，看到「停車再開」的標誌[6]，**千萬別**忘了停車，也別忘了一上車就繫安全帶[7]。

美真：謝謝，我會注意的。

・雙層高架橋：臺北水源快速道路（臺北市政府工務局新工處　林醒嵐攝）

生詞及例句

1. 確定 (quèdìng)　　V: to confirm, to be sure

　　你確定他上了飛機了嗎？為什麼名單上沒有他的名字呢？

2. 捐款 (juān//kuǎn)

　　VO/N: to donate money, contribute money

　　(1) 那幾位企業家答應捐款，幫助沒有錢上大學的人。

　　(2) 這幾筆捐款都是校友捐的。

3. 車禍 (chēhuò)　　N: traffic or road accident

　　在高速公路上開車，很容易睡著，不小心就發生車禍了。

4. 夫妻 (fūqī)　　N: husband and wife（M：對）

　　妻子 (qī·zi)　　N: wife

　　夫婦 (fūfù)

　　N: husband and wife, married couple（M：對）

　　這對夫婦感情非常好，所以太太快死的時候，對先生說：
　　「真希望我們下輩子還能做夫妻。」

　　未婚夫 (wèihūnfū)　　N: fiance (male)

　　未婚妻 (wèihūnqī)　　N: fiancee (female)

5. 遇上 (yù//·shàng)　　RC: to meet, to run into, run across

　　我們在日本旅行的時候，沒想到遇上了大地震。

6. 撞上 (zhuàng·shàng)

　　RC: to meet by chance, bump into by accident

　　我第一次開車出去，就撞上了一棵大樹。

　　撞 (zhuàng)　　V: to run into, to collide with, to bump

　　他氣得一直用頭撞牆。

　　撞到 (zhuàng//·dào)

　　RC: bump into, hit by accident

　　他去搶球的時候，不小心撞到了對方的頭。

　　撞球 (zhuàngqiú)　　N: billiards, pool

撞球這個運動，不管對年輕人、老人都很合適。

7. 對面 (duìmiàn)　　*PW*: opposite or facing side

學校前面的公車不到你家，你應該到對面去坐。

8. 當場 (dāngchǎng)　　*A*: on the spot, then and there

聽說得獎了，她高興得當場就哭起來了。

當天 (dāngtiān)　　*TW*: on the same day, that day

那個地方很近，早上去，當天就可以回來。

當時 (dāngshí)　　*TW*: at that time, then

我表弟對客人很不禮貌，當時我姑姑沒說什麼，客人走了以後，才罵了他一頓。

9. 昏迷不醒 (hūnmí bù xǐng)

IE: to be unconscious, in a coma, comatose

他吃錯了藥，昏迷不醒已經兩天了。

昏倒 (hūndǎo)　　*RC*: to faint, to pass out

她一聽到她兒子被車撞死的消息，就昏倒了。

10. 抬 (tái)

V: to lift, to raise (part of one's body); to lift, to carry (an object by two or more people)

那個冰箱太重，兩個人恐怕也抬不動。

抬頭 (tái//tóu)　　*VO*: to raise one's head, to look up

他覺得不好意思，所以不敢抬起頭來。

11. 救護車 (jiùhùchē)　　*N*: ambulance（M：輛／部）

救 (jiù)　　*V*: to rescue, save, salvage

看見孩子掉進河裡，他就馬上跳下去救孩子。

護士 (hùshì)　　*N*: (hospital) nurse

救火 (jiù//huǒ)　　*VO*: to fight a fire, to put out a fire

喂，喂，喂，你們快派人來救火，要不然火越來越大，就沒辦法控制了。

救火車 (jiùhuǒchē)　　*N*: fire truck, fire engine

12. 醫院 (yīyuàn)　　*N*: hospital（M：家）

出ㄔㄨ院ㄩㄢˋ (chū//yuàn)

VO: **to leave a hospital, be discharged from a hospital**

住ㄓㄨˋ院ㄩㄢˋ (zhù//yuàn)

VO: **to be hospitalized, be admitted to a hospital for treatment**

我們才聽說他生病住院了，去醫院看他，他卻已經出院了。

13. 動ㄉㄨㄥˋ手ㄕㄡˇ術ㄕㄨˋ（開ㄎㄞ刀ㄉㄠ）(dòng//shǒushù)(kāi//dāo)

VO: **to operate on a patient, to perform surgery; to have surgery performed**

他鼻子裡長了一個東西，醫生說得動手術拿出來。

手ㄕㄡˇ術ㄕㄨˋ (shǒushù)　　*N*: **surgical operation, surgery**

手ㄕㄡˇ術ㄕㄨˋ房ㄈㄤˊ（開ㄎㄞ刀ㄉㄠ房ㄈㄤˊ）(shǒushùfáng)(kāidāofáng)

N: **operating room**

14. 輸ㄕㄨ血ㄒㄧㄝˇ (shū//xiě)　　　*VO*: **to transfuse blood**

這是小手術，不需要輸血。

血ㄒㄧㄝˇ (xiě)　　*N*: **blood**

流ㄌㄧㄡˊ血ㄒㄧㄝˇ (liú//xiě)　　*VO*: **to bleed**

他的頭破了，流了滿臉的血。

捐ㄐㄩㄢ血ㄒㄧㄝˇ (juān//xiě)　　*VO*: **to donate blood**

醫院的血不夠了，希望大家去捐血。

15. 植ㄓˊ物ㄨˋ人ㄖㄣˊ (zhíwùrén)

N: **"human vegetable," person in a coma**

他弟弟是植物人，全身都不會動，得靠他照顧。

植ㄓˊ物ㄨˋ (zhíwù)　　*N*: **plant, vegetation**

16. 後ㄏㄡˋ座ㄗㄨㄛˋ (hòuzuò)　　*N*: **back seat**

前ㄑㄧㄢˊ座ㄗㄨㄛˋ (qiánzuò)　　*N*: **front seat**

出車禍的時候，坐在前座比坐在後座危險。

17. 輕ㄑㄧㄥ傷ㄕㄤ (qīngshāng)　　*N*: **light injury, minor wound**

重ㄓㄨㄥˋ傷ㄕㄤ (zhòngshāng)　　*N*: **serious wound, major injury**

報上說上次颱風來的時候，死了四個人，重傷一個，輕傷七個。

18. 處理 (chǔlǐ) 　　*V*: to deal with, manage, handle

公司發生事情的時候，由誰來處理？

19. 節省 (jiéshěng)

SV/V: to be economical, frugal/ to save, economize

⑴ 他雖然很有錢，可是一毛錢都不隨便亂花，節省得不得了。

⑵ 為了節省大家的時間，請你長話短說。

20. 停車位 (tíngchēwèi) 　　*N*: parking space

停車費 (tíngchēfèi) 　　*N*: parking fee

這裡的停車費是按小時算的。

停車場 (tíngchēchǎng) 　　*N*: parking lot

這個停車場很大，有三千個停車位。

21. 地下鐵 (dìxiàtiě) 　　*N*: subway

22. 左右 (zuǒyòu) 　　*A*: approximately, "or so"

從這裡開車到波士頓，大概要兩個鐘頭左右。

23. 超過 (chāoguò) 　　*V*: to surpass, to be greater than

這個島上，人口超過一百萬的城市只有兩個。

24. 登 (dēng)

V: to place (an ad, etc.); to climb (a mountain, etc.)

他在報上登了一個賣汽車的廣告。

25. 不止 (bùzhǐ) 　　*A*: not only, more than

我不止一次地告訴他，別做那些危險的動作，可是他不聽。

26. 寬 (kuān) 　　*SV*: wide

這條河太寬了，從這邊都看不到那邊。

27. 路況 (lùkuàng) 　　*N*: road conditions, traffic conditions

開車上路以前，最好先了解一下路況。

情況／情形 (qíngkuàng/qíng·xíng)

N: state of affairs, condition, circumstance

他出國很多年了，所以很想知道國內的情況。

你覺得台灣的 怎麼樣。

28. 交通規則 (jiāotōng guīzé)

N: traffic rules, traffic laws

我不懂這裡的交通規則,所以不敢在這裡開車。

規則 (guīzé)　　　*N*: rules, regulations

她每次玩牌都不遵守規則,所以大家都不喜歡跟她玩。

台灣的 速很大快

29. 速度 (sùdù)　　　*N*: speed, velocity; tempo (in music)

他哥哥看書的速度很快,沒有人比得上。

30. 煞車／剎車 (shà//chē)

VO/N: to apply brakes in a vehicle/ brakes

⑴紅燈亮了,你沒看見嗎?趕快煞車!

⑵這部車的煞車一定有問題,要不然怎麼停不住?

31. 超速 (chāosù)　　　*V*: to surpass the speed limit

你別開太快,小心超速了,警察來抓你。

超車 (chāo//chē)　　　*VO*: to pass a car

他太太快生了,他為了趕到醫院去,一連超了好幾部車。

32. 開罰單 (kāi//fádān)

VO: to write out a ticket for a violation

找不到停車位,只好把車停在店門口,沒想到才幾分鐘,就被開了罰單。

開 (kāi)　　　*V*: to fill out, to write out, to issue

我帶的現金 (cash) 不夠,開張支票給你,行不行?

罰單 (fádān)

N: ticket for a violation, fine（M：張）

處罰 (chǔfá)

V/N: to punish, penalize/ punishment, penalty

⑴我做錯了,媽媽就不許我看電視;弟弟也做錯了,媽媽怎麼不處罰他?

⑵你沒犯什麼大錯,處罰不會太重的。

罰 (fá)　　　*V*: to punish, fine, penalize

如果你不早一點來,我們就要罰你洗碗。

33. 划不來 (huá·bùlái)　　*RC*: **not worthwhile, not worth it** ☛

你為了這點小事，氣得不吃飯，划得來划不來?!

划船 (huá//chuán)　　*VO*: **to row a boat**

有月亮的晚上，跟女朋友在湖上划船，多羅曼蒂克呀?!

34. 闖紅燈 (chuǎng//hóngdēng)

VO: **to go through a red light**

你為什麼看到紅燈還往前開？闖紅燈是要罰錢的呀！

闖 (chuǎng)　　*V*: **to rush in, to intrude**

我們正在開會討論事情，他沒敲門就闖了進來。

35. 摩托車 (mótuōchē) ♂

N: **motorcycle, motor scooter**（**M**：輛／部）

36. 鑽 (zuān)　　*V*: **to pierce, to penetrate, to worm into, to bore**

有風從門下面鑽進來，難怪房間裡這麼冷！

37. 騎 (qí)

V: **to ride; to drive (a bicycle, motor cycle, horse, etc.)**

騎馬是我最喜歡的休閒活動。

38. 人行道 (rénxíngdào)　　*N*: **sidewalk, pedestrian path**

單行道 (dānxíngdào)　　*N*: **one-way street**

快車道 (kuàichēdào)　　*N*: **fast lane**

慢車道 (mànchēdào)　　*N*: **slow lane**

地下道 (dìxiàdào)

N: **underpass (at urban intersections for pedestrians)**

39. 駕照（駕駛執照）(jiàzhào) (jiàshǐ zhízhào)

N: **driver's license**

你沒有駕照，怎麼可以開車啊？

40. 標誌 (biāozhì)　　*N*: **sign**

你看到這個標誌，就應該知道在這裡不可以抽菸。

41. 千萬 (qiānwàn)

A: **by all means, definitely (for imperative sentences)**

(1) 你千萬要記得吃藥，要不然病不容易好。

(2) 你千萬別一個人去滑雪，太危險了。

42. 繫 (jì)　　　*V*: to bind, to tie

你的鞋帶鬆了，快繫好。

43. 安全帶 (ānquándài)　　　*N*: seat belt, safety belt

注釋

1. "……男生脫了上衣，女生脫了鞋子，隨便找個地方坐下曬太陽，我看了真不習慣。" Chinese don't regard dark skin as beautiful. See Note 5 in Lesson 9. Secondly, in Chinese society it is considered very impolite and embarrassing to be unclothed in public, even for men to go shirtless or either sex to go without shoes. Many Chinese are not used to seeing people half-clothed and getting a suntan.

2. 遵守交通規則 means "obey the traffic regulations." Many people in Taiwan do not strictly follow traffic regulations. However, enforcement of these regulations is gradually becoming stricter.

3. "現在臺灣對酒醉開車的人處罰也比以前重多了。" In Taiwan it was not until January 1991 that the law prohibiting driving under the influence of alcohol was effectively enforced. At that time the fine for this offense was increased and "breathalyzer" tests were introduced.

4. "……臺北的摩托車，塞車的時候，鑽來鑽去，甚至於騎上人行道。" In Taipei, the biggest city in Taiwan, the streets are crowded with all kinds of vehicles during the rush hour. Many people try to get around traffic jams by riding a motorcycle and zigzagging between cars. Often people chose to travel to work by motorcycle than by car because of this reason and because it is easier to find a parking space for a motorcycle.

5. "我雖然有駕照，還是不敢在臺北開車。" Many people learn how to drive by taking lessons in private driving schools, where they learn in special practice lots. Then they get their driver's license by passing a road

test within an examination compound. So sometimes licensed drivers still have little or no experience driving on public streets, confronting actual traffic situations. There is a proposal to administer driving tests on actual city streets, however, due to the issue of safety, an appropriate location has not been established.

6. 「停車再開」的標誌 refers to the "stop" sign.

7. Regulations concerning the use of seat belts in Taiwan stipulates that everyone in the front seat must wear safety belts when driving on the expressway, but there are no regulations for normal driving conditions. Therefore few people have the habit of automatically wearing their safety belt up as soon as they get into the car.

文法練習

☞ 一 剛(一)……，就…… As soon as, / Just as ……(then)……

⊙我上完課，剛一出教室，就碰到建國。

I finished my class. Just as I walked out of the classroom, I bumped into Jian Guo.

用法説明：表示「剛（一）」後面的情況或動作才結束，「就」後面的情況或動作馬上發生。只能用來敘述過去的事情。

Explanation: This shows that the action or situation stated after "剛（一）" had justended when the action or situation stated after 就 began. This pattern can only be used to describe actions which have already occurred.

練習：Exercises:

㈠請用「剛（一）……，就……」改寫下面各句。

Please rewrite the sentences below using the "剛（一）……，就……" pattern.

1. 我去年放暑假的第一天，就開始打工賺學費了。

Last summer I started to work on the first day of vacation in order to earn my tuition.

→我去年剛一放暑假，就開始打工賺學費了。

Last summer, I started to work just as soon as vacation started in order to earn my tuition.

2. 天氣真糟糕，才下完雨，又颳起風來了。

....

3. 這些孩子真可惡，我打掃好房間才一會兒，他們又弄髒了。

....

4. 他走出銀行大門就被搶了，來不及看清楚搶他的人是什麼樣子。

....

5. 老張離婚才兩個禮拜，已經交了新的女朋友了。

....

㈡請改正下面各句。

Please correct the following sentences.

1. 我打算剛一辦好簽證，就去訂機票。

....

2. 小王每個月剛一拿到薪水，就去大吃一頓。

....

☞ 二 NP + V 的 (N) 就是……

⊙你說的捐款就是給那對出車禍的夫妻的吧？

The donations you're talking about is for the couple that had the car accident, isn't it?

用法說明：「就是」的後面是對所提到的事加以確定。

Explanation: Following 就是 is further description of a previously mentioned topic. Similar to the phrase "is none other than," it serves to add emphasis to the statement.

練習：請用「NP＋V 的 (N) 就是……」完成下面對話。

Exercise: Please complete the dialogues below using "NP＋V 的 (N) 就是……".

　　　1.中國人：美國有一個節日是為了紀念印第安人對你們祖先的幫助，

　　　　　　　　　我忘了叫什麼了。

　　　　　　Chinese person: America has a holiday which commemorates the help

　　　　　　　　　　American Indians gave to your forefathers. I forget what

　　　　　　　　　　it is called.

　　　　　美國人：你說的就是感恩節。

　　　　　　American person: What you're thinking of is Thanksgiving.

　　　2.張：我聽說現在流行一種毒品，吸了就不想睡覺。

　　　　　李：＿＿＿你說的＿＿＿的就是＿＿CRAE METH＿＿。

　　　3.美國人：陳教授唱的不是歌劇，也不是民謠，是中國傳統的戲劇，

　　　　　　　　　好像叫平劇。

　　　　　中國人：對，＿＿他唱的＿＿的就是＿平劇＿。

　　　4.張：王老師說去那個地方玩，不但可以看動物表演，還可以得到很

　　　　　　　多有關海洋動物的知識。

　　　　　李：＿＿他說＿＿的就是＿SEAWORLD＿吧？

　　　5.張：這些葡萄柚真好吃，不知道是不是佛羅里達州出的？

　　　　　李：＿＿你吃的＿＿的就是＿←＿的＿。

☞ 　三　 NP 靠……生活（過日子）

depend / rely on...... for livelihood / survival

⊙這對夫婦靠獎學金跟太太打工賺的錢生活。

This couple depended on the scholarship and the money that the wife
made from working for their livelihood.

用法說明：這個 NP 一定是人，「靠」的後面是手段、方法或其他的人，NP 平
　　　　　日所需要的花費都是由這個「手段、方法或其他的人」得到的。

Explanation: This NP must be a person. Following 靠 is a method, means, or another
　　　　　person upon which NP depends for all living expenses.

練習：請用「NP 靠……生活（過日子）」完成下面對話。

孩子沒有父母，
要靠自己生活。

Exercise: Please complete the dialogues below using "NP 靠……生活（過日子）".

1. 張：王太太除了每個月你給她的房租以外，她的孩子們也給她錢
   嗎？

   Chang: Other than the rent money you give her every month, does Mrs.
   Wang get any money from her children?

   李：她的孩子也沒錢，不能給她，所以她就靠房租生活。

   Lee: Her children don't have any money either, so they can't give her
   anything. Thus she lives on the rent money.

2. 張：你寫文章賺的錢夠用嗎？
   李：我還有別的工作，不能只 ___靠寫文章生活___ 。

3. 張：你怎麼下了班還要去餐廳打工？
   李：我太太病了，孩子又小，全家都 ___靠我過日子___ 。

4. 張：擺地攤很辛苦，還會被警察抓，你為什麼不找個工作呢？
   李：我沒有技術，找不到工作，只好 ___靠擺地攤生活___ 。

5. 張：這個孩子的父母在這次車禍裡都死了，他以後怎麼辦？
   李：大家捐了不少錢給他，他可以 ___靠這筆錢過日子___ 。

☞ 四 ……好……   to, in order to, so as to

⊙所以我們想捐點錢好幫助他。

So we want to donate some money to help him out.

用法說明：意思是「可以」、「以便」，是助動詞。為了達到「好」後面的目的
而採取「好」前面的動作。

Explanation: Here, 好 is an AV which means 可以 (can), 以便 (so as to). In order to
achieve the goal stated after 好, one needs to take the action stated
before 好.

練習：請用「……好……」重組下面各題短句或詞組。

Exercise: Please use "……好……" in forming logical, coherent sentences out of
the words and phrases listed below.

1. 買房子　　每個月存一筆錢　　我們　　過幾年
   →我們每個月存一筆錢，過幾年好買房子。

We put away some money every month so that we can buy a house in a
few years.

2. 跟你連絡　　我　　你把電話號碼給我

....

3. 今天晚上十二點以後不能吃喝東西　　動手術　　醫生說明天

....

4. 放假的時候　　把報告寫完　　出去玩　　你趕快

....

5. 布置場地　　把桌子椅子都搬出去　　你們

....

☞ 五　既……又……　　　not only……also……

⊙……，既省錢又省時間。

......, you can not only save money, but you can also save time.

用法說明：表示同時具有兩個方面的性質或情況，「既」跟「又」的後面原則上是結構跟音節數相同的動詞、SV、動詞短語。這個句型意思、用法都跟「不但……還……」一樣，跟「又……又……」、「不但……也……」有一點分別。本句型「又」後面的性質或情況程度比「既」後面的更高。

Explanation: This shows that two situations or characteristics exist at the same time. Following 既 and 又 can be a verb, SV, or verb phrase. This pattern is similar in usage and meaning to the "不但……還……" pattern and differs slightly from the "不但……也……" and "又……又……" patterns. In "既……又……", the characteristic which follows 又 receives slightly greater emphasis than the preceding characteristic.

練習：Exercises:

㈠請用「既……又……」改寫下面各句。

Please rewrite the sentences below using "既……又……".

1. 職業婦女不但要工作，還要照顧家庭，相當辛苦。

Women professionals have to both work and take care of the home; it's really hard work.

→職業婦女既要工作，又要照顧家庭，相當辛苦。

Women professionals have to both work and take care of the home; it's really hard work.

2. 這件衣服的樣子很難看，而且也很保守，我才不要穿！

....

3. 吸食毒品不但犯法，還會傷害身體。

....

4. 他爸爸是教授，也是名律師，在社會上很有地位。

....

5. 參加新年晚會可以看表演，更可以認識一些新朋友。

....

㈡請改正下面各句。

Please correct the sentences below.

1. 他哥哥既懂女孩子心理，口才又不好。

....

2. 這個牌子的玩具既很好玩，又很安全。

....

3. 這次車禍既他受傷了，我又受傷了。

....

☞ 六 Nu–M–(N)左右　　about Nu - M - (N) or so

⊙大概四千五百塊左右，……

Probably about $ 4,500 or so......

用法說明：表示比這個「Nu - M - (N)」多一點或少一點。

Explanation: This shows that the amount given is an approximation. The actual amount is either a little more or a little less .

練習：請用「Nu - M - (N) 左右」回答下面各問題。

Exercise: Please answer the following questions using "Nu - M - (N) 左右".

1. 你們學校有多少學生？

   How many students does your school have?

   大概 10,000人啊 左右。

2. 你一個月需要多少生活費？

   大概 $2000塊 左右

3. 上週末的音樂會什麼時候結束的？

4. 你們校長今年多大歲數了？

5. 你那篇報告還要幾天才可以寫完？

☞ 七 不止 not only, not just

⊙現在不止是中國人，連美國人也捐錢了。

Now it's not only Chinese. Even Americans are contributing money too.

用法說明： 表示超出一定的範圍或數量。「不止」的後面可以用數量詞、名詞、短句。

Explanation: This shows that something has surpassed a given range or limit. A measure word, noun, or short sentence can follow 不止.

練習： 請用「不止」改寫下面各句。

Exercise: Please use 不止 to correct the sentences below.

1. 張小姐老想不開，這不是第一次自殺了。

   Miss Chang is never able to look at things optimistically. This is not the first time she's tried to commit suicide.

   →張小姐老想不開，自殺不止一次了。

   Miss Chang is never able to look at things optimistically. She's tried to commit suicide more than once.

2. 我看他那麼老，恐怕不會只有七十歲吧？

   他年齡不止　　　　　他年齡不止 七十歲

3. 愛闖紅燈的並不是只有騎摩托車的，開車的也一樣。

....

4. 她們家不但她能幹，她兩個姐姐也是女強人。

....

5. 他們的產品除了內銷以外，還外銷。

....

☞ **八** 千萬

definitely, be sure to (used in imperative sentences)

⊙看到「停車再開」的標誌，千萬別忘了停車。

When you see a stop sign, you definitely must not forget to stop the car.

用法說明：意思是「一定要……」、「務必……」，表示「提醒」或「警告」。

Explanation: 千萬 means "一定要……(definitely must)" or "務必……(must, by all means)", and is used to advise or warn another.

練習：請用「千萬」完成下面各句。

Exercise: Please complete the sentences below using 千萬.

1. 看到出車禍昏迷不醒的人，你<u>千萬要趕快打電話叫救護車</u>。

When you see a person that has been in a car accident and is unconscious, you absolutely must call for an ambulance as soon as possible.

2. 老張是個不負責任的人，要是他真出來競選，你可<u>千萬</u>
<u>　　　　　　</u>。

3. 去年我忘了女朋友的生日，她氣得三天沒跟我說話，今年<u>千萬</u>
<u>　　　　　　</u>。

4. 這個機會非常難得，你們<u>千萬　　　　　　</u>。

5. 我覺得妹妹的男朋友不太可靠，可是她不聽我的，你去告訴她<u>千萬</u>
<u>　　　　　　</u>。

課室活動

一、Role playing

　　請兩個學生表演，一個演開快車的人，一個演警察。這個開快車的人要找一個很好的理由讓警察不要罰他錢。警察不要接受他的藉口，還是要開罰單。請演出他們的對話。

　　　可能用到的字：生產 (to give birth), 遲到 (chídào, be late for something), 急救 (first aid, emergency aid)

二、問學生考過駕照沒有，請考過的人說出他記得的交通規則，
　　一次一個，輪流說。可以請學生在黑板上畫出交通標誌，或
　　是老師畫也可以。

短文

交通的好處和壞處

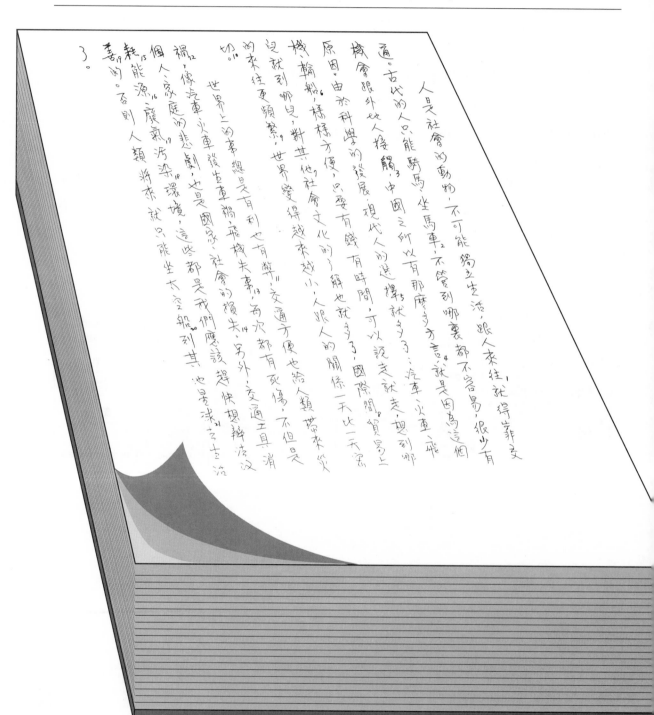

人是社會的動物，不可能獨立生活，跟人來往，就得靠交通。古代的人只能騎馬坐馬車，不管到哪裏都不容易，很少有機會跟外地人接觸，中國之所以有那麼多方言，就是因為這個原因。由於科學的發展，現代人卻選擇多了：汽車、火車、飛機、輪船，樣樣方便，只要有幾有時間，可以說走就走，想到哪兒就到哪兒，對其他社會文化的瞭解也就多了。國際間貿易上的來往更頻繁，世界變得越來越小，人跟人的關係一天比一天密切。

世界上的事總是有利也有弊，交通方便也給人類帶來災禍，像汽車、火車發生車禍，飛機失事，每次都有死傷，不但是個人、家庭的悲劇，也是國家、社會的損失。另外，交通工具消耗能源，廢氣污染環境，這些都是我們應該趕快想辦法解決的問題。否則人類將來就只能坐太空船到其他地方去生活了。

Vocabulary:

1. 來往 (láiwǎng): contact, communication

2. 馬車 (mǎchē): horse-drawn wagon, cart or chariot

3. 接觸 (jiēchù): to come in contact with

4. 方言 (fāngyán): local dialect

5. 選擇 (xuǎnzé): to select, choose

6. 輪船 (lúnchuán): ship

7. 其他 (qítā): other

8. 國際間 (guójìjiān): internationally

9. 頻繁 (pínfán): often, frequent

10. 密切 (mìqiè): to be close, tight

11. 有利有弊 (yǒu lì yǒu bì): to have both advantages and disadvantages

12. 災禍 (zāihuò): disaster

13. 飛機失事 (fēijī shīshì): airplane crash

14. 損失 (sǔnshī): loss

15. 消耗 (xiāohào): consumption

16. 能源 (néngyuán): source of energy

17. 廢氣 (fèiqì): gas wastes

18. 污染 (wūrǎn): pollution

19. 改善 (gǎishàn): to correct, make better, improve

20. 太空船 (tàikōngchuán): space ship

21. 星球 (xīngqiú): star, planet, heavenly body

第二十五課

兩邊開始交流了

．海峽兩岸親人見面（中央社提供）

（活動中心）

偉立：謝謝你送我的毛筆[1]。大陸怎麼樣？

錢太太：我跟我媽就回老家去看了看，別的地方都沒去。

偉立：見到很多親戚吧？他們都還好嗎？

錢太太：他們住在四川鄉下，生活並不好。我媽發現一切都還跟四十年前差不多，沒什麼進步，她很驚訝。

偉立：你媽媽一定很高興又回家了。

錢太太：她本來很高興，可是看到親人們老**的**老，死**的**死，又忍不住難過。心情實在很複雜。

偉立：聽你這麼說，我可以想像你媽媽激動的心情。

錢太太：是啊！我媽跟我外婆一見面就抱在一起大哭，祭祖的時候又哭。跟親戚談起來，就談**個沒完**。

偉立：離開了這麼多年，你媽媽在大陸還住得慣嗎？

錢太太：當然住不慣了。

偉立：什麼地方不習慣？

錢太太：鄉下地方衛生設備比較差，比方說，要上廁所，得到公廁去，而且每間都沒門[2]。要洗澡，得把熱水提到房間裡來洗，真不方便[3]。

偉立：哦？沒想到這麼麻煩。

錢太太：除了住不慣，錢也花完了，不好意思住下去了。

偉立：這次去大陸花了很多錢嗎？大陸的東西都很貴嗎？

錢太太：旅費沒花多少，可是我媽買了很多禮物帶回去，像手錶、金戒指什麼的。在香港轉機，又買了一臺電視機，兩個隨身聽。通過海關的時候，**光**檢查**就**花了不少時間，還繳了很多稅。

偉立：帶去的禮物應該夠了吧？

錢太太：不夠，沒禮物的，就給紅包[4]，這方面花了不少錢。禮

・兩岸體育交流（新聞局提供）

・回老家祭祖（中央社提供）

多人不怪嘛！說到大陸的物價，倒是低**得很**。拿坐公車來說，只要人民幣三毛錢，差不多**才**美金六分**而已**！臺灣去的人看到什麼都說便宜，**更別說**我這個從美國去的人了。

偉立：這麼說，我不必擔心我的錢不夠去大陸了。

錢太太：雖然他們對外國人的收費標準比較高[5]，不過我想還是不需要花太多錢的。

※　　　　※　　　　※　　　　※　　　　※　　　　※

（李平坐在校園一棵大樹下）

美真（從後面輕拍李平肩膀）：嗨！看什麼看得那麼專心？

李平：原來是你們，嚇了我一跳。

美真：你的東西掉了。（撿起來，還給李平）咦，誰的照片？

李平：是我爸回大陸，跟我大伯一家合照的。

美真：你爸爸也回去啦？**自從**政府開放大陸探親**以來**，回去的人可真不少。

偉立：錢太太也剛回來。聽她說，大陸的衛生設備比較差。

李平：不止是衛生設備。我爸坐了幾次大陸航空公司的飛機，不是誤點，就是取消班機，都沒有對旅客說明原因。商店裡賣東西的人，很多都不客氣，對顧客很冷淡。

美真：這大概是因為制度不同的關係。在共產主義社會裡，你再努力，工資也不會提高。

偉立：開放大陸探親，對海峽兩岸的關係有什麼影響？

李平：兩岸交流以後，可以互相溝通，一定可以更了解對方，這對以後的統一會有很大的幫助。

美真：但是兩岸交流也帶來很多問題。比方臺灣人在大陸出了事，應該按照哪一邊的法律來處理呢？

李平：還有有關兩岸間接貿易、技術合作、非法走私的問題，都是必需想辦法解決的[6]。

美真：我聽說，因為四十年沒來往[7]，兩邊的詞彙有很多都不一樣，有時候會聽不懂。

偉立：這一點我們上課的時候，老師也提到過。

生詞及例句

1. 交流 (jiāoliú)
   N/V: exchange, interchange / to exchange, to interchange
   (1) 中國的舞蹈團到美國來表演，也算是一種文化交流。
   (2) 我們跟別的國家要多交流，才能互相了解。

2. 老家 (lǎojiā)　　*N*: family's place of origin, ancestral home
   我住在波士頓，可是我的老家在聖地牙哥。

3. 親戚 (qīn·qī)　　*N*: relatives by birth or marriage
   孩子們都結婚以後，親戚就多了。

   親人 (qīnrén)　　*N*: relatives by birth
   他們家就他一個孩子，父母都死了以後，他就沒有親人了。

   家人 (jiārén)　　*N*: family members
   他雖然做得不好，可是家人都很支持他，這樣的家庭真讓人羨慕。

4. 進步 (jìnbù)

N/V/SV: improvement, progress / to advance, to progress , to improve

⑴我的老家，這幾年無論政治、經濟、交通各方面都有很大的進步。

⑵學語言，要多聽、多說、敢開口、不怕錯，才會進步。

⑶現在醫學很進步，這種病已經不是問題了。

5. 驚訝 (jīngyà)

SV: to be surprised, amazed, astonished, astounded

我們都很驚訝，他居然放棄了那麼好的機會。

6. 激動 (jīdòng)

SV: to be excited, stirred, aroused, stimulated, agitated

他贏了那場比賽，激動得流下了眼淚。

7. 外婆 (wàipó)   *N*: maternal grandmother

外公 (wàigōng)   *N*: maternal grandfather

婆‧婆 (pó‧po)

N: husband's mother; a term of respect for an elderly woman

公‧公 (gōng‧gōng)

N: husband's father; a term of respect for an elderly man

8. 祭祖 (jì//zǔ)

VO: to perform rites in honor of one's ancestors, to offer a sacrifice to one's ancestors

中國人在過年的時候都要祭祖。

9. 衛生設備 (wèishēng shèbèi)

N: sanitation facilities, sanitary ware

這個房子連馬桶 (toilet) 都沒有，衛生設備真差。

衛生 (wèishēng)   *SV*: to be sanitary, hygienic

上了廁所，他沒洗手就拿東西吃，真不衛生。

設備 (shèbèi)   *N*: equipment, facilities

這個語言實驗室的設備都很新，錄音機都是電腦控制的。

衛生紙 (wèishēngzhǐ)

N: **toilet paper**（**M**：包／卷）

面紙 (miànzhǐ)　　　*N*: **facial tissue**（**M**：包／張）

10. 戒指 (jiè·zhi)　　　*N*: **finger ring**　、

結婚戒指應該戴在哪一個手指頭 (finger)上？

11. 電視機 (diànshìjī)　　　*N*: **television set**（**M**：臺／部）

12. 隨身聽 (suíshēntīng)

N: **"Walkman," small portable radio or cassette player**

13. 海關 (hǎiguān)　　　*N*: **customs, immigration services**

海關不讓他把這些水果帶上飛機。

14. 光 (guāng)　　　*A*: **merely, only, solely**

⑴大城市裡的生活費相當高，光房租就要花掉薪水的三分之一。

⑵你不要光吃肉不吃菜，這樣對身體不好。

15. 檢查 (jiǎnchá)

V/N: **to check, examine, inspect / check-up, examination**

⑴最近他常頭痛，得找醫生好好兒地檢查一下。

⑵每個人每年都應該做一次健康檢查。

16. 繳稅 (jiǎo//shuì)　　　*VO*: **to pay taxes**

稅 (shuì)　　　*N*: **tax, levy, duty**

在海關繳的稅叫關稅。

上稅／打稅 (shàng//shuì/dǎ//shuì)

VO: **to pay taxes, to pay duties**

他帶了兩個照像機去大陸，按規定一個要上稅。

免稅商店 (miǎnshuì shāngdiàn)

N: **duty free shop**（**M**：家）

17. 禮多人不怪 (lǐ duō rén bú guài)

IE: **no one find fault in extra courtesy**

李：他不過請你吃火鍋，你幹嘛帶這麼多禮物去？

張：禮多人不怪嘛！

18. 美金 (měijīn)　　　*N*: **U. S. Dollars**

19. 而已 (éryǐ)　　　*P*: that is all, nothing more

我們的假期很短，只有三天而已！

20. 標準 (biāozhǔn)　　準則

N/SV: a standard, criterion / to meet a standard

(1)老師的標準太高，八十分才算及格。

(2)她的發音很標準，一點外國口音都沒有。

21. 肩膀 (jiānbǎng)　　　*N*: shoulder　　肩頭

這件夾克肩膀的部分做得太寬。

22. 專心 (zhuānxīn)　　仔細 細心

SV/A: to be attentive, make a concerted effort / whole - heartedly

(1)他上課很專心，從來不會想別的事情。

(2)他看得太專心了，我叫了幾次，他才聽見。

23. 嚇一跳 (xià//yí tiào)

V - Nu - M: to be startled for a moment; cause one to jump with surprise

她忽然大叫一聲，把我們都嚇了一跳。

嚇 (xià)

V: to frighten, startle, scare, intimidate; to be frightened

孩子被那隻大狗嚇得哭起來了。

24. 撿 (jiǎn)　　　*V*: to pick up, gather, collect, find　only two compounds 聚集 采集

(1)請你把地上那隻襪子撿起來好不好？

(2)他今天在路上撿到一百塊錢，不知道是誰掉的？

25. 大伯 (dàbó)　　　*N*: father's eldest brother, uncle

伯父／伯伯 (bófù/bó·bo)

N: father's elder brother, uncle; polite title for elderly gentleman

伯母 (bómǔ)

N: wife of father's elder brother; aunt

26. 合照 (hézhào)

V/N: to take a group photograph / group photo

(1)照像機給你，幫我們幾個人合照一張，怎麼樣？

　　⑵他到哪兒都帶著跟女朋友的合照。

27. 自從 (zìcóng)　　*A*: ever since, from

　　自從失戀以後，他再也不相信女人的話了。

28. 探親 (tàn//qīn)　　*VO*: to visit one's relatives

　　我這次去日本是去探親的，我姑姑住在那兒。

29. 航空公司 (hángkōng gōngsī)　　*N*: airline（**M**：家）

30. 誤點 (wùdiǎn)

　　V: to be late, overdue, behind schedule

　　因為雪太大，所以火車誤點了半個小時。

31. 取消 (qǔxiāo)　　*V*: to cancel, to abolish

　　本來下午要開會，因為老闆有事，所以取消了。

32. 班機 (bānjī)　　*N*: a scheduled flight

　　班 (bān)　　*M*: (for a regularly scheduled plane, bus, train, etc.)

　　從市中心到他們學校的地下鐵每三分鐘就有一班。

　　轉機 (zhuǎn//jī)　　*VO*: to make a connecting flight

　　從這裡沒有班機直飛我老家，我得轉兩次飛機才到得了。

　　登機 (dēngjī)　　*V*: to board a plane

　　AA03 號班機就要起飛了，請各位趕快登機吧！

33. 旅客 (lǚkè)　　*N*: passenger

　　我可不可以查一下你們的旅客名單？看我爸爸是不是坐這班飛機。

　　顧客 (gùkè)　　*N*: customer

　　聖誕節前一個禮拜，是我們店裡顧客最多的時候。

34. 說明 (shuōmíng)

　　V/N: to explain, clarify, expound / explanation, exposition, caption

　　⑴我來跟你說明一下這部機器的用法。

　　⑵聽了他的說明以後，我才知道這是一本介紹中國戲劇的書。

　　說明書 (shuōmíngshū)

　　N: written instructions or directions, explanatory document

如果你不懂這部機器的用法，就請你看說明書。

35. 冷淡 (lěngdàn)　　*SV*: to be indifferent, cold, apathetic

她不喜歡我，所以她對我的態度總是很冷淡。

淡 (dàn)　*SV*: to be bland, pale, insipid, weak

(1) 不管他們家的菜、還是茶、咖啡，味道都太淡，不合我的口味。

(2) 既然你臉上的妝化得這麼淡，口紅 (lipstick) 的顏色也應該淡一點。

36. 海峽 (hǎixiá)　　*N*: strait, channel

臺灣海峽兩邊的中國人已經開始交流了。

37. 岸 (àn)　　*N*: coast, bank, shore

(1) 你要是游累了，就到岸上去休息一下吧！

(2) 從美國東岸飛到西岸需要幾個小時？

38. 溝通 (gōutōng)　　*V/N*: to communicate / communication

(1) 關於這件事，我們意見不同，需要再溝通。

(2) 他跟同事的溝通不夠，所以常常發生誤會。

代溝 (dàigōu)　　*N*: generation gap

我爺爺雖然年紀很大，可是跟我們沒有代溝。

39. 間接 (jiànjiē)　　*A*: indirectly

這個意見，不管你是直接告訴他，還是間接讓他知道，他都不會接受。

40. 非法 (fēifǎ)　　*AT*: to be illegal, unlawful

這幾年，從墨西哥來的非法移民不少。

合法 (héfǎ)　　*AT*: to be legal, lawful, legitimate

他們結婚了，已經是合法夫妻了。

41. 走私 (zǒusī)　　*V/N*: to smuggle / smuggling

(1) 這個人因為走私毒品，被警察抓到了。

(2) 這個海岸附近，走私的情形越來越嚴重了。

42. 必須 (bìxū)　　*AV*: must, have to

如果流血太多，就必須立刻輸血。

43. 來_{ㄌㄞˊ}往_{ㄨㄤˇ} (láiwǎng)

　　V: **to have dealings with, to contact, to correspond with**

　　我認識他已經很多年了，可是我們很少來往。

44. 詞_{ㄘˊ}彙_{ㄏㄨㄟˋ} (cíhuì)　　　　*N*: **vocabulary**

　　我知道的詞彙不夠，沒有辦法用中文說出我的問題。

注釋

1. "謝謝你送我的毛筆。" means "Thank you for the writing brush you gave me." It is a Chinese custom to give small gifts to relatives and friends after returning from a trip to another city or country.

2. "廁所沒門。" means "The toilet has no door." Most public toilets in mainland China, except those in large hotels, are big rooms divided into separate stalls. The individual stalls have neither doors nor sit-down toilets. They usually have squat-type toilets. However, some places only have open latrines dug into the ground.

3. "要洗澡得把熱水提到房間裡。" Most houses in mainland China have no interior bathroom. When residents want to take a bath, they heat water in the kitchen, take it into the bedroom and bathe in a metal tub.

4. 紅包. See Note 3 in Lesson 15. 紅包 is used as a gift for many different occasions, not only at New Year's. This practice allows the recipient to buy whatever he/she needs or wants, thus avoiding the possibility of an unwanted gift.

5. "對外國人的人收費標準比較高。" In mainland China, the prices of tickets, hotel accommodations, etc. differ between local nationals and foreigners. The latter often pay many times more than the local people do. The government's justification for this practice is the fact that foreigners make no contribution to Chinese society.

6. 間接貿易. In November 1987 the Taiwanese government lifted a long-

standing ban on travel to mainland China. Since then exchange between the two sides of the Taiwan Strait has greatly increased. Many people have returned to the mainland to visit their families, and some have gone just for sightseeing. The government of Taiwan still requires businessmen to trade with the Mainland indirectly, so the businesses can secure some protection from an intermediate party. Laws and trade practices on both sides are quite different, so the Taipei and Beijing governments still have to resolve many issues.

7.四十年沒來往. The government of the Kuomintang moved to Taiwan in 1949. People living in Taiwan were not allowed to go to mainland China before November 1987. Since then people from the mainland also been allowed to come to Taiwan under certain conditions.

文法練習

☞ 一 $V(O)_1 / SV_1$ 的 $V(O)_1 / SV_1$，$V(O)_2 / SV_2$ 的 $V(O)_2 / SV_2$

⊙她本來很高興，可是看到親人們老的老，死的死，又忍不住難過。
She was originally very happy, but after seeing her relatives - - some have gotten old, some have died - - she couldn't help feeling sad.

用法說明： 表示主題中一部分 $V(O)_1/SV_1$，一部分 $V(O)_2/SV_2$。SV 都是單音節。

Explanation: This shows that parts of the topic have the trait of SV_1, and some have the characteristic SV_2 (or VO_1 and VO_2, respectively). The SVs must be single - syllable words.

練習： 請用「$V(O)_1/SV_1$ 的$V(O)_1/SV_1$，$V(O)_2/SV_2$ 的 $V(O)_2/SV_2$」改寫下面各句。

Exercise: Please use the pattern "$V(O)_1/SV_1$的 $V(O)_1/SV_1$, $V(O)_2/SV_2$的 $V(O)_2/SV_2$" to rewrite the sentences below.

1. 同學們畢業以後，有的出國，有的結婚，很少有機會見面了。

   After classmates graduate, some go abroad, some get married; they rarely have a chance to see each other.

   →同學們畢業以後，出國的出國，結婚的結婚，很少有機會見面了。

   After classmates graduate, some go abroad, some get married; they rarely have a chance to see each other.

2. 等飛機的旅客很多，有的看報，有的睡覺，還有的在聊天。

   ....

3. 車禍發生以後，車裡的人，有的哭，有的叫，真可憐。

   ....

4. 我弟弟包的餃子，有的大，有的小，難看極了。

   ....

5. 你的頭髮怎麼剪成這樣？有的長，有的短。在哪兒剪的？

   ....

☞ 　二　　V個沒完　　without end, forever

⊙跟親戚談起來，就談個沒完。

When she talks to her relatives, they talk on and on.

用法說明： 表示做某事時，一直不想或不能結束。多用在說話者覺得不好的方面。

Explanation: This shows that an action continues without stopping, either because one does not want to or cannot stop. It is usually used in describing situations which the speaker feels negatively towards.

練習： 請用「V個沒完」完成下面各句。

Exercise: Please complete the sentences below using "V個沒完".

1. 你打電話老<u>說個沒完</u>，難道你不知道電話費很貴嗎？

   Whenever you get on the phone you talk on and on. Can you have forgotten how expensive phone bills are?

2. 這個孩子真討厭，一哭起來就 _____ 。

3. 老張說他太太喜歡嘮叨，常常為了一點小事就 ＿＿＿＿＿＿ 。

4. 我姐姐抱怨她先生工作時間太長，整天 ＿＿＿＿＿＿ ，沒辦法陪她。

5. 我們工廠很有名，今天這個來參觀，明天那個來參觀， ＿＿＿＿＿＿ ，我們都沒辦法好好工作。

☞ 三 　光 N / V (O) 就…… 　　　just N / V (O) already……

⊙光檢查就花了不少時間。

Just inspecting it took a lot of time.

用法說明：「光」是「只」的意思，強調限定的範圍。這個「就」的用法跟第七課第一個句型一樣。強調數量比預期的多。

Explanation: 光 means 只 (only), emphasizing a specific range or limit. The usage of 就 in this pattern is the same as in Ch. 7, No. 1. This emphasizes that the quantity is greater than expected.

練習：請把「光 N/V (O) 就……」放在句中合適的地方。

Exercise: Please place "光 N V (O) 就……" in the appropriate place in the following sentences.

1. 這篇作文很難寫，我想（怎麼寫）想了三天。

This composition is very difficult to write. I've spent three days thinking about how to write it.

→這篇作文很難寫，我光想（怎麼寫）就想了三天。

This composition is very difficult to write. I've spent three days just thinking about how to write it.

2. 昨天我們家請客，我媽怕東西不夠吃，蛋糕做了兩個。

....

3. 最近感冒的人很多，我們班有一半的人在咳嗽。

....

4. 我哥開車不守交通規則，上個月被抓了好幾次，闖紅燈有三張罰單。

....

5.他是名律師，去年賺了很多錢，繳稅繳了五十萬。

....

☞ 四 ＳＶ得很　　very / extremely SV

⊙說到大陸的物價，倒是低得很。

The price of goods in mainland China, however, is extremely low.

用法說明：強調主題的程度跟對方所想的相反或更高，因為說話者覺得對方對主題的了解錯誤或不夠。

Explanation: The speaker uses this when he/she feels that the other party has a mistaken or insufficient understanding of a topic. This pattern emphasizes that a degree or level is the opposite of or higher than the other party thinks.

練習：請用「ＳＶ得很」完成下面對話。

Exercise: Please complete the following dialogues using "ＳＶ得很".

1.張：小王沒錢嗎？鞋子破了也不買雙新的。

　Chang: Is Little Wang broke? His shoes have holes, yet he won't buy a new pair.

　李：他有錢得很，就是不喜歡花錢。

　Lee: He has a lot of money. It's just that he doesn't like to spend it.

2.張：這麼簡單的問題，難道你解決不了嗎？

　李：這個問題 ＿＿＿＿＿＿＿＿＿＿＿＿＿＿＿＿。

3.張：沒看過王士正這個人的電影，他很有名嗎？好像大家都在談他。

　李：他以前在香港演電影，得過獎，在那裡 ＿＿＿＿＿＿＿＿。

4.張：剛剛那個店員的服務態度真好！

　李：那是因為你買了很多東西，要是你沒錢，他對你可 ＿＿＿＿＿＿＿＿＿＿。

5.張：老王雖然有三個女兒，只有一個兒子，可是好像並不會重男輕女。

　李：你不了解，他＿＿＿＿＿＿＿＿。他認為女孩不必念太多書，男孩就一定要大學畢業。

☞ 五 才 Nu - M - (N) 而已　　　Only Nu - M - (N)

⊙……差不多才美金六分而已！

......only about 6 cents in U.S. currency!

（Ⅰ）而已　　　only, merely

用法説明：放在句尾，意思是「不過」、「僅僅」，有一點「沒什麼大不了」的意味。常跟「不過」、「只是」連用。

Explanation: Placed at the end of a sentence, this means 不過 (only, not surpassing), 僅僅 (merely, barely). It carries the feeling that something is not such a big deal. It is often used together with 不過 or 只是.

練習：請用「而已」改寫下面各句。

Exercise: Please rewrite the sentences below using 而已.

　　1. 有什麼好生氣的?!他不過跟你開個玩笑。

　　　What's there to get angry about? He was only joking with you.

　　→有什麼好生氣的 ?! 他跟你開個玩笑而已。

　　　What's there to get angry about? He was only joking with you; nothing more.

　　2. 你不要那麼認真嘛！我並不真的想去，我就是隨便說說。

　　...

　　3. 他不是不想結婚，只是還沒碰到合適的人。

　　...

　　4. 誰說我不參加比賽是因為怕輸，我是沒時間。

　　...

　　5. 我們才認識沒多久，只是普通朋友。

　　...

（Ⅱ）才 Nu - M - (N) 而已　　　only (an amount)

用法説明：「才」強調數量少，所以後面是數量詞。如有動詞，動詞在「才」和數量詞中間。

Explanation: Here, 才 emphasizes that a quantity is small, so following it is a number and measure word. If there is a verb, it should be placed between 才 and Nu - M.

練習：請把「才 Nu - M 而已」放在句中合適的地方。

Exercise: Please place "才 Nu - M 而已" in the appropriate place in the following sentences.

1. 他在高速公路上開車，速度也不快，每小時七十公里。

   When he drives on the freeway his speed isn't too fast - - 70 km per hour.

   →他在高速公路上開車，速度也不快，每小時才七十公里而已。

   When he drives on the freeway his speed isn't too fast - - only 70km per hour.

2. 你爸爸每個月的薪水一千兩百塊，你要節省一點！

   ....

3. 那個國家的失業率百分之三，不算高。

   ....

4. 我喝了兩瓶啤酒，怎麼就醉了?!

   ....

5. 他們認識兩個星期就結婚了，實在太快了。

   ....

☞ 六 ……，（更）別說……了。　　not to mention……

⊙臺灣去的人看到什麼都說便宜，更別說我這個從美國去的人了。

Even the people who visit from Taiwan say everything they see is very cheap, not to mention myself, a person visiting from America.

用法說明：「更別說……了」意思是「不必說……了」。前面的短句常用「連……都……」、「即使……也……」、「就是……也……」。「更別說」後面的情況是顯而易見不必多說的。

Explanation: "更別說……了" means "one does not even have to mention." The preceding clause often uses "連……都……", "即使……也……" or "

就是……也……". The statement after 更別說 describes a situation which is very evident and does not need to be mentioned.

練習：請用「……，（更）別說……了。」完成下面各句。

Exercise: Please use "……，（更）別說……了。" to complete the following sentences.

1. 那個學生連容易的問題都回答不出來，<u>更別說難的了</u>。

   That student can't even answer the simple questions, not to mention the difficult ones.

2. 他們學校連廁所都很乾淨，<u>更別說 </u>。

3. 小李認為對大家有幫助的事即使沒錢也要做，<u>更別說 </u>。

4. 我老爸連他自己的生日也記不住，<u>更別說 </u>。

5. 即使下大雪也要去上學，<u>更別說 </u>。

☞ 　七　 自從……以來　　from the time that......, after......, since....

⊙自從政府開放大陸探親以來，回去的人可真不少。

Ever since the government opened up the mainland to the visitation of relatives, many people have gone back.

用法說明：「自從」意思是「從過去某個時間起」，「以來」意思是「到現在」。表示從那個時間到現在，某一情況一直存在。

Explanation: 自從 means "ever since a particular time in the past," and 以來 means "until now." This shows that from that time until now, some situation has continued to exist.

練習：請用「自從……以來」改寫下面各句。

Exercise: Please use "自從……以來" to rewrite the sentences below.

1. 我以前都回家吃午飯，開工廠以後，就不回家吃了。

   I used to always go home to eat lunch. After I opened the factory, I quit going home to eat.

   →我以前都回家吃午飯，自從開工廠以來，就不回家吃了。

   I used to always go home to eat lunch. Ever since I opened the factory, I quit going home to eat.

2. 去年三月以後，我就一直沒收到過他的信。

....

3. 國民政府遷臺以後，到現在都在不停地努力發展經濟建設。

....

4. 我小妹跟男朋友分手以後，沒有一天不哭的。

....

5. 從一九四五年以後，就沒有再發生過世界性的大戰了。

....

課室活動

一、Role playing

　　請三個學生表演，一個演王先生；一個演王先生在大陸結婚的太太；一個演王先生來臺灣以後，打聽不到老家的消息才結婚的太太。王先生離開大陸時，王太太已經懷孕了。政府開放大陸探親以後，有一天收到一封朋友寄來的信，原來大陸的太太並沒有死，正在找他，而且他的女兒也已經結婚生孩子了。請先演出王先生怎麼告訴王太太這件事，王太太忽然知道自己丈夫還有一個太太，她會怎麼反應？王先生要回老家去看看，王太太本來不許，最後也答應了，而且要跟著一起去，再請演出三人見面的談話。

　　可能用到的字：文化大革命 (Cultural Revolution), 鬥爭 (dòuzhēng, political or class struggle), 國民黨員 (member of the Nationalist Party), 出身 or 成分 (family background, birthright), 改革 (reform), 地主 (landlord), 紅衛兵 (hóngwèibīng, Red Guard), 人民公社 (government run commune), 幹部 (cadre), 毛語錄 (Sayings of Chairman Mao, Mao's "Red Book"), 自我批判 (zìwǒ pīpàn, to assess one's own political guilt, a practice encouraged during the Cultural Revolution), 一胎化 (One-child Policy), 人權 (human rights), 不人道 (inhumane), 折磨 (zhémó, cause physical or mental suffering, torture)

二、討論：你看海峽兩岸關係的發展將來會怎麼樣？

短文

老胡的遭遇

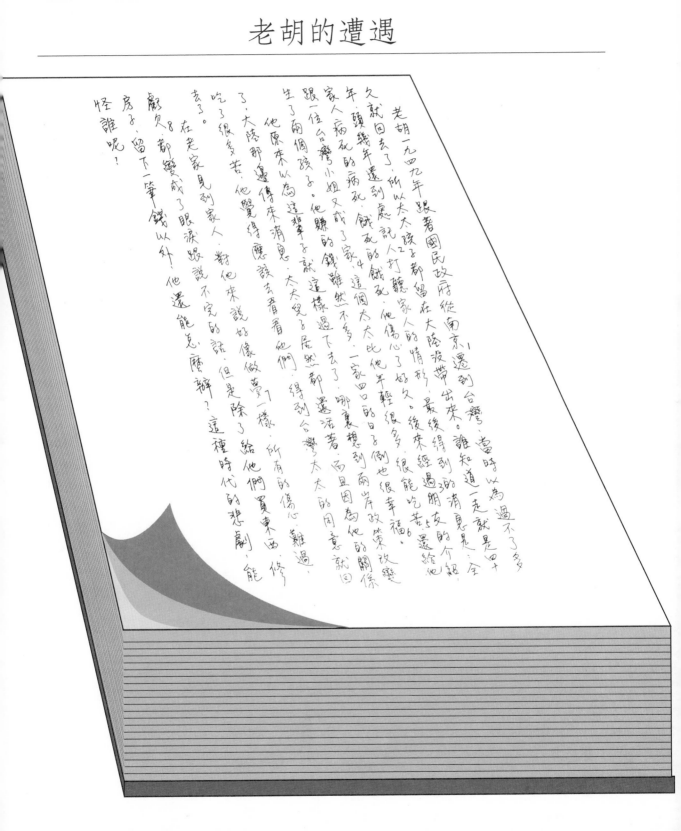

老胡一九四九年跟著國民政府從南京遷到台灣，當時以為過不了多久就回去了，所以太太孩子都留在大陸沒帶出來。誰知道一走就是四十年。頭幾年還到處託人打聽家人的情形，最後得到的消息是：全家人病死的病死，餓死的餓死。他傷心了好久。後來經過朋友的介紹，他跟一位台灣小姐又成了家，這個太太比他年輕很多，倒也很能吃苦，還給他生了兩個孩子。他賺的錢雖然不多，一家四口的日子過得很幸福。

他原來以為這輩子就這樣過下去了。哪裏想到兩岸政策改變了，得到台灣太太的同意就回大陸那邊傳來消息，太太居然都還活著，而且因為他的關係吃了很多苦。他覺得應該去看看他們，他對他來說好像做了一場夢一樣，所有的傷心、難過，都變成了眼淚跟說不完的話，但是除了給他們買東西，修房子，留下一筆錢以外，他還能怎麼辦？這種時代的悲劇，能怪誰呢？

Vocabulary:

1. 南京 (Nánjīng): Nanjing

2. 託人 (tuō//rén): to ask a favor of another

3. 經過 (jīngguò): to experience, to go through

4. 成家 (chéng//jiā): to marry and start a family

5. 吃苦 (chī//kǔ): to suffer

6. 幸福 (xìngfú): fortunate, lucky

7. 做夢 (zuò//mèng): to dream

8. 虧欠 (kuīqiàn): to owe, to fail to fulfill one's duty

第二十六課

救救我們的地球吧

・東湖國小的垃圾分類（臺北市政府新聞處　王能佑攝）

（宿舍門口）

李平：偉立，你去哪裡？

偉立：我把這些舊報紙送到紙張回收處去，馬上就回來。

李平：慢慢來[1]，不急，我沒什麼要緊的事。

偉立（回來）：好了，什麼事？

李平：我想去購物中心逛逛，那裡最近大減價，很多東西打八折。剛剛給你們打電話，一直講話中[2]，我只好走過來看看你們要不要一起去。

偉立：這個主意不錯[3]！你的運氣真好，我哥哥這禮拜不用車，我們今天可以開車去。走，上去問問建國吧。（兩人去等電梯）

李平：看你把舊報紙送走，讓我想起在臺灣的時候，我們都是把舊報紙賣給收破爛的[4]。

偉立：舊報紙還可以賣錢啊？！

李平：這有什麼好大驚小怪的？！他們可以再賣給工廠做比較差的紙啊！（進電梯）臺灣還有一些人靠收舊報紙、舊玻璃瓶生活呢！

偉立：那能收回多少舊東西啊？對環保有幫助嗎？

李平：從前人沒什麼環保觀念，工廠老闆收買舊東西，目的只是省錢，並沒有考慮到對環境的影響。這些年以來，因為污染的情形越來越嚴重，臺灣保護環境的運動多了起來，才引起了大家對環保的重視[5]。

偉立：美國的環保運動已經有好多年了，像二十二號的「地球日」，就是提醒大家地球只有一個，我們必需愛惜資源、節約能源，免得人類將來沒辦法在地球上生活。（出了電梯）

李平：**經過**這麼多年的努力，成績怎麼樣？

・舊衣回收（吳俊銘攝）

・資源回收車（臺北市政府新聞處　王能佑攝）

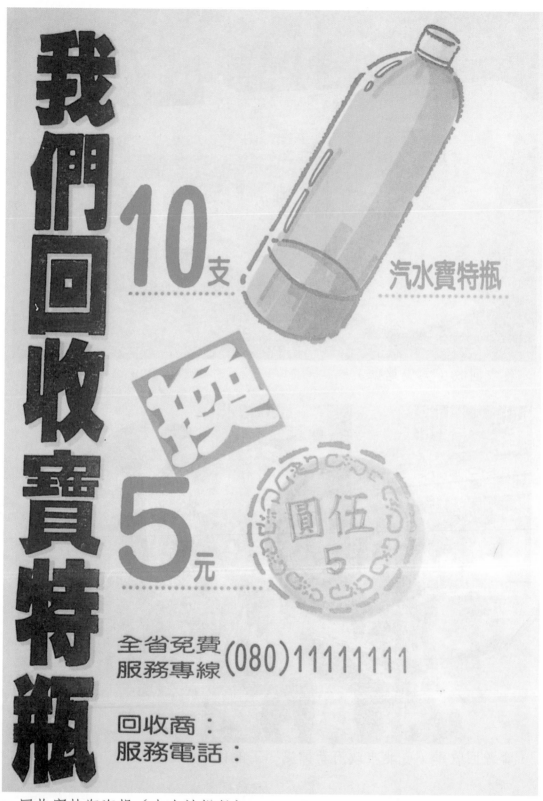

・回收寶特瓶海報（中央社提供）

偉立：空氣跟水源比較乾淨了，破壞森林、綠地的情形也少
　　　了，另外還通過了些法律管理控制有毒的廢棄物。

李平：要是臺灣這些年不那麼重視經濟發展，認真遵守環保法
　　　律，也許污染的情形就**不至於**那麼嚴重了[6]。

偉立：只要隨時注意環保問題，現在開始，也不晚啊！

※　　　　※　　　　※　　　　※　　　　※　　　　※

（謝美真、陳台麗家門口，高偉立在車裡，按一聲喇叭）

台麗（出來）：來了！來了！別按了，小心別人來抗議你製造
　　　　　　　噪音！（上車）

偉立：別緊張，我才按了一聲而已。美真呢？

台麗：她馬上就來，今天**該**她倒垃圾。哎呀！我想起來了，我
　　　們有一袋空瓶子、可樂罐子，該拿去退錢了。對不起，
　　　你再等一下。（下車）

美真（上車）：今天真謝謝你開車帶我們去買菜，平常都是我
　　　　　　　們自己提，**重得要命**。欸？台麗幹嘛又跑回去？

偉立：去拿空瓶子。嗯，這個習慣不錯，既可以換錢，又不會
　　　污染環境。

台麗（上車）：真抱歉！等得不耐煩了吧？等一下瓶子換了
　　　　　　　錢，請你吃冰淇淋。

偉立：那好，有冰淇淋吃，給你們當司機還值得。

台麗：從前在臺灣，這些罐子、寶特瓶都不能退錢[7]，每天丟
　　　掉的不知道有多少。想想看這些垃圾對環境的污染有多

大！

美真：不止這些，還有塑膠袋、廢輪胎、紙尿布什麼的。這一
　　　類的廢棄物都很難處理，燒了會有毒氣，埋了又會污染
　　　水源。唉！環境這麼糟糕，難怪得癌症的人越來越多
　　　了。

台麗：是啊！我看情形已經嚴重得**不能不**重視了。

偉立：科學家既然發明這些「用了就丟」[8]的東西，就應該趕
　　　快想出解決的辦法。

台麗：就是嘛！哎呀！說著說著就到了，真快啊！還是有車
　　　方便。

生詞及例句

1. 地球 (dìqiú)　　　*N*: the earth, the globe

2. 紙張回收處 (zhǐzhāng huíshōuchù)

   N: paper recycling collection site

   回收 (huíshōu)

   V/N: to collect for recycling or re-use / collection for recycling or re-use
   (1) 我們這裡只回收瓶子，你那個罐子拿到別的地方去吧！
   (2) 可樂罐子回收的情形不太理想。

3. 購物中心 (gòuwù zhōngxīn)

   N: shopping center, shopping mall

4. 大減價 (dà jiǎnjià)　　　*N*: big sale
   這雙鞋，我是大減價的時候買的，特別便宜。

   減價 (jiǎn//jià)　　　*VO*: to reduce prices

這個音響太貴了，你如果願意減價，我就買。

5. 打折 (dǎ//zhé)

   VO: **to discount**（一折=**10%, so** 打八折=**80% of the original price**)

   這個冰箱原價五百塊，打八折賣給你，四百塊就好了。

   折扣 (zhékòu)

   N: **a discount, a rebate, a lowering (from some desirable quality)**

   (1) 那家百貨公司大減價，可是折扣不多，你不必去了。

   (2) 那個人不可靠，他說的話都得打個折扣，不能完全相信。

6. 主意 (zhǔyì)　　*N*: **idea**

   (1) 我沒有辦法解決這個問題，請你幫我出個主意。

   (2) 他本來打算結婚的，現在改變主意了，只想做單身貴族。

7. 收破爛 (shōu//pòlàn)　　　*VO*: **to collect junk, collect scrap**

   這些鍋子丟了可惜，可以賣給收破爛的。

   破爛 (pòlàn)　　*SV/N*: **to be worn-out, dilapidated**

   我才不要坐你那輛破爛老爺車 (old car) 呢，被人看見了多沒面子?!

8. 大驚小怪 (dà jīng xiǎo guài)

   IE: **to make a fuss over a small matter, much ado about nothing**

   脫光衣服游泳很舒服，你不必大驚小怪！

9. 再生 (zàishēng)　　*AT*: **recycled, regenerated, re-used**

   現在政府鼓勵大家多用再生紙。

10. 玻璃 (bōlí)　　*N*: **glass**（M：片／塊）

11. 觀念 (guānniàn)　　*N*: **concept, idea, point of view**

   誰說老人不能穿紅衣服？你的觀念太保守了。

12. 收買 (shōumǎi)

   V: **to buy up, purchase; to buy over, to ~~bribe~~, to win (people's hearts or support by less than honorable means)**

   (1) 你這輛車太舊了，哪家車行 (car store) 願意收買?!

   (2) 他們政府為了收買人心，決定減稅。

13. 目的 (mùdì)　　*N*: **purpose, aim, objective**

目標 (mùbiāo)　　*N*: **target, goal**

他來美國的目的是學英文，他的目標是能說得跟美國人一樣好。

目的地 (mùdìdì)　　*N*: **destination**

大峽谷是他們這次旅行的目的地。

14. 考慮 (kǎolǜ)　　*V*: **to think over, to consider**

⑴我從來沒想過要結婚，你多給我點時間考慮考慮。

⑵這個東西價錢不貴，品質又好，買了一定划得來，值得考慮。

15. 污染 (wūrǎn)

V/N: **to pollute, contaminate, adulterate/pollution, contamination**

⑴請你到外面去抽菸，免得污染了這裡的空氣。

⑵這個工廠流出來的水髒得不得了，所以這條河的污染情形越來越嚴重了。

16. 保護 (bǎohù)　　*V/N*: **to protect, safeguard / protection**

⑴我是想保護你，怕你受到傷害，並不是要限制你的自由。

⑵有人要殺我，我需要警察的保護。

環境保護 (環保) (huánjìng bǎohù) (huánbǎo)

N: **environmental protection**

環保工作不是短時間就看得到結果的。

17. 引起 (yǐnqǐ)

V: **to give rise to, lead to, cause, arouse, incite**

他喜歡出鋒頭，好引起別人的注意。

18. 重視 (zhòngshì)

N/V: **emphasis, attention / to attach importance to, pay attention to, consider important**

⑴中國父母對孩子功課的重視，給孩子很大的壓力。

⑵他很重視休閒生活，有空的時候一定安排活動。

19. 提醒 (tíxǐng)　　*V*: **to remind, call attention to**

他的記性不好，你一定要提醒他，明天十點鐘開會。

20. 愛惜 (àixí)　　　　*V*: to treasure, to cherish

這些東西用完了就沒有了，你一定要愛惜。

21. 節約 (jiéyuē)

V: to economize, to be frugal, to use with thrift, to save

幾個月沒下雨了，我們得節約用水、用電。

22. 能源 (néngyuán)　　　　*N*: energy source

地球上最好的能源就是太陽能，又安全又便宜，還沒有污染。

水源 (shuǐyuán)　　　　*N*: water source

這個地方的水源被污染了，喝了的人都得了怪病。

23. 破壞 (pòhuài)　　　　*V*: to destroy, to wreck

⑴這是學校的東西，你不能隨便破壞。

⑵他以前的女朋友跑來又哭又罵，把結婚典禮 (wedding) 的氣氛都破壞了。

24. 森林 (sēnlín)　　　　*N*: forest（**M**：片）

樹林 (shùlín)　　　　*N*: woods, grove（**M**：片）

25. 管理 (guǎnlǐ)　　　　*V*: to manage, administer, run

他能力不錯，一定能把工廠管理得很好。

26. 廢棄物 (fèiqìwù)

N: discarded materials, wastes, exhausts

你們工廠的廢棄物不能隨便亂扔，否則會污染這裡的環境。

廢物 (fèiwù)　　　　*N*: trash, waste material, rubbish, scrap

⑴我沒有花瓶，你把花放在這個寶特瓶裡吧，這就是廢物利用。

⑵我看大家都那麼能幹，我卻什麼都不會，覺得自己真是個廢物。

廢話 (fèihuà)

N: nonsense, superfluous words, useless words

他說了半天，跟這個題目完全沒有關係，都是廢話。

27. 不至於 (bú zhìyú)　　　　*PH*: not to the point of, not so far as

　　　　我的記性雖然不好，可是還不至於忘了自己家的電話號碼。

28. 按喇叭 (àn//lǎbā)

　　VO: to blow a horn, honk a horn (of a vehicle)

　　　他在車上按了幾聲喇叭，還是沒人出來，他就開走了。

　　按 (àn)　　　*V*: to press, to push down

　　　這個照像機是全自動的，只要在這裡按一下就行了。

　　喇叭 (lǎbā)　　　*N*: brass or wind musical instrument

　　　他會玩的樂器當中，小喇叭最拿手。

29. 抗議 (kàngyì)　　　*V/N*: to protest / a protest, protest

　　　⑴ 這次活動的目的是抗議政府通過有關墮胎的法律。

　　　⑵ 老師給的作業太多，引起了學生的抗議。

30. 噪音 (zàoyīn)　　　*N*: unpleasant noise, din, clamour

　　　你音響開得那麼大聲，音樂都變成噪音了。

31. 該 + N (gāi+N)　　　*CV-N*: it's N's turn

　　　我們輪流打掃房間，今天該我室友來做了。

32. 垃圾 (lèsè)　　　*N*: garbage, refuse, trash

　　　你應該先把這些垃圾分類，再拿去扔了。

　　垃圾筒 (lèsètǒng)　　　*N*: trash can, garbage can

33. 退錢 (tuì//qián)　　　*VO*: to refund money

　　　這件衣服如果不合適，可以拿來換，但是不可以退錢。

　　退步 (tuì//bù)　　　*VO*: to regress, to decline

　　　他這學期很不用功，成績退步了很多。

34. 要命 (yào//mìng)

　　SV/VO: to an extreme degree, to the point of death / to take one's life
　　　　　　(literally or figuratively)

　　　⑴ 他一下申請到了兩個獎學金，高興得要命。

　　　⑵ 真要命，火車就要開了，他怎麼還沒到呢？

　　　⑶ 他吃錯了藥，差一點要了他的命。

　　　⑷ 我一個人要照顧三個小孩子，真要我的命。

35. 不耐煩 (bú nàifán)　　　*SV*: to be impatient

那個故事，他已經說了好幾次了，我們都聽得不耐煩了。

耐心 (nàixīn)　　*N*: patience

你想當護士就得有耐心，否則碰到不合作的病人，一定受不了。

36. 司機 (sījī)　　*N*: a driver, a chauffeur

37. 寶特瓶 (bǎotèpíng)

　　N: a large plastic bottle (typically containing cola or other soda)

38. V 掉 (V - diào)

　　RC: (used as a complement to certain verbs, expressing a state of fulfillment or completion)

　　⑴水果不能帶上飛機，你在這裡吃掉吧！

　　⑵他衣服上有一塊白白的，拍了半天也拍不掉。

39. 塑膠 (sùjiāo)　　*N*: plastic

為了保護環境，我們最好少用塑膠袋，多用紙袋。

40. 輪胎 (lúntāi)　　*N*: tire

　　輪子 (lún·zi)　　*N*: wheel

41. 尿布 (niàobù)　　*N*: diaper

他沒有帶孩子的經驗，尿布都包不好，孩子一動，就鬆開了。

尿／小便 (niào/xiǎobiàn)　　*N/V*: urine / to urinate

車上沒有廁所，你們小孩子別喝太多水，免得等會兒想尿尿就麻煩了。

42. 燒 (shāo)　　*V*: to burn

小孩子玩火太危險，萬一燒了房子怎麼辦？

發燒 (fā//shāo)

VO: to run a fever, to have a temperature

他昨天晚上開始發燒，燒到一百零三度，不知道是不是感冒引起的。

43. 埋 (mái)　　*V*: to bury

他把偷來的錢埋在院子裡的一棵大樹下了。

44. 癌症(ㄞ)症(yánzhèng/áizhèng)　　　N: cancer

　　皮膚癌(ㄞ)(pífūyán/pífū'ái)　　　N: skin cancer

　　太陽曬多了，容易得皮膚癌，你要小心。

　　鼻癌(ㄞ)(bíyán/bí'ái)　　　N: nose cancer

　　腦癌(ㄞ)(nǎoyán/nǎo'ái)　　　N: brain cancer

　　血癌(ㄞ)(xiěyán/xiě'ái)　　　N: leukemia

45. 科學家(kēxuéjiā)　　　N: scientist

　　科學(kēxué)　　　N/SV: science

　　　⑴他不喜歡做實驗，沒有科學精神。

　　　⑵這些資料，你可以用電腦查，這樣一張一張地找，太不科
　　　　學了吧？！

　　科技（科學跟技術）(kējì)

　　N: science and technology

　　　如果你們想要趕上別的國家，就得發展科技。

46. 發明(fāmíng)　　　V/N: to invent / invention

　　　⑴愛迪生 (Edison) 發明電燈以後，人類的生活更方便了。

　　　⑵電腦是二十世紀 (century) 的一大發明。

注釋

1. 慢慢來 means "Take your time," (literally: "Do it slowly"). Here 來 does not mean "to come."

2. 講話中 means "The line is busy." (literally: "in the middle of a conversation").

3. "這個主意不錯" means "That's not a bad idea." "Sounds good."

4. 收破爛 refers to junk collecting. This includes used newspaper, empty bottles and cans, scrap metal, cardboard, etc. Some people make a living collecting such things for resale. They usually pedal three-wheeled bicycles with trailers through residential neighborhoods, buying such items for a

nominal fee. These things can then be re-sold to recycling plants.

5. 環保運動　means the environmental protection movement, the "green" movement. People in Taiwan first began paying attention to environmental issues in the 1970's. But it was not until 1986, after two public protests, that such issues were brought to the attention of the general population. The larger protest was directed against a planned E.I. Du Pont titanium dioxide factory in Zhang Hua County. The company made extensive reports addressing local residents' concerns and even sponsored trips by representatives to a similar plant operating in the U. S. However, after two years of fruitless negotiations the project was abandoned.

6. Several laws concerning protection of the environment were enacted in the 1970's, such as 廢棄物處理法, the Disposal of Waste Materials Law, passed in 1974, and 空氣污染防制法, the Prevention of Air Pollution Law, passed in 1974. However, at that time, enforcement of such laws was only mildly effective at best. In 1987 the National Bureau of Environmental Protection was established to coordinate and oversee the activities of previously established local environmental protection agencies.

7. 以前寶特瓶不退錢　(Note: 寶 is a transliteration of the prefix "poly-" and is used when referring to many plastics. 寶特 therefore stands for the plastic material "Polyethylene Terephthalate".) In 1989 businessmen in Taiwan began collecting used plastic bottles for recycling.

8. "用了就丟"　refers to things which can be disposed of after use.

文法練習

☞ 　一　　經過　　pass, go through, via

⊙經過這麼多年的努力，成績怎麼樣？

After all these years of hard work, how are the result?

用法説明：表示一種過程，經歷某種方式、活動。「經過」的後面可以用名詞、動詞、短句。

Explanation: This shows that something undergoes a certain process or course of action. 經過 may be followed by a noun, verb, or short clause.

練習：請把「經過」放在句中合適的地方。

Exercise: Please place 經過 in the appropriate place in the sentences below.

1. 寶特瓶處理以後，還有別的用處。

   After plastic soda bottles have been processed, they have other uses.

   →寶特瓶經過處理以後，還有別的用處。

   After plastic soda bottles have undergone processing, they have other uses.

2. 沒有學校的同意，不能借用演講廳。

   ....

3. 行李要海關檢查，才能拿走。

   ....

4. 我解釋以後，張小姐就不再誤會我了。

   ....

5. 這是大家開會討論決定的，誰都得遵守。

   ....

☞ 　二　 不至於　　not to the point that......, not go so far as to......

⊙要是臺灣這些年不那麼重視經濟發展，認真遵守環保法律，也許污染的情形就不至於那麼嚴重了。

If Taiwan hadn't attached so much importance to economic development during these years, and had earnestly abided by environmental protection laws, perhaps the pollution situation wouldn't have reached such a serious state.

用法説明：表示不會發展到某種地步、程度。是說話者對該事件的推測。「不至於」前面常用「才」、「還」、「就」、「該」、「總」、「也」等副詞。

Explanation: This shows that something will not reach a certain point or level. This is the speaker's deduction, inference, or prediction for a given situation. 才, 還, 就, 該, 總, or 也 and other such adverbs are often placed in front of 不至於.

練習： 請用「不至於」改寫下面各句。

Exercise: Please rewrite the sentences below using 不至於.

1. 你總不會因為跟男朋友分手而自殺吧？

You wouldn't ever kill yourself just because you broke up with your boyfriend, would you?

→你總不至於因為跟男朋友分手而自殺吧？

You wouldn't ever go so far as to kill yourself just because you broke up with your boyfriend, would you?

2. 那對夫婦整天吵來吵去，但是還不會離婚。

....

3. 讓孩子知道了毒品的可怕，才不會好奇地去嘗試。

....

4. 他這個人很規矩，就是需要錢用，也不會做非法走私的生意。

....

5. 這些工人鬧得很厲害，該不會真的罷工吧？

....

☞ 三 該 N/PN/NP　　it's N/PN/NP's turn

⊙今天該她倒垃圾。

It's her turn to take out the trash today.

用法說明： 這個「該」就是「輪到」的意思。後面可以用名詞，代名詞、短句。

Explanation: This 該 NP means 輪到 NP (it's NP's turn). It can be followed by either a noun, pronoun, or noun phrase.

練習： 請用「該N/PN/NP」完成下面各對話。

Exercise: Please complete the dialogues below using "該N/PN/NP".

1. 張：你排了半天的隊，怎麼沒買到票？

   Chang: You spent half the day in line; how could you have not gotten tickets?

   李：真倒楣！排了半天，好不容易該我了，票就賣完了。

   Lee: What a disaster! I spent half the day in line. Then when it was finally my turn , the tickets were sold out.

2. 媽媽：今天誰洗碗？

   女兒：_____。

3. 張：這個節目真不錯，下面一個是什麼？

   李：_____。

4. 兒子：我一連剪了三個鐘頭的草，好累！剪下來的草，我掃不動了。

   媽媽：_____。

5. 張：這本小說現在到底在誰那裡？什麼時候才輪到我看啊？

   李：別急嘛！_____。

☞ 四 SV 得要命

SV to the extreme, nearing the point of death

⊙平常都是我們自己提，重得要命。

Usually we carry them ourselves; they're unbelievably heavy.

用法說明：意思跟「SV 死了」差不多，也是誇張的語氣。但「SV 得要命」意思是 SV 這個情況對說話者是一種壓力，難以負荷。正反面的 SV 都可以用。

Explanation: "SV 得要命" is similar to "SV 死了" and also used in exaggeration. However, while "SV 得要命" only describes an extreme level or degree, "SV 死了" indicates that the level or degree has reached the point of causing death. Thus, the two phrases are not always interchangeable. In "SV 得要命" the SV can describe both a positive or a negative condition.

練習：請用「SV 得要命」完成下面各句。

Exercise: Please complete the sentences below using "SV 得要命".

1. 為了期末考我開了幾天的夜車了，現在累得要命。

   I pulled a few all-nighters for the semester exam. Now I'm so tired I could die.

2. 我弟弟錯過了這個難得的機會，_____。

3. 這是不是你的襪子？_____！求求你趕快拿開。

4. 教堂裡一點聲音都沒有，_____，害我都不敢講話。

5. 自從他出車禍以來，開車都_____，離路口還很遠就慢下來了。

☞ **五** V 掉　　V out, V away

⊙這些罐子……，每天丟掉的不知道有多少。

These cans......, who knows how many were thrown out each day.

用法說明：這個「掉」是 RE。表示「去除」、「與主體分開」或「V 以後，談到的事物就不再存在了」。

Explanation: This 掉 is a RE which shows that something is being discarded, is being separated from the whole, or will no longer exist after an action is completed.

練習：請填上合適的「V 掉」RC。

Exercise: Please use "V 掉" in a RC form to fill in the blanks below.

1. 這些衣服實在不好看，難怪賣了好幾個禮拜還_____。

   These clothes are truly ugly. No wonder they've been selling for several weeks but still...... .

2. 吵死了！把收音機__關掉_____，我要睡覺。

3. 這麼一點菜留著幹嘛？你_____吧！

4. 那件事情太可怕了，我想忘都_____。

5. 這件襯衫上的黑點_____嗎？

6. 警察追了半天，小偷還是_____。

7. 你不用擔心了，麻煩已經_____。

☞ 六　不能不　　cannot avoid, must certainly

⊙我看情形已經嚴重得不能不重視了。

It seems to me that the situation is already so serious that one can no longer avoid placing great importance on this issue.

用法說明：意思是「應該」、「必需」、「一定得」。表示「不這麼做不行」。跟「不得不」有分別。（請參看第十六課第四個句型）

Explanation: Here, two negatives form a positive, so 不能不 means "ought to, have to or must." It shows that it will be unacceptable to do things any other way. This is similar to 不得不 (please refer to Ch. 16, No. 4 in sentence patterns), however, 不得不 implies that the situation arises from force or being compelled rather than simply from necessity.

練習：Exercises:

㈠請用「不能不」完成下面各句。

Please complete the sentences below using 不能不.

1. 飛機快起飛了，<u>不能不走了</u>，要不然就來不及了。

The airplane is going to take off soon. You must go now, otherwise you won't make it.

2. 我要上臺表演，臉太白不好看，<u>不能不　　　　　　　　</u>。

3. 他是我弟弟，他有困難找我幫忙，我<u>不能不　　　　　　　</u>。

4. 那件事是他負責的，你們要開會<u>不能不　　　　　　　</u>。

5. 你要申請獎學金就<u>不能不　　　　　　　　</u>。

㈡請把下面各句改成「不能不」的句子，並比較不同，用英文也可以。

Please rewrite the following sentences in the 不能不 pattern. Compare the differences between the original sentence and the new one. If necessary, English may be used.

1. 她先生的薪水太少，她不得不節省一點。

....

2.醫生說他眼睛裡的東西會越長越大，所以他不得不開刀。

....

課室活動

一、Role Playing:

1.一個鄉下的化學工廠正在整理一塊地，要蓋一個新廠房。附近的農人因為這個廠的廢水已經污染了附近的田地，非常不願意再多一個新廠加重污染的情形，就派了兩個代表去見工廠老闆，不但要求停蓋新廠，也希望工廠能賠償因為污染而生產減少、品質變壞的損失。工廠老闆不願意接受他們的要求，先派經理跟他們談話，農人們不相信經理，還是要見老闆。請四個學生演出老闆、經理跟農人代表們的談話。

2.問題越鬧越大，一個電臺就請了工廠老闆、環保專家、農人、住在城市裡的人、大學裡的生物學教授來電臺開討論會，說說自己對環保的看法。記者主持。請五個學生演出這個討論會。

可能用到的字：化學 (chemistry), 化學藥品 (chemicals), 蓋 (gài, to build) , 田地 (tiándì, field), 賠償 (péicháng, to compensate), 損失 (sǔnshī, lose; loss), 經理 (manager of an office), 造成 (to cause, to create), 容忍 (to tolerate), 示威遊行 (shìwēi yóuxíng, to demonstrate by parade), 絕種 (juézhǒng, to become extinct, to die out), 經濟成長 (economic growth), 生物 (living organisms), 核能發電廠 (hé'néng fādiànchǎng, nuclear power plant), 肥料 (féiliào, fertilizer).

二、討論：

1.如果你有權力決定一個城市的建設計畫，你希望你的城市有百分之多少的綠地公園？為什麼？市區裡的垃圾要怎麼處理呢？

2.有的人並不反對環保，可是他們的態度是「不要在我家後院」 (not-in-my-backyard)，對這種人你有沒有辦法改變他們的想法呢？

垃圾場到底應該設在哪兒呢？

短文

地球的話

嗨！大家好！我是地球，就是你們人類居住的地方。我們一起生活了幾十萬年，我的日子卻一天比一天難過了。你們的祖先生活比較簡單：餓了就找些野果，或抓些小動物吃；冷了就披上獸皮樹葉，下雨、颳風就躲在山洞裏；出門就靠兩條腿。樣樣都讓我生病，我現在全身都是傷了，而且病情越來越嚴重。

哪像你們，吃山珍海味，穿毛皮大衣，住水泥大樓，坐汽車飛機。我也常常聽見其他動物的抱怨，人類再不停止殺生，牠們就要絕種了。你們還動不動就砍樹，弄得我不知道誰發明了這麼多用不完了，而且幾百年也爛不了的東西，害我整天不停地吃垃圾，肚子都快裝不下了。

唉！我本來是太空中最漂亮的一個星球，現在你們看看，弄得我亂來，我都快昏頭了。如果你們不關心我，還是照樣亂來，我有多慘啊！我完居的那天，你們也活不成了。

Vocabulary:

1.居住 (jūzhù): to live (in a place)

2.野果 (yěguǒ): wild fruit

3.披上 (pī·shàng): to drape over one's shoulders

4.獸皮 (shòupí): animal skin

5.樹葉 (shùyè): tree leaf

6.躲 (duǒ): to hide

7.山洞 (shāndòng): cave in a mountain

8.山珍海味 (shān zhēn hǎi wèi): delicacies of the land and water

9.毛皮 (máopí): fur

10.水泥 (shuǐní): cement, concrete

11.病情 (bìngqíng): condition of an illness

12.其他 (qítā): other

13.殺生 (shā//shēng): to kill

14.牠 (tā): it (for animals)

15.絕種 (jué//zhǒng): extinction

16.砍 (kǎn): to cut down (trees, etc.)

17.太空 (tàikōng): space

18.星球 (xīngqiú): star, planet, heavenly body

19.照樣 (zhàoyàng): as usual

20.完蛋 (wándàn): to be finished

第二十七課

比比看誰會說故事

‧童話書（吳俊銘攝）

（高偉立躺在湖邊草地上曬太陽）

建國（用飛盤蓋在偉立臉上，低聲說）：猜猜我是誰！

偉立：還需要猜嗎？！除了林建國，誰會做這種事？（拿開飛盤，睜開眼睛）

欣欣：還有我們呢！

美真：對不起，打斷了你的美夢。

偉立：哪兒有時間做夢啊？我正在為下禮拜的中文說故事比賽煩惱呢。你們來得正好，幫我想想吧！

建國：美真剛剛說了一個，**是關於**一個孝順孩子的故事。

偉立：哦？快說給我聽聽。

建國：很久以前，有個小孩，父親過世以後，跟著母親過日子。有一年冬天，母親病得很厲害，特別想吃魚。可是河水都結冰了，哪兒來的魚呢？

偉立：可以去市場買啊！

建國：他家窮，買不起。他就走到河上，找了一個冰比較薄的地方，脫了衣服，躺下來。

偉立：他瘋啦？那麼冷的天氣，怎麼受得了啊?!

建國：**說也奇怪**，他不但沒凍死，反而把冰融化了。媽媽吃了他抓來的魚，病就好了[1]。

欣欣：這個孩子真孝順，他沒凍死，真是奇蹟。

偉立：你還有沒有別的故事？

美真：我的故事可多呢！幾天都說不完。

偉立：你再說幾個，我就請你看電影。

美真：好，你說話要算話喔！

偉立：我向來說話算話，大家可以作證啊！

美真：好吧！中國人有很多有關孝順的故事[2]，不過你們大概沒興趣。我還是說一個兩頭蛇的故事吧！

欣欣：兩個頭的蛇？那一定很可怕！

美真：從前中國人迷信誰看見兩頭蛇，誰就會死。有一天有個小男孩出去玩的時候，看見一條兩頭蛇，嚇得轉身就跑，……

建國：噢，我知道了，他跑了幾步就死了。

欣欣：你別插嘴，讓美真說下去嘛！

美真：他跑了幾步就想到不如把蛇打死，免得別人也看到，於是又跑回去把蛇打死了。

偉立：後來呢？他到底死了沒有？

美真：你們不必**替**他**擔心**。他哭著跑回家，媽媽聽了他的話，就摸著他的頭說：「孩子，你不會死的。這只是迷信。你的心這麼好，好心的人，**遲早**會有好結果的。[3]」

欣欣：真有意思！再說一個，好不好？

美真：讓我想一想，有了！一隻黑羊在橋這邊，一隻白羊在橋那邊，兩隻羊同時都要過橋，走到橋中間就碰上了。因為橋很窄，過不去。可是誰也不肯讓，就打了起來，**結果**都從橋上摔下來，掉進河裡去了。

偉立：講完了？太簡單了吧？

美真：這只是大概的意思，你可以用你**所**學過**的**詞彙，把故事說得有趣一點。你不覺得這個故事雖然內容很簡單，意思卻很深嗎？

偉立：好，我回去想想，看怎麼說比較好。

欣欣：我也有個故事，聽完了也要請我看電影喔！

建國：說吧！他不請，我請。可是不能說得亂七八糟喔！

欣欣：華盛頓小時候，有一次想試試看爸爸送的斧頭利不利，
　　　砍倒了院子裡一棵樹。那是爸爸最喜歡的一棵櫻桃樹。
　　　爸爸很生氣，問是誰砍的。

美真：華盛頓雖然知道說出來會被打屁股，還是很勇敢地站出
　　　來，承認是他砍的。

偉立：爸爸不但不生氣了，還誇獎他是個誠實的好孩子。

建國：這個故事已經老掉牙了，你沒有新鮮一點的嗎？算了，
　　　看你說得這麼辛苦，電影還是**照**請吧！

生詞及例句

1. 飛盤 (fēipán)　　*N*: **frisbee**

　　我跟他一起玩飛盤，他丟得太高，我老是接不到。

2. 蓋 (gài)　　*V*: **to cover, to cover with**

　　⑴這個機器現在不用了，用塊布蓋起來吧。

　　⑵雖然已經是秋天了，可是還不太冷，不必蓋毯子。

　　蓋子 (gài·zi)　　*N*: **lid, cover**

　　趕快把蓋子蓋上吧！要不然茶一會兒就涼了。

3. 睜開 (zhēng//kāi)　　*RC*: **to open (eyes)**

　　這個燈太亮了，照得我眼睛睜不開。

4. 打斷 (dǎ//duàn)　　*V/RC*: **to interrupt, cut short, break**

　　⑴隨便打斷別人的談話是不禮貌的。

　　⑵你敢再來，我就打斷你的腿！

斷 (duàn)　　*V*: **to break, to snap**

他的手斷了，是因為滑雪的時候不小心，撞上了一棵大樹。

5. 做夢 (zuò//mèng)　　*VO*: **to dream**

主持人宣布她當選了美國小姐，她以為自己在做夢。

夢 (mèng)　　*N*: **dream**

美夢 (měimèng)　　*N*: **pleasant dream**

她得了最佳女主角獎，沒想到這麼快就美夢成真了。

惡夢 (è'mèng)　　*N*: **nightmare**

先生的外遇對她來說真是一場惡夢。

白日夢 (báirìmèng)　　*N*: **daydream**

別做白日夢了！你從來不念書，還想得博士?!

夢見／夢到 (mèngjiàn / mèngdào)

RC: **to see in a dream, to dream about**

昨天晚上我做了一個很可怕的夢，夢見有人要殺我。

6. 關於 (guānyú)　　*CV*: **concerning, with regard to, about**

⑴關於出國留學的事，我得再考慮考慮。

⑵我們剛剛談的是關於捐錢給學校的事。

7. 孝順 (xiàoshùn)

SV/V: **to be filial / to show filial obedience**

⑴你怎麼讓爸爸生這麼大的氣，太不孝順了。

⑵中國人覺得孝順父母比什麼都重要。

8. 過世 (guòshì)　　*V*: **to die, to pass away**

李：你爺爺的病好了沒有？

張：他上個禮拜已經過世了。

9. 過日子 (guò//rì·zi)　　*VO*: **to live, to survive**

⑴日子過得好快啊！我來美國已經一年了。

⑵他每天糊裡糊塗地過日子，將來要做什麼，一點計畫也沒
　有。

10. 厲害 (lì·hài)

SV: **to be very sharp, fierce, formidable, aggressive**

⑴老闆真厲害，我們晚到一分鐘，也要扣錢。

⑵他一次能吃六個漢堡，真厲害。

⑶這個人相當厲害，只要他想要的，不管用什麼方法，都要得到。

⑷他病得很厲害，不但發高燒，還昏迷不醒。

11. 結冰 (jié//bīng)　　*VO*: to freeze, to ice up

溫度太低，路上的雪都結成冰了。

結 (jié)　　*V/N*: to bear (fruit); to knot /a knot

⑴這棵樹上結的蘋果特別大。

⑵他的頭髮好久沒洗了，都打結了。

12. 窮 (qióng)　　*SV*: to be poor, poverty-stricken

他家很窮，吃了這頓飯，不知道下頓在哪裡。

窮人 (qióngrén)　　*N*: destitute people, the poor

13. 薄 (báo / bó)　　*SV*: to be thin, flimsy

天氣變冷了，你穿這麼薄的衣服夠暖嗎？

14. 瘋 (fēng)

SV/V: to be insane, crazy, mad / to go crazy, mad

⑴學校、社會、家庭都給他壓力，他受不了，就瘋了。

⑵他今天跟幾個朋友出去，又跳舞，又打球，又游泳，瘋了一天，現在累得動不了了。

瘋子 (fēng·zi)　　*N*: lunatic, madman

⑴我今天回家的時候，看到一個瘋子站在十字路口，對著路上的人大聲演講。

⑵媽媽罵我們是瘋子，怎麼可以把濕鞋子放在烤箱裡烤？！

發瘋 (fā//fēng)　　*VO*: to go mad, to lose one's mind

你發什麼瘋？這麼冷的天還開冷氣?!

15. 凍 (dòng)　　*V/SV*: to freeze / to be freezing cold

暖氣壞了，昨天晚上凍得我睡不著。

冷凍 (lěngdòng)　　*V*: to freeze

今天我買了兩條魚，吃了一條，另外一條已經冷凍起來了。

果凍 (guǒdòng)　　*N*: gelatin, "Jell-O"

16. 說話（不）算話 (shuōhuà (bú) suànhuà)

IE: (without 不) to mean what one says, to keep one's word / (with 不) to fail to keep a promise, to break one's word, to be unreliable in keeping one's word

他說昨天要還我錢的，結果到今天還沒看見他，這個人真是說話不算話。

17. 向來 (xiànglái)

A: from past to present, always, all along (for routine conditions)

他向來都很小氣，從來沒請過客，怎麼今天這麼大方？

18. 作證 (zuò//zhèng)　　*VO*: to testify, bear witness

他昨天晚上一直跟我在一起，不可能去你家偷東西，我可以作證。

證人 (zhèngrén)　　*N*: witness

19. 蛇 (shé)　　*N*: snake, serpent（**M**：條）

20. 迷信 (míxìn)

SV/N/V: to be superstitious / superstition / to believe a superstition

⑴ 他迷信得不得了，從來不從梯子下面走過。

⑵ 有的人認為十三號星期五會發生不幸的事，這完全是迷信。

⑶ 他相當迷信風水 (geomancy)，房子的大門一定要開在東邊。

21. 轉身 (zhuǎn//shēn)　　*VO*: to turn one's body, turn around

我在排隊買票，一轉身就發現孩子不見了。

轉眼 (zhuǎnyǎn)

A: in the twinkling of an eye, in a very brief period of time, an instant, a moment

時間過得真快，轉眼就要放暑假了。

22. 插嘴 (chā//zuǐ)　　　可以說：別插他的"嘴"嗎？

VO: to interrupt a conversation, to cut with one's own opinion

大人說話，小孩子不要插嘴。

插 (chā)　　　*V*: to insert, to stick in

他的口袋裡插了好幾枝筆。

插隊 (chā//duì)　　　*VO*: to cut in line

請你到後面去排隊，別插隊！

插圖 (chātú)

N: illustrations or plates (in a book or magazine, etc.)

這本小說裡的插圖，都是我弟弟畫的。

插花 (chā//huā)

VO/N: to arrange flowers / flower arranging

⑴她在花瓶裡插了兩枝百合花 (lily)。

⑵聽說從前的日本女人結婚以前一定要學插花。

插曲 (chāqǔ)

N: accompanying songs in a play or film other than the main theme songs

⑴這是那部電影裡的插曲，並不是主題曲。

⑵她先生說外遇只是生活裡的一個小插曲，不必太認真。

插頭 (chātóu)　　　*N*: an electrical plug

23. 於是 (yúshì)

CONJ: thereupon, hence, consequently, as a result

下雨了，不能去野餐了，於是我們在家喝茶、聊天。

24. 摸 (mō)

V: to feel, stroke, touch; to feel for, grope for, fumble for

⑴孩子是不是有點發燒？你摸摸看！

⑵他摸摸口袋，才發現一毛錢也沒帶！

25. 遲早／早晚 (chízǎo/zǎowǎn)　　　*A*: sooner or later

人遲早都會死的，不如趁活著的時候，好好兒地享受一下生活。

遲到 (chídào)　　　*V*: to be late / arrive late

路上塞車，所以我遲到了。

26. 羊 (yáng)　　　*N*: sheep, goat（**M**：隻）

27. 窄 (zhǎi)　　　*SV*: to be narrow

門這麼窄，胖的人過不去。

28. 肯 (kěn)　　　*AV*: to be willing to

他只願意幫我洗碗，可是怎麼都不肯幫我帶孩子。

29. 讓 (ràng)　　　*V*: to let, allow; to give way, give in

⑴ 對不起，我要下車了，請讓一下。

⑵ 在公共汽車上，我看見老人，一定把位子讓給他坐。

30. 摔 (shuāi)

V: to fall, tumble ; to break; to cast, throw, fling, slam

⑴ 他們的運氣真好，從那麼高的地方摔下來，一個一點都沒
摔傷，一個只摔斷了腿。

⑵ 他們夫妻吵架以後，先生氣得把門一摔就走了。

⑶ 我弟弟一生氣就摔東西。

31. 內容 (nèiróng)　　　*N*: content, meaning, theme

⑴ 這篇文章的內容很豐富，各方面的問題都提到了。

⑵ 他的演講沒什麼內容，大家都聽得很無聊。

32. 深 (shēn)　　　*SV*: to be deep

那條河很深，小孩子去游泳太危險。

33. 亂七八糟 (luàn qī bā zāo)

IE: in a mess, in terrible disorder

小偷把他的家翻得亂七八糟。

34. 斧頭 (fǔ·tóu)　　　*N*: axe, hatchet（**M**：把）

35. 利 (lì)　　　*SV*: to be sharp

這把刀是吃肉用的，所以很利。

36. 砍倒 (kǎn//dǎo)　　　*RC*: to fell (trees, etc.), to cut down

這棵大樹不知道被誰砍倒了。

砍 (kǎn)　　　*V*: to chop, hack, cut

那個瘋子拿著刀到處亂砍，真嚇人。

摔倒 (shuāi//dǎo)　　　*RC*: (said of a person) to fall down

下了雪，路很滑，他一不小心就摔倒了。

37. 櫻桃 (yīngtáo)　　　*N*: cherry

桃子 (táo‧zi)　　　*N*: peach

38. 屁股 (pì‧gǔ)　　　*N*: buttocks, butt

下次你再找別人替你寫作業，我就要打你屁股了。

放屁 (fàng//pì)

VO/IE: to break wind, flatulate, fart; to speak nonsense / Nonsense!

⑴你吃了什麼東西？怎麼老放臭屁？好臭啊！

⑵別聽他放屁，他說的話，沒有一句是真的。

拍馬屁 (pāi//mǎpì)　　　*VO*: to flatter, fawn over

他想要加薪，所以常常拍老闆馬屁，不是說老闆能幹，就是幫他倒咖啡、提皮包。

39. 勇敢 (yǒnggǎn)　　　*SV*: to be brave, courageous

房子裡的火很大，可是她還是很勇敢地跑進去救孩子。

40. 站出來 (zhànchū‧lái)

V: to stand out of the crowd, to stand up for

老闆叫我走路，沒有一個人敢站出來替我說話，都怕自己也丟了工作。

41. 承認 (chéngrèn)

V: to admit, acknowledge; to give diplomatic recognition, to recognize

⑴這個孩子是他的，可是他不肯承認。

⑵我們政府已經承認他們是一個獨立的國家了。

42. 誠實 (chéngshí)

SV/N: to be honest, upright, trustworthy/honesty, trustworthiness

千萬別騙人，誠實比什麼都重要，沒有老闆會願意用一個不誠實的人。

老實 (lǎo‧shí)

SV: to be honest, frank, well-behaved, simple-minded, easily taken in

那個人很老實，你跟他說什麼，他都相信。

43. 老ㄌㄠˇ掉ㄉㄧㄠˋ牙ㄧㄚˊ (lǎo diàoyá)

AT: **very old, hackneyed (literally: "so old it's losing its teeth")**

這種老掉牙的笑話，誰要聽啊?!

44. 照ㄓㄠˋ + V (zhào-V) 　　　　*A*: **V as usual, as usual, as before, as of old**

明天要考試了，他還是照玩，一點也不緊張。

注釋

1. This story is one of the 二十四孝, "Twenty-four Stories of Filial Piety." These are stories about the filial deeds of sons from antiquity.

2. "很多關於孝順的故事" means "many stories about filial piety." The most popular ones are in the above-mentioned 二十四孝. From very early on in Chinese history, in a great part due to the teachings of Confucius, the concept of filial piety was instilled in the minds of children. Filial piety includes honoring and respecting one's parents during childhood as well as caring for elderly parents when one comes of age. This latter point is based on the idea that parents lavish care on children when they are young and helpless, so children should reciprocate when their parents are old and unable to care for themselves. The concept of filial piety is still one of the most important virtues in Chinese society. Treating one's parents poorly is considered a sign of extreme moral depravity.

3. "好心的人早晚會有好結果的" means "In the end, kind-hearted people will get their just reward."

他的話題是關於台灣的經濟情形.

文法練習

☞ 一　NP₁ 是關於 NP₂　　NP₁ is about / concerns NP₂

⊙美真剛剛說了一個,是關於一個孝順孩子的故事。

Mei-Zhen just told one. It was a story about a filial child.

用法說明:表示 NP₁ 跟 NP₂ 有關聯。

Explanation: This shows that NP_1 and NP_2 are related.

練習:請用「NP₁ 是關於 NP₂」改寫下面各句。

Exercise: Please rewrite the sentences below using the "NP_1 是關於 NP_2" pattern.

1.張教授昨天講的內容跟現代婦女的社會地位有關。

The content of Professor Zhang's lecture yesterday was related to modern woman's place in society.

→張教授昨天講的內容是關於現代婦女的社會地位。

The content of Professor Zhang's lecture yesterday concerned modern woman's place in society.

2.這本書寫的都跟第二次世界大戰的情形有關。

....

3.明天要考的都跟中國的氣候和出產有關。

....

4.我們明天開會,要討論臺幣升值對貿易的影響。

....

5.剛剛記者報告臺北空氣污染的情況,你聽到了沒有?

....

☞ 二 說也奇怪

⊙說也奇怪,他不但沒凍死,反而把冰融化了。

It's really odd. Not only did he not freeze to death, but he even made the ice melt.

用法說明:說話者對「說也奇怪」後面的情況覺得迷惑,無法了解,或找出原因。

Explanation: After 說也奇怪 is a situation which the speaker feels is odd or perplexing, and defies reason.

練習:請跟據所給情況,用「說也奇怪」說出完整的句子。

Exercise: Please use 說也奇怪 to write a complete sentence using the information provided.

1. 有一個人本來病得很重，快要死了，吃了這個醫生的藥，第二天就好了。

   Once there was a person who was seriously ill and was on the verge of dying. He ate this doctor's medicine and recovered the next day.

   →那個人本來病得很重，快要死了，說也奇怪，吃了這個醫生的藥，第二天就好了。

   Once there was a person who was ill and was on the verge of dying. Then a very strange thing happened: he ate this doctor's medicine and recovered the next day.

2. 有一個學生打架、吸毒，誰都管不了，可是張教授教他以後，他就變好了。

   ....

3. 你室友的父親在市區發生了車禍，當時他坐在有冷氣的教室裡，卻一直不停地流汗。

   ....

4. 地震的時候，房子倒了，有一個小孩被壓在下面。大家把他救出來的時候，他居然一點傷也沒有。

   ....

5. 有一家超級市場每天把東西收好了關門，可是第二天早上開門一看，東西總是亂七八糟的。

   ....

☞ 三 替 NP 擔心

   to worry on NP's behalf, to worry about NP

⊙你們不必替他擔心。

   You don't need to worry on his behalf.

   用法說明：這個「替」是「為」的意思。表示因NP的事而為NP憂慮。

   Explanation: This 替 means the same thing as 為 (on behalf of, for). It shows that one is worried for NP because of some matter related to him/her.

練習：請用「替NP擔心」完成下面對話。

Exercise: Please complete the dialogues below using "替NP擔心".

1. 張：明天要考試，你一點書都還沒念，怎麼辦？

    Chang: You have a test tomorrow, and you haven't studied one bit. What are you going to do?

    李：別替我擔心，這門課是我最拿手的。

    Lee: Don't worry about me. This class is my best subject.

2. 媽媽：現在都十二點了，你弟弟參加派對，怎麼還沒回來？

    大兒子：弟弟是個很小心的人，不會有事的，<u>不必替他擔心</u>。

3. 張：小王一直昏迷不醒，恐怕會變成植物人。

    李：是啊！我真 _____。

4. 張：這兩年經濟不景氣，對你們的公司有沒有影響？

    李：我們公司客戶本來就不多，生意越來越難做，我們都很

    _____。

5. 張：老闆叫老林進去已經一個多鐘頭了，怎麼還沒出來？

    李：出來了，出來了！你看他好高興，害我們 _____。

 四 遲早（早晚）　　sooner or later

大家遲早的。
都會怕死。

⊙好心的人遲早會有好結果的。

Sooner or later, kind people get their just reward.

用法說明：表示某個情況將來一定會發生，發生的時間可能早一點，可能晚一點。

Explanation: This shows that a certain situation will definitely occur in the future; it is just an issue of timing.

練習：請用「遲早」完成下面各句。

Exercise: Please complete the sentences below using 遲早.

1. 我們應該對老人好一點，因為不管是誰遲早都會老的。

    We ought to be a little kinder to old people, because, no matter who you are, you too will grow old sooner or later.

2. 我們只有一個地球，可是大家都不重視環保，＿＿＿＿＿＿＿。

3. 吸毒的人 ＿＿＿＿＿＿＿＿ 。

4. 這件事雖然很難，只要你繼續努力，＿＿＿＿＿＿＿ 。

5. 孩子還小，不懂父母管他是為他好，不過我想將來 ＿＿＿＿＿ 。

☞ 五 結果　　　as a result, finally, in the end

⊙可是誰也不肯讓，就打了起來，結果都從橋上摔下來，掉進河裡去了。

But neither one was willing to give in, so they started to fight. In the end, they both fell off of the bridge and into the river.

用法說明：第二十三課的「結果」是名詞，這課的是 CONJ。「結果」的後面是前面事情或情況的結果。這個結果常與期望不同。

Explanation: In Ch. 23 結果 is used as a noun. Here, however, it is used as a conjunction, describing a final result. Often use of 結果 implies that the final result is different from one's expectations.

練習：請用「結果」完成下面各句。

Exercise: Please complete the following sentences using 結果.

1. 那對夫婦整天吵個不停，朋友們怎麼勸都沒有用，結果離婚了。

That couple fought all day long. No matter how friends pleaded with them it was useless. In the end, they got divorced.

2. 本來是我要請他吃飯的，可是他太客氣，結果他請了我了！

3. 那個車禍受傷的人送到醫院以後，醫生馬上給他開刀，輸了很多血，＿＿＿＿＿＿ 。

4. 小王競選參議員，大家都認為沒有希望，可是他努力拉票，＿＿＿＿＿＿ 。

5. 他怕麻煩，把各種顏色的衣服都放進洗衣機裡一起洗，＿＿＿＿＿＿ 。

☞ 六 NP 所 V 的 (O)　　　that which NP has V

⊙你可以用所學過的詞彙，把故事說得有趣一點。

You can use the vocabulary that you've learned to make the story more interesting .

用法說明：「NP 所 V 的」是用來修飾後面的 O，使談話中提到的主題 (O) 更清楚。「所」可以加強語氣，不用意思也一樣。O 前面如有 DEM ＋Nu ＋M，為特指，否則為泛指。

Explanation: "NP 所 V 的" modifies the object which follows and which is the topic being discussed. 所 serves to clarify and bring emphasis to the object, but the meaning of the sentence does not change if 所 is omitted. If the object is preceded by "DEM ＋ Nu ＋ M", then it is pointing out a specific object. Otherwise, it is only making a general reference.

練習：Exercises:

㈠老師手指一物，叫學生用「NP V 的 O」句型，描述老師指的那個東西（特指）。然後老師再用「NP 所 V 的 O」句型，把剛才的句子改成泛指的問題問學生。

The teacher should point out an object and have the students give a description of it using the "NP V 的 O" pattern, the teacher can then use the "NP 所 V 的 O" pattern to modify or generalize the description to form a question.

1. （老師手指課本）這是中文書。

(Teacher points to the textbook) This is a Chinese book.

→我們念的這本書是中文書。

This book which we read is a Chinese book.

老師：我們所念的書都是中文書嗎？

Teacher: Are all of the books we read Chinese books?

→我們所念的書不都是中文書。

No, not all of the books we read are Chinese books.

2. （老師手指自己的手錶）這個手錶不太好看。

3. （老師手指一個學生的作業）這些字很大。

．．

㈡請用「NP 所 V 的 (O)」把下面各題的兩個句子組成一個句子。

Please rewrite each of the paired sentences below as one sentence using "NP 所 V 的（O）".

1. 這些題材都很受歡迎。這些題材都是我們採用過的。

These materials have all been well-received. All these materials are ones we have used before.

→我們所採用過的題材都很受歡迎。

All of the materials that we have used have been well-received.

2. 那場戰爭叫獨立戰爭。那場戰爭是由華盛頓領導的。

．．

3. 那兩家工廠都賺了大錢。那兩家工廠是老李投資的。

．．

4. 我考慮一個問題。這個問題是孩子的教育問題。

．．

5. 我們進口石油。這些石油是阿拉斯加 (Alaska) 出產的。

．．

☞ 七 照 + V

V as before, as usual, according to, in accordance with

⊙看你說得這麼辛苦，電影還是照請吧！

Since it was such hard work for you to tell it, then I will still treat you to a movie just the same.

用法說明：「照」是「照樣」、「照舊」的意思。說話者覺得這件事是不應該或不必做的。

Explanation: 照 means 照樣 or 照舊 (in the same old way, as before, as usual, as of old, as agreed). This shows that, though the speaker feels the action being mentioned is either unrequired, unexpected or undesired, it still occurs.

練習：請用「照 + V」改寫下面各句。

Exercise: Please rewrite the sentences below using "照 V".

1. 他是老闆的親戚，什麼事都不做，可是工錢還是一樣拿。

He is a relative of the boss. He doesn't do anything, but he still gets his wages just the same.

→他是老闆的親戚，什麼事都不做，可是工錢還是照拿。

He is a relative of the boss. He doesn't do anything, but he still gets his wages just the same.

2. 王先生孩子發高燒，可是他一點都不著急，吃得下也睡得著，王太太很不高興。

....

3. 那件衣服已經破破爛爛的了，他覺得沒關係，還是常穿。

....

4. 學校宣布明天的運動會就是下雨也一樣要開。

....

5. 明天就要期末考了，他還是跟平常一樣地玩。

....

課室活動

一、Role Playing:

　　張先生已經結婚，張太太也上班。他們有兩個小孩，都還沒上小學。張先生的父親已經過世了，母親跟他們一起住。張老太太很愛乾淨，常覺得張太太碗沒洗乾淨，小孩晚上睡覺以前老是忘了叫小孩刷牙，……就去跟張先生抱怨。張先生想做孝順兒子，又不想讓太太生氣，他怎麼跟太太談呢？請學生演出張老太太跟張先生的談話，再演出張先生跟太太的談話。

　　可能用到的字：疏忽 (shūhū, carelessness, negligence; to neglect), 養成好習慣 (yǎngchéng hǎo xíguàn, to cultivate a good habit), 蛀牙 (zhùyá, decayed tooth)

二、說故事

上課以前叫學生在家準備一個故事，上課的時候說給大家聽，最好是有關美德的。

可能用到的字：美德 (virtue), 忠心 (loyal), 守信 (faithful in keeping promises, reliable), 忠實 (faithful, true), 忍讓 (conceding, yielding), 仁慈 (réncí, to be charitable, merciful), 犧牲 (xīshēng, to sacrifice)

短文

一個成語₁故事——畫蛇添₂足

很久以前，有一天，天氣不冷不熱，幾個人坐在樹下聊天。一個鄰居₃走過來，送給他們一小壺酒₄，這幾個人很高興地收下了，可是他們發現酒太少，就是每個人喝一口也不夠，只能讓一個人喝。到底給誰喝呢？於是他們決定大家比賽畫蛇，誰先畫好，誰就喝。

他們就在地上畫起蛇來。沒多久，就有一個人畫得了。他拿起酒壺正想喝，看見別的人都還沒畫好，他的蛇腳還沒畫完，他很得意，左手拿著壺，右手又給蛇加了幾隻腳。

另外一個人都把蛇畫好了，他搶過酒壺，一口就把酒喝光了。然後說：「蛇本來沒有腳，誰叫你畫蛇添足呢？」他本來沒有好處，反而有壞處。

如果有人像這個畫蛇腳的人一樣，做了本來不必做的事，結果不但沒有好處，反而有壞處，我們就說他「畫蛇添足₅」，也有人說「多此一舉₅」。我們都應該小心，別做這樣白費₆力氣的傻事。

Vocabulary:

1. 成語 (chéngyǔ): traditional phrase or proverb (often of four characters)

2. 添 (tiān): to add to, to increase

3. 鄰居 (línjū): neighbor

4. 壺 (hú): M/N: pot; teapot; wine vessel

5. 多此一舉 (duō cǐ yì jǔ): an unnecessary action, remark, etc.

6. 費 (fèi): expenditure

7. 傻 (shǎ): to be silly, stupid, simple

第二十八課

來一段相聲

・茶具（坪林茶葉博物館提供）

（教室講臺上）

偉立（穿西裝打領帶）：高偉立。

欣欣（穿旗袍[1]）：歐陽欣欣[2]。

偉立、欣欣：（邊說邊彎腰）上臺一鞠躬[3]。各位女士、各位先生，大家好。

欣欣：學期快要結束了，我們來給各位說一段相聲[4]，讓大家輕鬆輕鬆。

偉立：哎呀！親愛的，好久不見了！（轉身擁抱欣欣）

欣欣（用手推開）：欸，欸，欸，你幹什麼？不要動手動腳，你想吃豆腐啊[5]?！

偉立：對不起，我忘了中國人不在公共場所摟摟抱抱。幸虧我剛才沒親你，要不然你要打我耳光了[6]。

欣欣：一點也不錯！還有，你也別叫我「親愛的」，好肉麻啊[7]！

偉立：好吧！下次不敢了。欸，你今天的髮型配上旗袍看起來特別漂亮。

欣欣：哪裡！哪裡！我對自己的身材不太滿意，所以平常都不敢穿。倒是你今天穿得這麼整齊，這麼帥，我差點都不認得了。

偉立：謝謝，其實我本來就很帥，只是平常不修邊幅而已。

欣欣：你的臉皮真厚[8]，我不過隨便說說，你就這麼得意。中國人謙虛多了[9]。

偉立：才不是謙虛！**明明**心裡高興得要命，還要假裝不在乎。我實在弄不懂中國人的「謙虛」。

欣欣：這話怎麼說？

偉立：像上次伯母請我吃飯，她說沒什麼菜[10]，我就先吃了一個三明治才去，結果害我吃得差點兒站不起來。

欣欣：誰叫你不懂中國規矩，活該！

偉立：我們**連**大人**帶**小孩才七八個人，你媽媽卻準備了一隻雞、兩條魚、三盤肉、四樣青菜、五種飲料，再加上冰淇淋、蘋果派、巧克力蛋糕，你說怎麼吃得完？

欣欣（拍手）：哇！厲害，厲害！**一口氣**說這麼多。你不知道，中國人最好客，就怕客人吃不飽。哪兒像你上次請我們幾個人吃飯，就是一碗沙拉、一隻小雞，害我都不敢放心地吃。還沒回到家，肚子就餓了。

偉立：我怎麼知道你那麼能吃?！

欣欣：誰有你那麼能吃啊?！我只是替你擔心，萬一東西不夠

· 國寶級相聲大師：魏龍豪、吳兆南（同心圓出版社提供）

吃，多丟人啊！

偉立：我倒覺得吃不完才浪費。聽說有的中國人**把**白蘭地**當做**果汁，不停地乾杯[11]。根本不會喝酒嘛！

欣欣：我們不會喝酒，你們也**不見得**會喝茶啊！茶裡加了糖、牛奶，還能叫茶嗎？**簡直**可笑。

偉立：喲，生氣了?! 說著玩的，何必那麼認真！

欣欣：我也是說著玩的啊！還有一件事，你注意到沒有？中國人是怎麼看書的？從上往下念。（邊說邊表演）美國人呢？

偉立：我們是從左往右念。（也邊說邊表演）

欣欣：欸，高偉立，你幹嘛直搖頭啊？是不好看，還是不同意啊？

偉立：啊！我上當了。（故意打了一個噴嚏，欣欣沒反應）哈！我**終於**有機會取笑你了。剛才我打噴嚏，你應該說什麼啊？

欣欣：噢！對不起！對不起！我們中國人沒這個習慣，那句話我一時還說不來[12]。

偉立：大人不記小人過[13]，**看在**我們是同學**的份上**，原諒你一次！

欣欣：好啦！我也懶得再罵你了。下臺吧！觀眾已經不耐煩了。你看，有人在打哈欠了。

欣欣、偉立：歐陽欣欣、高偉立，下臺一鞠躬。

生詞及例句

1. 段 (duàn) 　　*M*: section, part, segment, paragraph

⑴這一課的課文一共有三段，最後一段很不容易懂。

⑵跟女朋友剛分手當然會很難過，可是過段時間你就會忘了。

2. 相聲 (xiàng·shēng)

　　N: a traditional Chinese comical dialogue

3. 講臺 (jiǎngtái)　　　　*N*: lecture platform

4. 西裝 (xīzhuāng)　　　　*N*: Western suit（**M**：套）

　　套裝 (tàozhuāng)　　　*N*: ladies suit

5. 領帶 (lǐngdài)　　　　*N*: necktie（**M**：條）

　　他今天打了一條紅色的領帶，看起來精神特別好。

　　領結 (lǐngjié)　　　*N*: bow tie　個

6. 旗袍 (qípáo)

　　N: a traditional Chinese gown for women (introduced by the Manchurians)（**M**：件）

7. 彎腰 (wān//yāo)

　　VO: to bend the body at the waist, to stoop over

　　她彎腰把球撿起來，丟給小孩子。

　　彎 (wān)　　　*V/SV*: to bend, flex / to be curved, crooked

　　⑴山路彎來彎去，開車要特別小心。

　　⑵塑膠叉子，火一烤就彎了。

　　腰 (yāo)　　　*N*: waist

　　她的腰很細，穿旗袍很好看。　　　躬箭

8. 鞠躬 (jú//gōng)　　　*VO*: to bow

　　他對著老闆鞠了一個躬，謝謝老闆的誇獎。

9. 女士 (nǚshì)

　　N: polite form of address for women; lady, madam

　　那位穿黑色套裝的女士是你母親嗎？

10. 親愛的 (qīn'ài·de)

　　IE/AT: dear, beloved

　　⑴保守的中國人從來不說：「甜心、親愛的」這一類的話。

　　⑵她的信一開始就是：「親愛的爸爸：我很想你，你好嗎？」

↑ yǒng

11. 擁抱 (yǒngbào)   *V*: to hug, embrace

他跟他媽媽好幾年沒見了，一見面就高興得擁抱在一起。

12. 動手動腳 (dòng shǒu dòng jiǎo)   s.t. w/ things

IE: to be unrestrained or unreserved (with women), to take liberties (with women)

他常對女孩子動手動腳，不是摸摸她們的頭髮，就是拉拉她們的手。

13. 吃豆腐 (chī//dòu·fǔ)

VO: to tease or take advantage of someone (usually a woman) by words or physical contact (slang)

⑴他喜歡吃女孩子的豆腐，一見到女孩子就動手動腳。

⑵張先生：李小姐，你這麼漂亮，又溫柔，做我太太吧！

    李小姐：啊?!你說什麼？

    王太太：你們才剛認識，你怎麼就吃她豆腐了？

豆腐 (dòu·fǔ)   *N*: bean curd, tofu（**M**：塊）

西方人不愛吃豆腐，是因為他們不會用豆腐做菜。

14. 公共場所 (gōnggòng chǎngsuǒ)   *N*: a public place

舞廳、酒吧，這樣的公共場所不適合小孩子去。

15. 摟 (lǒu)   *V*: to place one arm around someone

他摟著女朋友的腰從電影院出來了。

16. 親 (qīn)   *V*: to kiss

法國人跟朋友見面就要親臉，這沒什麼，你別大驚小怪。

親嘴 (qīn//zuǐ)   *VO*: to kiss on the lips

他在路邊跟女朋友親嘴被我們看見了。

17. 打耳光 (dǎ//ěrguāng)

VO: to slap somebody in the face

他說我們一家人都是小偷，我氣得打了他一個耳光。

耳光 (ěrguāng)   *N*: a slap on the face and ear region

你這個耳光打得太重了，他的臉痛了好幾天。

18. 髮型 (fǎxíng)   *N*: hairstyle

妳這個髮型真好看，在哪一家美容院做的？

臉型 (liǎnxíng)   *N*: shape of one's face

妳的臉型太方了，剪短頭髮不合適。

血型 (xiěxíng)   *N*: blood type, blood group

我們有一位重傷的病人需要輸血，你們哪一位的血型是 B 型？

19. 滿意 (mǎnyì)   *SV*: to be satisfied, pleased

那個飯館不但菜好吃，服務也好，我們都很滿意。

滿足 (mǎnzú)

SV: to feel content, to feel satisfied, to be fulfilled

妻子、兒子、房子、車子、金子，你什麼都有了，還不滿足啊？

20. 整齊 (zhěngqí)

SV: to be even, regular, in good order, tidy

她們啦啦隊的動作真不整齊，該抬左腿的時候，卻有人抬右腿，亂七八糟！

整理 (zhěnglǐ)

V: to arrange, put in order, sort out, straighten up

房間這麼亂，客人馬上就來了，趕快整理整理吧！

21. 厚 (hòu)   *SV*: to be thick

這件夾克太薄了，冬天穿不夠暖和，有沒有厚一點的？

22. 謙虛 (qiānxū)

SV/N: to be modest, self - effacing / modesty

(1) 得獎以後，他說這是大家努力的結果。他真謙虛。

(2) 有人說：中國人的謙虛是假客氣。

23. 明明 (míngmíng)   *A*: clearly, obviously, undoubtedly

今天明明是禮拜三，你怎麼說是禮拜四呢？

24. 在乎 (zài·hū)   *V*: to mind, to care about, take to heart

(1) 你這麼在乎她，我想你是愛上她了。

(2) 我不在乎他有沒有錢，只要他愛我就行了。

25. 連ㄌㄢ A‧‧‧‧‧‧帶ㄉㄞ B‧‧‧‧‧‧ (lián......dài)

PT: (indicating two nearly simultaneous actions) and, while, as well as, both A and B

他騎摩托車騎得太快，結果轉彎的時候，連人帶車摔倒在人行道上。

26. 一ㄧ口ㄎㄡ氣ㄑ (yì kǒu qì)

A/Nu - M - N: in one breath, in one go / a breath of air

(1) 後面有人追著要打他，他一口氣跑了二十分鐘，一會兒也不敢停。

(2) 這件衣服太緊，穿的時候，得先吸一口氣。

27. 好ㄏㄠ客ㄎㄜ (hàokè)

SV: to enjoy entertaining guests, to be hospitable

我們全家都很好客，所以家裡常常有客人。

好ㄏㄠ吃ㄔ (hàochī)　　SV: to be fond of eating

你真好吃，看到什麼都想吃。

好ㄏㄠ學ㄒㄩㄝ (hàoxué)

SV: to be fond of studying, to be diligent in the pursuit of knowledge

他非常好學，年紀這麼大了，還去念研究所。

好ㄏㄠ玩ㄨㄢ (hàowán)　　SV: to be fond of playing

我就是因為太好玩了，所以書沒念好。

好ㄏㄠ賭ㄉㄨ (hàodǔ)　　SV: to be fond of gambling

十賭九輸，所以好賭的人一定存不了什麼錢。

28. 肚ㄉㄨ子‧ㄗ (dù·zi)　　N: stomach, belly, abdomen

我中午吃的魚一定不新鮮，現在肚子好痛喔！

拉ㄌㄚ肚ㄉㄨ子‧ㄗ (lā//dù·zi)

VO: to suffer from diarrhea, to have loose bowels

這個飯館的菜太油，害我回家拉了兩次肚子。

29. 浪ㄌㄤ費ㄈㄟ (làngfèi)

V/SV: to waste, to squander / to be wasteful

(1) 我們不要浪費時間，你有什麼事就趕快說吧！

　　⑵你太浪費了吧！這些紙還沒用過，怎麼就扔了呢？

　費ㄈㄟˋ (fèi)　　*V*: to spend, consume

　　這個山真高，我費了好大的力氣才爬上來。

30. 果ㄍㄨㄛˇ汁ㄓ (guǒzhī)　　　*N*: fruit juice

31. 乾ㄍㄢ杯ㄅㄟ (gān//bēi)

　VO: **to offer a toast with all the wine in one's glass, (literally: "drink the glass dry") "Bottoms up!"**

　　你遲到了，要罰，你先乾了這杯再說。

32. 根ㄍㄣ本ㄅㄣˇ (gēnběn)

　A: **(this is often used in the negative) simply, at all**

　　你說你認識我，可是我根本沒見過你。

33. 不ㄅㄨˊ見ㄐㄧㄢˋ得ㄉㄜ (bújiàn·dé)　　*IE/A*: **not necessarily so**

　　⑴張：當醫生的都很有錢。

　　　李：不見得，有的醫生也很窮。

　　⑵考試考得好，不見得就聰明。

34. 簡ㄐㄧㄢˇ直ㄓˊ (jiǎnzhí)　　*A*: **simply, at all**

　　⑴我餓得簡直可以吃下一頭牛。

　　⑵那個人殺了自己的父母，簡直不是人。

35. 可ㄎㄜˇ笑ㄒㄧㄠˋ (kěxiào)

　SV: **to be funny, laughable; ridiculous, ludicrous**

　　真是太可笑了！電腦公司的老闆居然弄不清楚電腦的價錢！

36. 搖ㄧㄠˊ頭ㄊㄡˊ (yáo//tóu)

　VO: **to shake one's head (in disapproval)**

　　我問他要不要喝咖啡，他搖搖頭說：「不要」。

　點ㄉㄧㄢˇ頭ㄊㄡˊ (diǎn//tóu)

　VO: **to nod one's head (as a sign of approval, greeting, etc.)**

　　⑴他每天早上看到我，都跟我點頭說：「早」。

　　⑵你看他一直點頭，他一定同意我的看法。

37. 上ㄕㄤˋ當ㄉㄤˋ (shàng//dàng)

　VO: **to be taken in, to be fooled, to fall for a practical joke / trick**

⑴你上當了，這個東西在別的地方只要五十塊錢，你卻花了八十塊。

⑵他跟我說我申請到獎學金了，我高興了好幾天，沒想到他是騙我的，我上了他的當！

38. 故意 (gùyì)　　　*A*: on purpose, intentionally

我們校隊的三號球員常常打全壘打，所以每次輪到他打球，對方投手就故意投四壞球。

39. 打噴嚏 (dǎ//pēnti)　　　*VO*: to sneeze

我一連打了四五個噴嚏，大概感冒了。

噴嚏 (pēnti)　　　*N*: sneezing action

40. 終於 (zhōngyú)　　　*A*: at last, in the end, finally

我們求了半天，他終於答應幫忙了，結果卻越幫越忙，事情更麻煩了。

41. 取笑 (qǔxiào)　　　*V*: to make fun of, to ridicule

他說話有南方口音，所以朋友們常常取笑他。

42. 一時 (yìshí)

A: temporarily, for a short while, for a period of time

我見過這個人，可是一時想不起來他叫什麼名字。

43. 大人不記小人過 (dàrén bú jì xiǎorén guò)

IE: **A person of great moral stature does not remember the offenses committed by one of low moral stature**

大人不記小人過，他是孩子，不懂規矩。算了！別生他的氣了。

44. 看在……的份上 (kànzài...... ·de fèn·shàng)

PT: **consider from the standpoint of**

⑴請你看在我們是老朋友的份上，跟我合作吧！

⑵我要不是看在你父親的份上，我是不會幫你這個忙的。

45. 懶得 (lǎn·de)

A: **to not have energy to, to be against putting forth effort to**

他那個人不講理，我懶得跟他解釋。

懶_{ㄌㄢˇ} (lǎn)　　*SV*: to be lazy, indolent

　我室友真懶，用過的盤子碗，放一個禮拜都不洗。

偷_{ㄊㄡ}懶_{ㄌㄢˇ} (tōu//lǎn)　　*VO*: to loaf, to be lazy

　我想偷個懶，沒把衣服分開來洗，結果衣服顏色都變了。

46.打_{ㄉㄚˇ}哈_{ㄏㄚ}欠_{ㄑㄧㄢˋ} (dǎ//hāqiàn)　　*VO*: to yawn

　我們該走了，主人已經打了兩個哈欠了。

哈_{ㄏㄚ}欠_{ㄑㄧㄢˋ} (hāqiàn)　　*N*: yawn

翻譯名詞 Transliterated Nouns

1.巧_{ㄑㄧㄠˇ}克_{ㄎㄜˋ}力_{ㄌㄧˋ} (qiǎokèlì)　　chocolate
2.三_{ㄙㄢ}明_{ㄇㄧㄥˊ}治_{ㄓˋ} (sānmíngzhì)　　sandwich
3.沙_{ㄕㄚ}拉_{ㄌㄚ} (shālā)　　salad
4.白_{ㄅㄞˊ}蘭_{ㄌㄢˊ}地_{ㄉㄧˋ} (báilándì)　　brandy

注釋

1. 旗袍 is the formal dress for Chinese women, which originated in Manchuria (see Note 2 in Lesson 19). Manchurians were known as 旗人, "banner people", so these outfits are called 旗袍, "gown of the banner people." Since 旗袍 fit the body very tightly and are not very comfortable, they are seldom worn by young women today.

2. 歐陽 is a dual syllable surname. Although most Chinese surnames are one syllable long, there are some which consist of two syllables. Other such surnames are 上官 (Shàngguān), 司馬, 司徒 (Sītú) and 諸葛 (Zhūgě).

3. "上臺一鞠躬" at the beginning of the routine and "下臺一鞠躬" at the end is the standard format of 相聲 (See Note 4 below).

4. 相聲 is a traditional Chinese comic routine. Two people entertain the audience by carrying on a dialogue in which they make fun of each other

using sarcasm, criticism, puns, etc.

5. 吃豆腐 is a slang term meaning "to tease or take advantage of a someone (usually a woman) by words or physical contact."

6. 摟抱, 親吻, 打耳光. See Note 3 of Lesson 17. Most Chinese find public display of affection rude and embarrassing, so they do not hug and kiss in public. Chinese usually greet each other with words rather than physical contact. One traditional type of Chinese greeting is 拱手 (gǒng//shǒu), which refers to offering obeisance by joining one's hands and slightly raising one's forearms. This is done on special occasions such as New Years as a sign of respect. Today, however, since Taiwan has been strongly influenced by the West, one often sees young people openly displaying their affection in public.

7. "你也別叫我「親愛的」，好肉麻啊！" (See Note 3 in Lesson 17).

8. 臉皮厚 literally means "one's facial skin is thick" and refers to a person who feels no shame or embarrassment in situations where he/she ought to. Usually when people are ashamed or embarrassed it shows in their facial expression through such signs as blushing. This term facetiously implies that if such signs are not present when they should be then it must be because they are hidden by very thick skin.

9. "中國人謙虛多了。" In Chinese society, humility is considered an extremely important virtue. Therefore, there are many polite expressions, 客氣話, such as "哪裡，哪裡", "沒什麼菜，你多吃一點，別客氣。", and "我不懂的地方很多，以後請多多指教。"

10. "沒什麼菜" means "There isn't much food." or "There aren't any special dishes." (See Note 2 of Lesson 18). Chinese people are very hospitable and usually make a lot of food when they invite people for dinner. In fact, it is considered a great social blunder for the host to fail to provide enough food for his/her guests. Regardless of how much food has been prepared, however, the host often still says "沒什麼菜" in order to be polite.

11. 乾杯 means "to empty one's glass." See Note 1 in Lesson 16.

Traditionally, this was a way of showing respect at a Chinese banquet, but today it is not necessary to drink "bottoms up" on every occasion. In business dealings, however, the consumption of alcohol often plays an important role, and 乾杯 is a common method of building connections with clients.

12. 打噴嚏 means "to sneeze." Chinese people do not usually say anything when someone else sneezes.

13. "大人不記小人過" means "A person of great moral stature does not remember the offenses committed by one of low moral stature." This saying is sometimes used when asking for forgiveness.

文法練習

☞ 一 明明 clearly, obviously, plainly

⊙明明心裡高興得要命，還要假裝不在乎。

It's clear that in their hearts they are so happy they could just die, but still they pretend to be nonchalant.

用法說明：「明明」的後面是明顯的事實。「明明……」的前面或後面常有一短句，此短句所述的情況卻與這個明顯的事實矛盾。

Explanation: Following 明明 is an obvious fact or situation. Often a contradictory clause precedes or follows 明明 and the accompanying fact.

練習：請把「明明」放在句中合適的地方。

Exercise: Please place 明明 in the appropriate place in the following sentences.

1. 那邊還有一個停車位，他卻告訴我們都滿了，真可惡！

There's still a parking space over there, yet he told us that all the spaces were full. How hateful!

→那邊明明還有一個停車位，他卻告訴我們都滿了，真可惡！

It's obvious there's a parking space left, yet he told us that all the spaces were full. How hateful!

2. 那本書是我借給你的，你怎麼說是你自己買的？

....

3. 你看錯了，剛剛進來的人哪裡是小李？是小王！

....

4. 你有太太，為什麼還說你是單身？

....

5. 奇怪！這個燈怎麼亮著？我關了的。

....

☞ 　二　連……帶……　　both. . .and, both...... as well as......

（Ⅰ）連 N_1 / V (O)$_1$ 帶 N_2 / V (O)$_2$

⊙我們連大人帶小孩才七八個人，你媽媽……

Including both adults and children, there were only seven or eight of us. Your mother......

用法說明：表示包括 N_1/V(O)$_1$ 跟 N_2/V(O)$_2$。

Explanation: This pattern shows that both N_1 / V(O)$_1$ and N_2 / V(O)$_2$ are included.

練習：請用「連 N_1 / V(O)$_1$ 帶 N_2 / V(O)$_2$」改寫下面各句。

Exercise: Please rewrite the sentences below using the "連 N_1/V(O)$_1$ 帶 N_2/V(O)$_2$" pattern.

1. 我們這次去大峽谷旅行，車錢花了一百七，旅館錢花了一百二，還算便宜。

On our trip to the Grand Canyon this time, we spent $170 on transportation costs and $120 on hotel costs. It was quite cheap.

→我們這次去大峽谷旅行，連車錢帶旅館錢一共花了兩百九，還算便宜。

On our trip to the Grand Canyon this time, in total we spent $290 for both transportation and hotel costs. It was quite cheap.

2. 我們上次新年晚會聚餐跟看表演一共用了三個多小時。

....

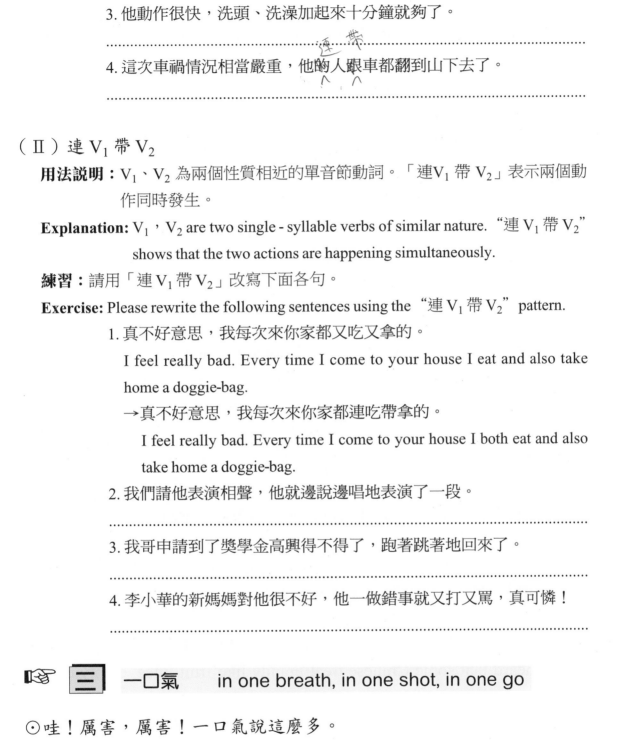

3. 他動作很快，洗頭、洗澡加起來十分鐘就夠了。

....

4. 這次車禍情況相當嚴重，他的人跟車都翻到山下去了。

....

（Ⅱ）連 V₁ 帶 V₂

用法說明： V₁、V₂ 為兩個性質相近的單音節動詞。「連V₁ 帶 V₂」表示兩個動作同時發生。

Explanation: V₁, V₂ are two single - syllable verbs of similar nature. "連 V₁ 帶 V₂" shows that the two actions are happening simultaneously.

練習： 請用「連 V₁ 帶 V₂」改寫下面各句。

Exercise: Please rewrite the following sentences using the "連 V₁ 帶 V₂" pattern.

1. 真不好意思，我每次來你家都又吃又拿的。

   I feel really bad. Every time I come to your house I eat and also take home a doggie-bag.

   →真不好意思，我每次來你家都連吃帶拿的。

   I feel really bad. Every time I come to your house I both eat and also take home a doggie-bag.

2. 我們請他表演相聲，他就邊說邊唱地表演了一段。

....

3. 我哥申請到了獎學金高興得不得了，跑著跳著地回來了。

....

4. 李小華的新媽媽對他很不好，他一做錯事就又打又罵，真可憐！

....

☞ 三 一口氣   in one breath, in one shot, in one go

⊙哇！屬害，屬害！一口氣說這麼多。

Wow! You're really amazing! You said so much in one breath.

用法說明：「一口氣」意思是呼吸一次，用在動詞前面，表示在短時間內連續做完某一動作，這個動作是一般人不容易做到的。這是一種誇張的用法。

Explanation: 一口氣 literally means "in one breath," and is used in exaggeration. When placed in front of a verb, it shows that an action is started and completed within a very short span of time, and implies that the speed is must faster the average person.

練習： 請把「一口氣」放在句中合適的地方。

Exercise: Please place 一口氣 in an appropriate place in the sentences below.

1. 我平常沒空，趁今天放假，把整個房子都打掃乾淨了。

   I usually don't have any spare time, so I took advantage of the holiday today and cleaned the entire house.

   →我平常沒空，趁今天放假，把整個房子一口氣都打掃乾淨了。

   I usually don't have any spare time, so I took advantage of the holiday today and cleaned the entire house in one shot.

2. 小王跟人打賭，賭輸了，只好喝下十罐啤酒。

   ....

3. 他看了三卷錄影帶，還不覺得累。

   ....

4. 小張身體很好，可以跑十公里都不必休息。

   ....

5. 我媽只在百貨公司大減價的時候買衣服，常常買好幾套。

   ....

☞ 四 S 把 NP₁ / VP₁ 當做 NP₂ / VP₂

⊙聽說有的中國人把白蘭地當做果汁，不停地乾杯。

I've heard that some Chinese treat brandy like fruit juice, emptying cup after cup non - stop.

用法說明：「當做」是「看成」或「作為」的意思，主語可以是人或機關、組織。

Explanation: 當做 means 看成 (to regard as, recognize as) or 作為 (to use as, to take as). The subject can be a person or it can be a group, body or organization.

練習：請用「S 把 NP₁ / VP₁ 當做 NP₂ / VP₂」完成下面 各句。

Exercise: Please complete the sentences below using the "S把 NP₁ / VP₁ 當做 NP₂ / VP₂" pattern.

1. 我們公司把做得最好的產品當做樣品給客戶看。

   Our company used our best products as samples to show the customers.

2. 張教授沒有孩子，總是 ＿＿＿＿＿＿＿，對學生好得不得了。

3. 我在垃圾筒裡找到我的研究資料，不知道是誰 ＿＿＿＿＿＿＿。

4. 王先生不常運動，可是常幫太太做家事，他說 ＿＿＿＿＿＿＿也不錯。

5. 住在我家，你千萬別客氣，就 ＿＿＿＿＿＿＿，吃的、用的，自己來。

☞ **五** 不見得　　not necessarily so, not really

⊙我們不會喝酒，你們也不見得會喝茶啊！

We don't know how to drink wine properly, but you don't necessarily know how to drink tea properly either!

用法説明：意思是「不一定是這樣」，說話者委婉地表示不同意對方的看法。可以單獨使用，也可以放在句中。

Explanation: 不見得 means "not necessarily so". The speaker uses it to tactfully express that he/she does not agree with the other party's point of view. 不見得 can both be used alone and in the middle of a sentence.

練習：請用「不見得」完成下面各句對話。

Exercise: Please complete the dialogues below using 不見得.

1. 張：受過教育的人都不迷信。

   Chang: Educated people do not believe in superstitions.

   李：誰說的?!受過教育的人不見得都不迷信。

   Lee: Says who? Not necessarily educated people reject superstitions.

2. 張：你是單身貴族，煩惱一定比我們結過婚的人少。

   李：那得看人，＿＿＿＿＿＿＿。

3. 張：科學家大概對藝術沒什麼興趣。

　　李：＿＿＿＿＿＿＿，像我舅舅是個科學家，可是對音樂也很有研
　　　究。

4. 張：欸，你看！小王的車停在門口，他一定在家。

　　李：＿＿＿＿＿＿＿，他不一定每次出門都開車。

5. 張：你身體不太好，應該常吃維他命(wéitāmìng, vitamin)。

　　李：＿＿＿＿＿＿＿，還是應該多運動才好。

☞ 六 簡直　　simply

⊙茶裡加了糖、牛奶，還能叫茶嗎？簡直可笑。

When tea is adulterated with sugar and milk, can it still be called tea? It's
simply ridiculous.

用法說明：是一種誇張語氣，表示「差不多這樣」或「就像這樣」。

Explanation: 簡直 expresses a tone of exaggeration. It means 差不多這樣 (it is more
　　　　or less equal to) or 就像這樣 (it is the same as).

練習：請用「簡直」改寫下面各句。

Exercise: Please use 簡直 to rewrite the sentences below.

1. 你室友皮膚很白，鼻子那麼高，頭髮也紅紅的，看起來一點也不像
中國人。

Your roommate has very white skin, a very big nose, and very red hair.
She doesn't look at all like a Chinese person.

→你室友皮膚很白，鼻子那麼高，頭髮也紅紅的，看起來簡直不像
中國人。'

Your roommate has very white skin, a very big nose, and very red hair.
She simply doesn't look like a Chinese person.

2. 昨天氣溫高到一百一十度，差不多跟在沙漠裡一樣。

....

3. 他全身燒傷了百分之七十，居然沒死，真是奇蹟。

....

4.我吃得太飽，差一點站不起來了。

....

5.我帶了一天的孩子，又做了那麼多家事，快要把我累死了。

....

☞ **七** 終於   finally, at last, in the end

⊙ 我終於有機會取笑你了。

I finally have an opportunity to make fun of you.

用法說明： 表示經過較長過程，最後好不容易達到了所盼望的某種結果。後面可以用動詞＋了或表示狀態變化的 SV短語，如果不是所期盼的結果，可以用「還是」、「到底」、「結果」、「最後還是」、「終於還是」。

Explanation: This shows that after a relatively lengthy or difficult process a desired result finally occurs. Following 終於, one can either place a V＋了 or a short adjectival phrase to describe the resulting change in situation. If the resulting change was contrary to one's wishes, then 還是, 到底, 結果, 最後還是, or 終於還是 should be used instead of 終於.

練習： Exercises:

(一) 請用「終於」完成下面各句。

Please complete the sentences below using 終於.

1.他的病很嚴重，看了好多醫生都沒好，這次開刀以後，

_____。

His illness was very serious. After seeing many doctors he still wasn't well. This time, after surgery, ...

2.哎喲！你 _____！我等你半個小時了，你再不來，我就走了。

3.我不清楚這個句型的用法，老師給我舉了好幾個例子，我_____。

4.她覺得自己太胖了，半年前開始，每天除了運動以外，也不敢吃得太多，現在 _____。

　　　　5.那個實驗做了好幾年，一直沒結果，上個禮拜 ＿＿＿＿＿＿ 。

㈡ 請改正下面句子。

　　Please rewrite the sentence below correctly.

　　1.我一直求他不要離開我，可是他終於走了。

☞ 　八　看在……的份上　　considering from the standpoint of

⊙看在我們是同學的份上，原諒你一次！

　Considering that we are classmates, I'll forgive you this one time!

用法說明：「看在……的份上」後面的短句是當事者本來不願意做的事，但現
　　　　　在因為「看在」後面的原因，卻願意做了。

Explanation: The clause following "看在……的份上" describes something that
　　　　　one was originally unwilling to do, but due to the reason stated after 看
　　　　　在 the subject now agrees to do it.

練習：請用「看在……的份上」完成下面對話。

Exercise: Please complete the dialogues below using "看在……的份上".

　　　1.張：你先生對你這麼不好，你怎麼受得了？要是我早就離婚了。

　　　　Chang: Your husband is so mean to you. How can you stand it? If it were
　　　　　　me, I'd have divorced him long ago.

　　　　李：我是看在孩子的份上才沒跟他離婚的，父母離婚，孩子最可
　　　　　　憐。

　　　　Lee: It's on account of the children that I haven't divorced him. When
　　　　　　parents get divorced, the children are the most pitiful.

　　　2.張：你的作業借我看嘛！考完了，我請你吃飯。

　　　　李：＿＿＿＿＿＿，就借你吧！

　　　3.張：昨天我小妹對你說話很沒禮貌，我替她跟你道歉。

　　　　李：我是很生氣，不過 ＿＿＿＿＿＿，就算了。

　　　4.張：我知道你不喜歡帶孩子，可是我實在找不到人，我願意一個鐘
　　　　　　頭給你十五塊，求你幫我這個忙！

　　　　李：好吧！我正需要錢，＿＿＿＿＿＿，我就幫你這個忙吧！

5.哥哥：我知道這禮拜輪到我剪草，可是我頭痛得不得了，能不能請
　　你替我剪一次？

弟弟：唉！＿＿＿＿＿＿＿＿，我只好替你剪啦！

課室活動

一、請學生想一想學中文的這段時間裡，曾經出過什麼笑話？說
　　出來給大家聽聽。

二、趣味問答（腦筋急轉彎, nǎojīn jí zhuǎn//wān, riddle, brain - teaser），
　　請想出一個好笑又好像有道理的答案。
　　例：在路上碰見朋友，他問："What's up?" 你說："The opposite
　　　　of down."
　　1.在什麼地方，一開口說話就要給錢？
　　2.有一個人住在十八樓，他每次回家的時候，如果電梯裡有
　　　別人，他就坐到十八樓。如果他一個人坐電梯，就坐到十
　　　二樓，再走上去，為什麼？
　　3.我可以一邊刷牙，一邊吹口哨 (chuī//kǒushào, to whistle)，你知
　　　道為什麼嗎？
　　4.一隻狗在沙漠裡走，水也夠喝，可是牠還是死了，為什
　　　麼？
　　5.你正在洗澡，忽然有人開門進來，你的手會遮住 (zhē//zhù, to
　　　cover) 什麼？

三、吹牛比賽：比比看誰說的話最誇張。老師在上課前告訴學生
　　回家準備，上課的時候說給大家聽。
　　例：我爸爸昨天釣了好大的一條魚，幾百個人吃也吃不完。
　　　　我們吃了十分之一以後，還有很多，於是我們放在冰箱
　　　　裡。我們用了十個冰箱才放完。

趣味問答可能的答案：

1. 電話亭 (diànhuàtíng, telephone booth)
2. 因為他太矮，按不到十八樓的按鈕 (ànniǔ, button)
3. 因為我可以把假牙拿下來再刷牙
4. 找不到電線桿 (diànxiàngān, electrical pole, telephone pole)，沒地方尿尿，難過死了
5. 我自己的眼睛

牠 (tā, it)

短文

笑話四則[1]

一個美國男學生在街上看見他的中文女老師，他想起一個問題要問，就在後面追著大叫：「老師！老師！等一下，我 wèn 你，我 wèn 你，我 wěn 你呀！」女老師紅著臉轉身說：「你想吻[2]我？」原來他把「問」說成了「吻」。

中文課上，老師教「我問你」。沒想到收回考卷一看，有個學生居然寫成[3]「我吻你」。老師說：「他太自私[4]了。」

「你跟張先生是怎麼認識的？」她說：「我們是在 chuáng[5] 上認識的。」談了半天，才知道原來他們是在船上認識的。

一個小姐又走進一家中國飯館，坐下以後，對女服務生說：「睡覺一晚多少錢？」女服務生又氣又好笑的說：「小姐，是水餃一碗多少錢？看在你是外國人的份上，我原諒你，要不然我非打你一耳光不可。」

Vocabulary:

1. 則 (zé): M (for a joke, an item of news, a rule, etc.)

2. 吻 (wěn): to kiss

3. 聽寫 (tīngxiě): character - writing test, dictation test

4. 自私 (zìsī): selfish heavenly body

Vocabulary Index 生詞索引

S

sāi//chē	塞車（塞车）	9
săn	傘（伞）	21
sàn//bù	散步	16
sānlěi	三壘（三垒）	12
sānmíngzhì	三明治	28
Sānmín Zhǔyì	三民主義（三民主义）	11
săo	掃（扫）	22
săo//dì	掃地（扫地）	22
sēnlín	森林	26
shā	沙	4
shā	殺（杀）	21
shà//chē	煞車／剎車（煞车／剎车）	24
shài	曬（晒）	14
shài//tài·yáng	曬太陽（晒太阳）	14
shālā	沙拉	28
shāmò	沙漠	4
shāng	傷（伤）	20
shāngdiàn	商店	13
shānghài	傷害（伤害）	20
shāngrén	商人	13
shāng//xīn	傷心（伤心）	21
shāngyè	商業（商业）	13
shāngyèhuà	商業化（商业化）	13
shàngbànchǎng	上半場（上半场）	12
shàng//cèsuǒ	上廁所（上厕所）	8
shàng//dàng	上當（上当）	28
Shànghǎi	上海	14
shàng//shuì	上稅	25
shàng//tái	上臺（上台）	15
shàngyǎn	上演	16
shàngyǐn	上癮（上瘾）	20
Shāshìbǐyǎ	莎士比亞（莎士比亚）	19
shāsǐ	殺死（杀死）	21
shātān	沙灘（沙滩）	4
shāo	燒（烧）	26
shé	蛇	27
shèbèi	設備（设备）	25
shèhuì	社會（社会）	8
shèhuì xiěshípiàn	社會寫實片	

	（社会写实片）	18
shèhuìxué	社會學（社会学）	8
shēn	深	27
shén	神	7
shēncái	身材	9
shěng	省	14
shēngchǎn	生產（生产）	23
Shèngdàn Jié	聖誕節（圣诞节）	13
shèngdànkǎ	聖誕卡（圣诞卡）	13
shèngdànyè	聖誕夜（圣诞夜）	13
shěng//diàn	省電（省电）	14
Shèngdìyágē	聖地牙哥（圣地牙哥）	14
shēnghuó	生活	3
shēnghuófèi	生活費（生活费）	3
shēng//jí	升級（升级）	22
shěng//qián	省錢（省钱）	14
shēngrìkǎ	生日卡	13
shěng//shì	省事	14
shěng//shíjiān	省時間（省时间）	14
shēngyìrén	生意人	
shěng//yóu	省油	14
shēngzhí	升值（升值）	23
shénjīng	神經（神经）	7
shénjīngbìng	神經病（神经病）	7
shēnqǐng	申請（申请）	3
shēnqǐngbiǎo	申請表（申请表）	3
shènzhìyú	甚至於	22
shèyǐng	攝影（摄影）	18
shèyǐngshī	攝影師（摄影师）	18
shī	濕／溼（湿）	5
shídài	時代（时代）	13
shìdàng	適當（适当）	23
shīdù	濕度（湿度）	5
shìhé	適合（适合）	4
shìjià	事假	14
shíjiānxìng	時間性（时间性）	17
shílì	實力（实力）	12
shìlì	勢力（势力）	11
shìlì	市立	7
shīliàn	失戀（失恋）	21
shīmǔ	師母	
shīrè	濕熱（湿热）	5

tái	抬	24	tī//dào	踢到	6
táibì	臺幣（台币）	23	í//dào	提到	16
tàidù	態度（态度）	9	tígāo	提高	22
táifēng	颱風（台风）	4	tī//kāi	踢開（踢开）	6
tái//tóu	抬頭（抬头）	24	tímù	題目（题目）	6
Táiwān	臺灣（台湾）	1	ttí//qǐ·lái	提起來（提起来）	16
tài·yáng	太陽（太阳）	14	tǐwēn	體溫（体温）	5
tàng	趟	19	tíxǐng	提醒	26
tàng	燙（烫）	22	tǐyù	體育（体育）	12
tángdì	堂弟	16	tǐyùguǎn	體育館（体育馆）	12
tánggē	堂哥	16	tī·zi	梯子	4
tángjiě	堂姐	16	tiē	貼（贴）	15
tángmèi	堂妹	16	tiě	鐵（铁）	4
tán//liàn'ài	談戀愛（谈恋爱）	21	tiělù	鐵路（铁路）	4
tàn//qīn	探親（探亲）	25	tíngchēchǎng	停車場（停车场）	24
tán qíng shuō ài	談情說愛		tíngchēfèi	停車費（停车费）	24
	（谈情说爱）	17	tíngchēwèi	停車位（停车位）	24
tānwèi	攤位（摊位）	9	tīngzhòng	聽眾（听众）	18
tān·zi	攤子（摊子）	9	tōng	通	3
tǎn·zi	毯子	22	tóng	同	7
táo	逃	20	tǒng	桶	20
tào	套	21	tòng	痛	20
táobì	逃避	20	tōngguò	通過（通过）	7
tǎolùn	討論（讨论）	6	tòngkǔ	痛苦	21
tǎoyàn	討厭（讨厌）	9	tóngqíng	同情	18
táo·zi	桃子	27	tóngqíngxīn	同情心	18
tàozhuāng	套裝（套装）	28	tóngxìngliàn	同性戀（同性恋）	21
táozǒu	逃走	20	tóngyàng	同樣（同样）	7
tècān	特餐	2	tóngyì	同意	11
tèsè	特色	9	tǒngyī	統一	11
tī	踢	6	tóngyìtiān	同一天	7
tí	題（题）	6	tōngzhīdān	通知單（通知单）	2
tí	提	16	tóu·fà	頭髮（头发）	3
tián	填（填）	3	tōu//lǎn	偷懶（偷懒）	28
tiān·na	天哪	7	tóu//lán	投籃（投篮）	12
tiānrán	天然	5	tóu//piào	投票	10
tiānrán zīyuán	天然資源		tóushǒu	投手	12
	（天然资源）	5	tóuzī	投資（投资）	23
tiándiǎn	甜點（甜点）	2	tū	禿	12
tiǎozhàn	挑戰（挑战）	17	tǔ	吐	20
tiǎozhànxìng	挑戰性（挑战性）	17	tù	吐	20
tícái	題材（题材）	19	tuánduì jīngshén	團隊精神	
tí//chū·lái	提出來（提出来）	16		（团队精神）	12

xì	戲（戏）	19	xìjù	戲劇（戏剧）	19
xiā	蝦（虾）	2	xīshí	吸食	20
xià	下	8	xīshì	西式	17
xià	嚇（吓）	25	xǐwǎnjī	洗碗機（洗碗机）	17
xiàbànchǎng	下半場（下半场）	12	xǐyīfěn	洗衣粉	10
Xī'ān	西安	14	xǐyījī	洗衣機（洗衣机）	17
xiān	鮮（鲜）	5	xǐ//zǎo	洗澡	19
xiànchǎng	現場（现场）	17	xǐzǎo jiān	洗澡間（洗澡间）	19
xiàndài	現代（现代）	13	xǐ//zhàopiàn	洗照片	15
xiàndàihuà	現代化（现代化）	13	xīzhuāng	西裝（西装）	28
xiàndàirén	現代人（现代人）	13	xìzhǔrèn	系主任	15
xiǎng	響（响）	15	xiǎobiàn	小便	26
xiāngdāng	相當（相当）	15	xiǎochī	小吃	2
xiǎngfǎ	想法	6	xiǎo·dé	曉得（晓得）	18
xiāngfǎn	相反	4	xiàoduì	校隊（校队）	12
xiǎng//jiā	想家	5	xiǎofèi	小費（小费）	8
xiāngjiāo	香蕉	5	xiàoguǒ	效果	15
xiǎng//kāi	想開（想开）	21	xiào·huà	笑話（笑话）	19
xiànglái	向來	27	xiāolù	銷路（销路）	13
xiāngpiàn	香片	22	xiǎomài	小麥（小麦）	5
xiàngpiàn	相片	15	xiǎoqì	小氣（小气）	8
xiàngpiàn	像片	15	xiǎoqìguǐ	小氣鬼（小气鬼）	8
xiàng·shēng	相聲（相声）	28	xiàoshùn	孝順（孝顺）	27
xiànshí	現實（现实）	20	xiǎoshuō	小說（小说）	14
xiǎngshòu	享受	13	xiàoyǒu	校友	12
xiǎngxiàng	想像	17	xiàoyuán	校園（校园）	9
xiǎngxiànglì	想像力	17	xiàozhǎng	校長（校长）	10
xiànzhì	限制	18	xiě	血	24
xiànzhìjí	限制級（限制级）	18	Xiè Měizhēn	謝美真（谢美真）	2
xiànmù	羨慕（羡慕）	9	xiěshí	寫實（写实）	18
xiānnǎi	鮮奶（鲜奶）	10	xiěxíng	血型	28
xiāolù	銷路（销路）	13	xiěyán/xiě'ái	血癌	26
xiārén	蝦仁（虾仁）	2	xǐng	醒	8
xià//tái	下臺（下台）	15	xīngfèn	興奮（兴奋）	12
xià xuě	下雪	5	xīngguāng	星光	15
xià//yí tiào	嚇一跳（吓一跳）	25	xìnghuì	幸會（幸会）	1
Xī Dé	西德	11	xìngjiàoyù	性教育	21
xī//dú	吸毒	20	xìngkuī	幸虧（幸亏）	7
xīfāng	西方	1	xìngqù	興趣（兴趣）	1
xīguǎn	吸管	20	xīng·xīng	星星	14
xíguàn	習慣（习惯）	2	xìngyùn	幸運（幸运）	14
xīhuà	西化	11	xìn//jiào	信教	13
xǐjù	喜劇（喜剧）	18	xīnkǔ	辛苦（辛苦）	4

文法練習索引

Z

圖家圖書館出版品預行編目資料

實用視聽華語／國立臺灣師範大學國語教學中心
主編.--臺初版.--臺北市：正中，民88
　　冊：　　　公分.
　　ISBN 957-09-1237-5（第一冊：平裝）.--
　　ISBN 957-09-1238-3（第二冊上：平裝）.--
　　ISBN 957-09-1239-1（第二冊下：平裝）.--
　　ISBN 957-09-1236-7（第三冊：平裝）.--

1.中國語言-讀本
802.86　　　　　　　　　　　　　88006350

實用視聽華語(二)下

主 編 者◎國立臺灣師範大學國語教學中心
編輯委員◎范慧貞・蕭美美・劉咪咪
英文翻譯◎戴爾祥・白瑞蘭
插 畫 者◎吳佳謀・林孟德
策 劃 者◎中華民國教育部
著作財產權人◎中華民國教育部
總 編 輯◎陳怡真

發 行 人◎單小琳
出版發行◎正中書局股份有限公司
地　　址◎台北縣(231)新店市復興路43號4樓
電　　話◎(02)8667-6565
傳　　真◎(02)2218-5172
郵政劃撥◎0009914-5
網　　址◎http://www.ccbc.com.tw
　　　　　E-mail:service@ccbc.com.tw
門 市 部◎台北市(100)衡陽路20號2樓
電　　話◎(02)2382-1153・2382-1394
傳　　真◎(02)2389-2523
香港分局◎集成圖書有限公司 - 香港九龍油麻地北海街七號地下
　　　　　TEL：(852)23886172-3・FAX：(852)23886174
歐洲分局◎英華圖書公司 - 14,Gerrard Street,London,WIV 7LJ England
　　　　　TEL：(0207)4398825・FAX：(0207)4391183
泰國分局◎集成圖書公司 - 曼谷耀華力路233號
　　　　　TEL：2226573・FAX：2235483
美國辦事處◎中華書局 - 135-29 Roosevelt Ave. Flushing, NY 11354 U.S.A.
　　　　　TEL：(718)3533580・FAX：(718)3533489
日本總經銷◎光儒堂 - 東京都千代田區神田神保町一丁目五六番地
　　　　　TEL：(03)32914344・FAX：(03)32914345
總 經 銷◎紅螞蟻圖書有限公司 TEL：(02)2795-3656・FAX：(02)2795-4100
行政院新聞局版業字第0199號 (9755)
分類號碼◎802.00.012(版)(久裕)
出版日期◎西元1999年9月臺初版
　　　　　西元2002年5月第三次印行

ISBN 957-09-1239-1
定價／500元（上、下冊不分售）

CHENG CHUNG
BOOK CO., LTD.